환유와 인지
인지언어학적 접근법

한국문화사
인지언어학 시리즈

환유와 인지
인지언어학적 접근법

김동환 지음

한국문화사

들어가는 말

환유(metonymy)는 최근 10년 동안 문헌에서 은유의 보조 역할을 해 온 고전적 비유법이다. 실제로 전통적인 접근법에서는 은유에 비해 환유에는 많은 주의를 기울이지 않았다. 더욱이 인지언어학이 등장하면서 은유와 더불어 환유를 연구하기 시작했지만, 인지언어학 내에서도 환유를 연구할 가치가 있는 현상으로 발견하기까지 어느 정도 시간이 걸렸다. 예컨대, 인지언어학에서 환유에 대한 초창기 관심은 Lakoff & Johnson(1980)에서 엿볼 수 있다. 하지만 이들은 매우 짧은 한 개 장만 환유에 할애했다. 비록 이 저자들이 "환유적 개념이 우리가 생각하고 행동할 뿐만 아니라 이야기하는 데 쓰는 방법으로서 평범한 일상적 방법의 한 부분"(37)이라는 사실에 주목했지만, 이 책의 제목은 인간의 개념화를 안내하는 주된 인지적 기제가 개념적 은유라는 것을 암시했다.

하지만 은유에 대한 이런 편애는 지난 30년 동안 점차 식어가고 환유 자체에 관한 관심이 일기 시작했다. 이런 과정에서 첫 번째 주된 단계는 Panther & Radden(1999)이 엮은 *Metonymy in Language and Thought*가 출간된 것이었다. 이 책에서 엮은이 팬더와 라덴은 "환유가 은유보다 더욱 근본적일 수 있는 인지적 현상이다"(1)라고 지적했다. 특히 Barcelona (2003)의 *Metaphor and Metonymy at the Crossroads: A Cognitive Perspective*, Dirven & Pörings(2002)의 *Metaphor and Metonymy in Comparison and Contrast*, Panther & Thornburg(2003)의 *Metonymy in Pragmatic Inferencing*, Benczes et al.(2011)의 *Defining Metonymy in Cognitive Linguistics: Towards a Consensus View*라는 편집 단행본들은 환

유의 본질에 대한 Panther & Radden(1999)의 추측을 긍정적으로 뒷받침하였다. 이런 편집 단행본에서 벗어나 최근에는, 특히 2012년부터 2015년까지 거의 해마다 환유의 단행본들이 등장하기 시작했다. Wojciechowska(2012)의 *Conceptual Metonymy and Lexicographic Representation*, Bierwiaczonek(2013)의 *Metonymy in Language, Thought and Brain*, Denroche(2015)의 *Metonymy and Language: A New Theory of Linguistic Processing*, Littlemore(2015)의 *Metonymy: Hidden Shortcuts in Language, Thought and Communication*이 대표적인 환유 단행본이다. 그리고 환유와 은유를 대등하게 논의하는 단행본 2권이 출간되었다. Handl(2011)의 *The Conventionality of Figurative Language*와 Dancygier & Sweetser(2014)의 *Figurative Language*가 그것이다. 특히 전자의 책에서는 은유보다는 환유에 초점을 두면서 환유의 적절성 원리가 실제로 준수되는지 여부를 코퍼스언어학적 접근법으로 분석한다.

국내 환유 단행본 현황을 살펴보면, 김종도(2005)의 『환유의 세계』가 유일하고, 다른 환유 단행본은 환유를 은유와 함께 다루었다. 대표적인 것들로는 최지훈(2010)의 『한국어 관용구의 은유와 환유 연구』와 오예옥(2011)의 『언어사용에서의 은유와 환유』가 있다. 환유 단행본 번역서로는 Wojciechowska(2012)를 우리말로 옮긴 『개념적 환유와 사전학』과 Bierwiaczonek(2013)을 우리말로 옮긴 『환유와 언어·사고·뇌』가 있고, 환유와 은유를 동시에 다룬 단행본 번역서로는 Handl(2011)을 우리말로 옮긴 『비유 언어의 관습성』과 Dancygier & Sweetser(2014)를 우리말로 옮긴 『비유 언어』가 있다. 환유는 인간 언어와 사고에서 은유보다 더 널리 퍼져 있으며, 실제로는 다른 종들에게도 존재하는 인지적 기초를 갖고 있다. 이처럼 활성화되고 있는 국외의 환유 연구에 비해 국내의 환유 연구는 아직 미진한 상황이다.

환유는 은유와 혼성 같은 비유적 구조를 환기하는 결정적인 기초가 된다. 그 범주도 다양해서 때에 따라 환유와 은유가 상호작용하는 비유 언어도 존재한다는 학설까지 제기되고 있다. 이러한 시기에 국내의 환유 연구는 국외의 환유 연구 분위기와 비교할 때 연구의 흐름조차 따라가지 못하는 실정이다. 이러할 때 환유 연구서 출간은 의미가 있다고 할 수 있다. 이 책에서는 국내에 환유 연구가 소개되고 나서 그동안 발전한 환유 연구를 소개하고, 국내에서 환유 연구가 차후 어떤 방향으로 나아가야 할지에 대한 방향을 제시한다.

이 책은 크게 세 개의 부로 되어 있다. 제1부(제1~3장)는 환유의 기본 개념을 소개하고, 제2부(제4~6장)는 환유의 인지언어학 이론을 제시하며, 제3부(제6~11장)는 환유의 언어 현상을 다룬다. 이 책의 전체적인 내용을 살펴보면 다음과 같다.

제1장은 환유의 본질을 다루는 장으로서, 환유의 정의, 기능, 유형, 적절성 원리를 다룬다. 특히 환유의 유형은 크게 전체-부분 관계, 실체의 종류, 작동의 층위에 따라 세분하여 논의할 것이다. 이런 환유의 유형을 다루면서 결국은 환유가 임의적이고 비체계적인 현상이 아니라, 구조화되어 있고 위계를 형성한다는 사실이 밝혀질 것이다. 특히 환유의 적절성 원리를 다룰 때는 적절성의 유형은 물론이고, 환유가 적절성 원리를 위배하여 역전 가능한 환유가 가능한 현상도 탐구할 것이다.

제2장에서는 환유의 경계 설정의 문제를 다룬다. 인지언어학에서는 흔히 환유가 은유보다 더 기본적인 인지 과정이라고 주장했다. 환유가 더욱 일반적인 인지적 기제라는 래내커(Langacker)의 주장, 특히 한 개념적 실체가 동일한 이상적 인지모형 내에서 또 다른 개념적 실체에 정신적 접근을 하게 한다는 생각은 영향력이 있었다. 환유에 대한 최근 접근법에서는 환유가 사고와 언어의 많은 분야와 관련이 있음을 강조한다. 여러 가지

점에서 환유는 은유보다 더 기본적이다. 예컨대, 전체 언어 체계에는 환유적 토대가 있고, 환유가 모든 언어 기호의 기초라고 말할 수 있다. 환유는 추론 과정에서 중요한 역할을 하고, 상당한 정도로 범주화를 안내한다. 환유는 또한 언어적 층위에서 다양한 모습으로 등장한다. 일반적으로 환유는 은유 및 제유 등의 다른 비유법들과 경계가 교묘하게 겹치는 현상이 있다. 그런 경계가 겹친다고 해서 환유와 기타 비유법들이 구분되지 않는 것은 아니다. 이 장에서는 환유의 편재성과 기본성 때문에 그 경계가 모호해질 우려가 있음을 인식하면서, 환유의 정확한 경계를 설정하여 환유가 무엇이고, 무엇이 환유가 아닌지 살펴볼 것이다.

제3장에서는 환유의 접근법을 다룬다. 인지언어학에서 환유를 다룬 첫 시기에 등장한 접근법을 환유의 표준 접근법이라고 부르면서, 이 표준 접근법에서 영역의 비제약적 본질과 사상 내의 제약에 비추어 그 문제점을 제시할 것이다. 그리고 이런 문제점을 해결하기 위한 시도를 영역 부각과 영역 확장/축소에 비추어 살펴볼 것이다. 이런 표준 접근법 외에 환유의 기호학적 접근법과 원형 접근법을 제시하면서 대안이 되는 최신의 환유 접근법을 소개할 것이다.

환유의 인지언어학 이론을 다루는 제2부의 첫 번째 장인 제4장에서는 환유와 영상도식 이론을 다룬다. 이론적 배경으로 영상도식, 은유, 환유를 제시하고, **경로** 영상도식 변형에서 환유가 작용하는 방식을 세 가지로 나누어 검토할 것이다. 즉, 문자적 **경로** 영상도식 변형, 비문자적 **경로** 영상도식 변형, 추가 **경로** 영상도식 변형에 환유가 어떻게 작용하는지를 보이는 것이 이 장의 목표이다.

제5장에서는 LCCM 이론에서 환유를 다룬다. LCCM 이론이란 Evans(2009)가 창안한 어휘개념과 인지모형 이론(Theory of Lexical Concepts and Cognitive Models)을 말한다. 이 이론은 개념적 은유 이론 및 개념적

혼성 이론과 관련이 있지만, 이 두 이론을 보충하는 이론이라고 할 수 있다. 개념적 은유 이론은 언어의 은유 이해에 관한 이론이라기보다는, 근원영역의 관점에서 목표영역을 구조화하는 인지모형의 본질에 관심이 있다. 그리고 개념적 혼성 이론은 의미구성에서 가장 중요하고 흥미로운 양상이 언어가 아닌 개념적 층위에 있다고 보고, 의미구성 과정을 뒷무대 인지(backstage cognition)라고 부른다. 따라서 개념적 혼성 이론에서는 의미구성에서 언어의 역할이 빈약한 촉진제를 제공하는 것으로 축소된다. 그 반면, LCCM 이론은 의미구성 과정에서 단어의 역할에 초점을 두고, 어휘개념이 언어 이해에 어떤 역할을 하는지 규명하고자 한다. 이 이론은 뒷무대 인지 이론에 대조적인 앞무대 인지(frontstage cognition) 이론으로 간주된다. 이 장은 이런 앞무대 인지 이론인 LCCM에서 환유를 어떻게 다루는지를 밝히는 것이 목적이다. 이런 목적을 위해 먼저 LCCM 이론의 본질과 구조, 이론적 구성물을 해명하고, 문자 언어, 은유, 환유 모두에서 이론이 작용하는 방식을 검토할 것이다.

제6장에서는 개념적 혼성 이론에서 환유를 다루는 방식을 논의한다. 개념적 혼성은 유추, 은유, 반사실문을 비롯해 많은 의미적·화용적 현상에서 작용하는 의미구성의 일관 원리를 제공한다. Fauconnier & Turner (1998, 2002)에서 장황하게 논의하는 개념적 혼성은 정신공간의 연결망에서 동적인 인지모형들을 결합하는 작용을 수반한다. 특히, 개념적 혼성 이론에서는 최소한 두 개의 입력공간을 설정하고, 그 입력공간에서 사상과 투사가 작용해 의미가 구성되는 것으로 간주한다. 이런 개념적 혼성은 은유를 비롯해 비유적이지 않은 언어 현상도 설명할 수 있는 강력한 인지언어학 이론이다. 지금까지 이런 강력한 개념적 혼성 이론에서도 환유 현상은 들어갈 공간이 없었다. 왜냐하면 환유는 하나의 영역 내에서 작용하는 인지 과정이기 때문이다. 하지만 이 장에서는 환유가 개념적 혼성에

작용하는 방식을 보여 줌으로써, 개념적 혼성 이론이 환유까지 설명할 수 있음을 입증하고자 한다. 개념적 혼성이 환유 현상을 설명할 수 있음은 물론이고, 환유 자체가 혼성에 큰 역할을 한다는 것도 부인할 수 없는 사실이다. 일반적인 추론 과정으로서 환유는 개념적 혼성 과정의 토대에 속한다. Fauconnier & Turner(1998: 170-171)는 환유적 긴축(metonymic tightening)을 하나의 최적성 원리로 언급한다. 즉, 혼성공간에 환유적 관계를 맺고 있는 요소가 포함되어 있다면, 그것들 간의 환유적 거리는 압축에 의해 단축되어야 한다. Grim Reaper(냉혹한 수확자)를 예로 들 수 있다. 실제로 사람의 죽음과 부패 후에 남는 해골 간의 시간적 거리는 매우 길다. 하지만 혼성공간에서 원인-결과 관계는 직접적인 관계이다. 여기에서 해골은 죽음이다. 비슷한 방식으로, 환유는 Fauconnier & Turner(2002: 92-102)에서 단정하는 중추적 관계에서 역할을 한다. 개념적 통합으로 인해 압축되는 것은 특히 부분-전체 관계와 원인-결과 관계이다. 이 두 관계는 환유적 추론의 잘 알려진 유형이다.

환유의 언어 현상을 다루는 제3부의 첫 번째 장인 제7장에서는 합성어에서 환유의 역할을 다룬다. 이런 목적을 위해 이 장은 다양한 유형의 합성어 중에서 환유적 합성어만 다룰 것이다. 환유적 합성어의 의미구성 방식을 본격적으로 논의하기에 앞서, 합성어의 본질을 간략히 살펴볼 것이다. 특히 합성어의 정의와 그 종류를 제시하여 다음 절을 위한 배경으로 삼고자 한다. 그런 다음 환유적 합성어를 크게 네 가지로 나누어 그 의미구성 방식을 연구하는데, 수식어가 환유인 합성어, 머리어가 환유인 합성어, 수식어와 머리어가 환유인 합성어, 합성어 전체가 환유인 합성어가 그 네 가지 유형이다.

제8장에서는 명사화에서 환유가 작용하는 방식을 다룬다. 이런 목적을 위해 명사화의 정의와 선행연구를 살펴보면서 명사화의 본질을 파악할 것

이다. 그리고 이 장에서는 -ion 명사와 -er 명사에 국한하여 환유가 이런 명사화에서 어떻게 활동하는지를 밝혀볼 것이다.

제9장에서는 전환에서 환유가 작용하는 방식을 다룬다. 이런 목적을 위해 먼저 전환의 성격과 유형을 살피면서 전환의 본질을 파악할 것이다. 그리고 이 장에서는 다양한 전환 유형 중에서 N→V 전환에서 환유가 작용하는 방식에 국한하고, 더 나아가 A→V→N 전환과 같은 연속적 전환에서도 환유가 작용한다는 것을 밝힐 것이다.

제10장에서는 조응 지시라는 화용적 현상에서 환유의 역할을 다룬다. 이런 목적을 위해 먼저 조응의 본질을 살펴보고, 환유적 조응의 선행연구를 두 가지 접근법으로 나누어 살펴볼 것이다. 그리고 마지막으로 인지언어학자 루이스 데 멘도자(Ruiz de Mendoza)의 접근법을 소개하면서 환유의 이분법적 분류, 그리고 단일 환유와 이중 환유를 살펴볼 것이다.

최근 들어 세계적으로는 학문 간 통합(integration), 융합(fusion), 통섭(consilience)에 대한 논의가 중요한 화두이다. 이런 학문 간 융합에서 중추적인 역할을 하고 있는 분야가 바로 인지과학이다. 이는 인지과학이 철학, 심리학, 인공지능, 신경과학, 언어학, 인류학, 문학 등을 아우르는 일종의 융합 학문이기 때문이다. 인문학이 인지과학에서 배울 것이 많듯이, 인문학이 인지과학에 기여할 점도 적지 않을 것이다. 인지과학의 연구결과들이 주목을 끌자 전통적인 학문적 경계가 느슨해졌으며, 이에 따라 관련 분야의 인지과학자들은 자신들의 연구가 인문학의 핵심 연구 주제와 직결된다는 것을 알게 되었다. 그러나 이 분야에 관한 제대로 된 교육이 없다면 암흑의 길을 걸을 수밖에 없다. 인지언어학에서 이런 학제 간 연구에 기여할 수 있는 분야가 환유이다. 현재까지 인지언어학에서 논의의 일차적 대상은 은유였지만, 인간을 비롯해 동물의 인지까지 포섭할 수 있는 것은 환유이다. 은유는 추상적 개념을 구체적 개념에 의해 이해하는 상상력의 과정이다. 서로 다른 두 개의 영역을 인간의 상상력을 통해 연결해 창의성을 유발하는 인지 과정이 은유인 것이다. 사정이 이러하다면, 은유는 동물에게는 없는 인지 과정이다. 이에 반해, 환유는 하나의 영역에서 부분이 전체를 대표하거나, 전체가 부분을 대표하거나, 한 영역 내에 있는 한 부분이 또 다른 부분을 대표하는 과정이다. 우리 인간들은 사람의 손이나 얼굴이라는 신체 부위로 사람 전체를 대표할 수 있다. 하지만 환유 능력은 동물들에게도 존재한다. 즉, 큰 맹수의 발자국이나 뒷모습을 보고 사슴과 같은 동물들이 놀라 달아나는 것은 사슴에게는 맹수의 발자국이나 뒷모습이 그 맹수 전체를 대표하게 되는 인지 능력이 있기 때문이다. 이런 점에서 환유 연구는 결국 동물학이라는 자연과학과 연계될 수 있는 중추적인 역할을 하는 것이다.

언어 이론이 현대 인지과학의 연구결과와 일치하고, 언어학자들이 자신들의 이론적 제안을 뒷받침하기 위해 인지과학에서 나온 수렴적 증거를 찾아야 한다는 데에 많은 인지언어학자가 점차 뜻을 같이 한다. 따라서 다른 실험적 인지 분야에서 나온 수렴적 증거로 뒷받침이 더 잘 되는 이론이 그런 증거로 뒷받침되지 않는 이론보다 우수한 것으로 간주된다. 특히 환유가 인간 인지와 언어의 신체화에서 결정적 양상으로 간주되어야 한다는 것을 입증하는 설득력 있는 증거들이 나오고 있다. 즉, 환유는 신경-생리적 기초를 갖는다는 의미에서 신체화되므로, 신경-컴퓨팅 모형화(neuro-computational modelling, Rohrer 2007)나 인공신경망(Artificial Neural Networks, Ahlsén 2006)으로 환유를 기술할 수 있다. 레이코프(Lakoff & Johnson 1999; Dodge & Lakoff 2005)는 오랫동안 실증적 기초를 가지고 신경-생리적으로 제약된 접근법을 옹호했고, Dąbrowska(2004)와 Bierwiaczonek(2006a, 2006b, 2007b)도 이런 접근법을 언급했다. 따라서 환유를 다루는 이 단행본이 향후 신경 환유 이론(Neural Theory of

Metonymy)으로 나아갈 디딤돌 역할을 할 수 있기를 기대한다.

끝으로, 어려운 여건 속에서도 이 책의 출판을 흔쾌히 맡아주신 한국문화사의 김진수 대표님과 출판계약을 도와주신 이광희 이사님께 깊은 감사를 드린다. 그리고 이 책의 초고에서 표현의 어색함을 바로 주면서 지금의 모습으로 편집해 주신 한국문화사의 유인경 님, 그리고 품격 있는 표지를 디자인해 주신 이정빈 님께도 감사드린다. 그리고 초고를 몇 번이나 읽으면서 내용에 의견을 주고 어색한 표현을 바로 잡아준 이승주 선생님께도 감사드린다. 이 책이 한국의 환유 연구와 인지언어학 연구에 자그마한 도움이 되기를 희망한다.

2019년 1월 25일
김동환

차례

■ 들어가는 말 _ v

제1부 환유의 기본 개념

제1장 환유의 본질
    1. 환유의 정의 ·· 3
    2. 환유의 기능 ·· 5
    3. 환유의 유형 ·· 9
    4. 환유의 존재론적 현저성 원리 ·· 47

제2장 환유의 경계 설정
    1. 환유와 은유 ·· 61
    2. 환유와 제유 ·· 78
    3. 환유와 활성역 ·· 82
    4. 환유와 원근화법화 ·· 89

제3장 환유의 접근법
    1. 환유의 표준 접근법 ·· 94
    2. 환유의 대안적 접근법 ·· 108

제2부 환유의 인지언어학 이론

제4장 환유와 영상도식 이론
    1. 영상도식, 은유, 환유의 본질 ·································· 123
    2. 경로 영상도식과 환유 ·· 135

제5장 환유와 LCCM 이론
   1. LCCM 이론의 본질 ······································· 145
   2. LCCM 이론과 환유 ····································· 157

제6장 환유와 개념적 혼성 이론
   1. 개념적 혼성의 본질 ····································· 171
   2. 개념적 혼성에서 환유의 작용 ······················ 183

제3부 환유의 언어 현상

제7장 환유와 합성어
   1. 합성어의 본질 ·· 205
   2. 환유적 합성어 ·· 211

제8장 환유와 명사화
   1. 명사화의 본질 ·· 224
   2. -ion 명사의 환유 ·· 226
   3. -er 명사의 환유 ··· 240

제9장 환유와 전환
   1. 전환의 본질 ·· 259
   2. N→V 전환과 환유 ····································· 276
   3. N→V 전환에서의 은환유 ··························· 284

제10장 환유와 조응 지시
   1. 조응의 본질 ·· 291
   2. 환유적 조응의 선행연구 ······························ 292
   3. 루이스 데 멘도자의 접근법 ························· 298

- 참고문헌 _ 316
- 찾아보기 _ 332

그림 목록

그림 1-1 전체-부분 관계에 기초한 환유의 유형 ·················· 11
그림 1-2 Radden & Kövecses(1999)의 환유 분류법 ·················· 13
그림 1-3 실체의 종류에 따른 환유의 유형 ·················· 22
그림 2-1 영역과 사상에 따른 은유와 환유의 구분 ·················· 65
그림 2-2 일대응 은유와 다대응 은유 ·················· 66
그림 2-3 사랑은 여행이다의 다대응 사상 ·················· 67
그림 2-4 근원 속 목표 환유와 목표 속 근원 환유 ·················· 68
그림 2-5 근원 속 목표 환유와 목표 속 근원 환유의 예 ·················· 68
그림 2-6 작가는 작품을 대표하고, 작품은 매개물을 대표한다 환유 ····· 69
그림 2-7 환유로부터의 은유 ·················· 73
그림 2-8 은유 속 환유 ·················· 74
그림 2-9 고전 수사학의 비유법 분류 ·················· 79
그림 2-10 세토의 비유법 분류 ·················· 80
그림 2-11 분류법(제유) ·················· 81
그림 2-12 부분 관계(환유) ·················· 81
그림 2-13 활성역 ·················· 84
그림 2-14 활성역과 환유의 구분 ·················· 88
그림 3-1 참조점 관계 ·················· 97
그림 3-2 활성역 ·················· 98
그림 3-3 이중 영역 축소 ·················· 107
그림 3-4 이중 영역 확장 ·················· 107
그림 3-5 영역 축소/확장 ·················· 107
그림 3-6 영역 확장/축소 ·················· 107
그림 3-7 기본적인 환유적 관계 ·················· 108
그림 3-8 피어스먼과 헤라르츠의 원형 기반적 환유 분류 ·················· 115
그림 3-9 피어스먼과 헤라르츠의 환유적 패턴의 원형 모형 ·················· 118
그림 4-1 근원 속 목표 환유 ·················· 130
그림 4-2 목표 속 근원 환유 ·················· 130
그림 4-3 모피코트 환유 ·················· 131
그림 4-4 영혼은 감정을 대표한다 환유 ·················· 132
그림 4-5 경로 영상도식 ·················· 136

그림 4-6   She walked over the bridge의 영상도식 ··············· 137
그림 4-7   over the flu에 대한 은유적 대응 ······················· 141
그림 4-8   윤곽부여된 중심 지역 ·································· 143
그림 4-9   윤곽부여된 하향 궤도 ·································· 143
그림 4-10 윤곽부여된 상향 궤도 ·································· 143
그림 5-1   앞무대 인지 이론과 뒷무대 인지 이론의 상호작용 ············ 147
그림 5-2   LCCM 이론의 구조 ·· 149
그림 5-3   인지모형의 유형 ··· 154
그림 5-4   문자적 개념작용 더 비유적 개념작용을 유발하는
          LCCM 이론의 의미구성 과정 ······························· 158
그림 5-5   [프랑스]에 대한 인지모형 윤곽 ····························· 160
그림 5-6   France voted against the EU constitution에서 [프랑스]의
          해석으로 확립되는 접근 경로 ······························· 161
그림 5-7   [햄샌드위치]에 대한 일차적 인지모형 윤곽 ················· 163
그림 5-8   [사장]에 대한 부분적인 일차적 인지모형 윤곽 ·············· 164
그림 5-9   [고양이]에 대한 인지모형 윤곽 ····························· 165
그림 5-10 [올라가다]에 대한 일차적 인지모형 윤곽 ················· 166
그림 6-1   공간횡단 사상 ·· 172
그림 6-2   총칭공간 설정 ·· 173
그림 6-3   혼성공간 설정 ·· 174
그림 6-4   개념적 통합 연결망 ······································· 175
그림 6-5   Murdock knocked Iacocca out의 개념적 통합 연결망 ··········· 180
그림 6-6   틀부여 입력공간의 투사 ··································· 182
그림 6-7   I could see the smoke coming out of his ears의
          개념적 통합 연결망 ······································· 185
그림 6-8   Smoke was coming out of his ears의 혼성공간 운용 ········· 187
그림 6-9   cow college의 개념적 혼성 분석 ··························· 190
그림 6-10 (6)의 의미구성에 대한 개념적 통합 연결망 ··············· 191
그림 6-11 가상 이동에 대한 개념적 통합 연결망 ····················· 193
그림 6-12 (6)의 의미구성을 위한 세 입력공간의 통합 ··············· 194
그림 6-13 (6)의 의미구성을 위한 완전한 개념적 통합 연결망 ········ 195
그림 6-14 식당 손님에 대한 종업원의 영상 공간의 표상 ············· 197
그림 6-15 퍼레이드의 영상 공간과 학교의 기질 공간에서 나온

그림과 표 목록 | xvii

그림 6-16 my school의 발현적 의미 ·· 199
그림 6-16 책의 영상 공간과 패트릭 화이트의 기질 공간에서 나온
          Patrick White의 발현적 의미 ·· 200
그림 6-17 Picasso 혼성공간의 발현구조(H = 청자) ······················· 201
그림 7-1   수식어가 환유인 합성어의 모형 ·································· 212
그림 7-2   머리어가 환유인 합성어의 모형 ·································· 215
그림 7-3   수식어와 머리어가 환유인 합성어의 모형 ······················ 217
그림 7-4   전체 의미가 환유인 창의적 합성어의 모형 ···················· 219
그림 8-1   -er의 중심 의미: teacher ·· 244
그림 8-2   Wall Streeter에서 어간의 환유적 확장 ·························· 245
그림 8-3   hoofer에서 은유적·환유적 구조 ································· 246
그림 8-4   어간 hoof의 정교한 개념적 구조 ································· 246
그림 8-5   upper에서 어간의 환유적 확장 ···································· 249
그림 8-6   -er의 중심 의미로부터 사물 층위의 은유적·환유적 확장 ··· 252
그림 8-7   groaner의 환유적·은유적 구조 ·································· 253
그림 8-8   beaner의 환유적·은유적 구조 ···································· 255
그림 8-9   어간 bean의 정교한 개념적 구조 ································· 256
그림 8-10 bender의 환유적·은유적 구조 ···································· 257
그림 8-11 sleeper의 다의성 ··· 258
그림 9-1   부위로서의 명사 ·· 264
그림 9-2   가산명사와 불가산명사 ··· 266
그림 9-3   NC ↔ NU 전환에 대한 해석 과정 ······························ 270
그림 9-4   가산명사-불가산명사 구별에 대한 망 조직 ···················· 270
그림 9-5   N→V 행동 ICM ·· 277
그림 9-6   to fish의 이중 환유 ··· 283
그림 9-7   to motor의 이중 환유 ·· 283
그림 10-1 근원 속 목표 환유 ··· 302
그림 10-2 목표 속 근원 환유 ··· 302
그림 10-3 지도자는 군대를 대표한다 환유 ··································· 306
그림 10-4 목표 속 근원 환유 ··· 308
그림 10-5 종이는 글을 대표하고, 글은 수열을 대표한다 ················ 312
그림 10-6 장소는 기관을 대표하고, 기관은 그곳에서 일어나는
          활동을 대표한다 ·· 314

표 목록

표 1-1 사태 시나리오 ·· 32
표 1-2 이동 시나리오 ·· 33
표 1-3 감정 사건 시나리오 ·· 36
표 1-4 요청 시나리오 ·· 41
표 3-1 환유적 패턴의 원형 기반적 분류 ······································ 116
표 5-1 한국어와 경어의 어휘개념 차이 ······································ 150
표 6-1 화에 대한 열 은유와 생리적 효과 환유에서 개념적 대응 ········ 184
표 6-2 smoke coming out of his ears에서 환유의 작용 방식 ········ 188
표 9-1 행동 도식 ·· 273
표 9-2 이동 도식 ·· 274

제1부

환유의 기본 개념

제1장

환유의 본질

1. 환유의 정의

인지언어학자들은 환유가 은유만큼 언어와 사고에 널리 퍼져 있는 현상이라고 주장한다. Lakoff(1987)는 명제적 ICM, 영상도식적 ICM, 은유적 ICM과 함께 환유적 ICM의 인지적 중요성을 강조하고, Panther & Radden(1999), Barcelona(2003a), Dirven & Pörings(2002)에서는 환유의 개념적·언어적 중요성이 은유의 그것과 비슷하다는 입장을 취한다. 더욱이 Barcelona(2003a), Radden(2003), Ruiz de Mendoza(2000), Ruiz de Mendoza & Campo(2002)는 은유와 환유의 경계가 희미한 것으로 간주한다. 그럼에도, 뚜렷하게 구분되는 은유와 환유의 경우는 존재한다.

인지언어학에서 가장 널리 통용되는 환유의 정의는 Radden & Kövecses(1999: 21)의 것으로서, "환유는 동일한 이상적 인지모형(Idealized Cognitive Model; ICM) 내에서 매체라는 한 개념적 실체가 목표라는 다른 개념적 실체에 정신적 접촉을 제공하는 인지 과정이다." 환유의 매체와 목표는 개념적 인접성(conceptual contiguity)에 의해 연결된다. 이 기준을 충족시키는 환유는 개념적 환유(conceptual metonymy)라고 부르고, 매체가 언어 기호로 표현될 때는 언어적 환유(linguistic metonymy)라는 용어를 사용한다.

환유를 인접성 관계나 매체가 목표에 정신적 접촉을 제공하는 과정으로 특징짓는 것은 매우 일반적이다. 환유의 범위를 제약하기 위해서는 매체와 목표 간의 인접성 관계를 가정해야 한다. 이 견해에 따르면, 환유적 연결은 개념적 필연성에 의해 존재하지 않고 파기될 수 있다(defeasible). 예컨대, 한 간호사가 다른 간호사에게 The *ulcer* in room 506 needs a special diet(506호실의 궤양 환자는 특별 식이요법이 필요하다)라고 말하는 병원의 문맥에서, '궤양'과 '506호실 환자' 간의 연결은 개념적으로 필연적인 것이 아니라 우연적이다. 결과는 행동을 대표한다, 생산자는 생산품을 대표한다, 부분은 전체를 대표한다, 원인은 결과를 대표한다와 같은 환유의 전형적인 예는 모두 매체와 목표 간의 관계가 우연적인 개념적 인접성에 기초한다는 일반화에 해당한다.

환유는 목표를 부각·전경화하고 매체는 배경화하는 것으로 특징지어지기도 한다. 예컨대, 발화 The *ulcer* in room 506 needs a special diet에서, 궤양 환자는 부각되고 궤양이라는 병은 배경화된다. 그래서 환자는 발화의 주제를 형성하고 대명사 she나 he로 지시될 수 있다.

매체로부터 목표로의 접근 가능성은 환유적 연결의 강도(strength of the metonymic link)와 관련이 있다. 환유적 연결의 강도는 매체와 목표 간의 개념적 거리와 매체의 현저성에 달려 있다(Panther & Thornburg 1998). 예컨대, 합성어 redhead(머리카락이 빨간 사람)는 toenail(발톱)보다 사람을 가리킬 가능성이 더 크다. 이는 머리카락이 발톱보다 더 현저하며, 신체 부위의 전체-부분 조직에서 사람에 개념적으로 더 가깝기 때문이다.

요컨대, 개념적 환유를 타당하게 정의하려면 최소한 다음과 같은 환유의 특징을 고려해야 한다. 첫째, 개념적 환유는 한 인지영역 내에서 매체가 목표에 접근하게 하는 인지 과정이다. 둘째, 매체와 목표 간의 관계는 우연적이고, 개념적으로 필연적이지 않다. 즉, 원칙적으로 파기 가능하다. 셋째, 목표는 전경화되고 매체는 배경화된다. 넷째, 매체와 목표 간의 환유적 연결의 강도는 특히 매체와 목표 간의 개념적 거리와 환유적 매체의 현저성에 따라 다를 수 있다.

2. 환유의 기능

이 절에서는 환유의 기능을 살펴볼 것이다. 가장 널리 언급되는 환유의 기능은 지시적 기능(referential function)이다. 이는 환유가 매번 긴 기술적 과정을 거치지 않고 사물을 가리킬 수 있는 의사소통적 속기로 작용한다는 것을 뜻한다. 가령, 식당에서 한 종업원이 다른 종업원에게 이야기하면서 손님을 the ham sandwich sitting at Table 8(8번 테이블에 앉아 있는 햄샌드위치)이라고 부르는 것이 좋은 예이다. 한 종업원과 다른 종업원은 이 표현이 무엇을 의미하는지 안다. 즉, 종업원은 손님이 주문한 샌드위치가 아니라 손님을 가리킨다.[1]

환유는 사물을 가리키는 빠르고 쉬운 방법을 제공하기 때문에, 담화 공동체[2]에 널리 퍼져 있다. 실지로 담화 공동체에서는 환유를 빈번하게 사용하는데, 이는 단결력을 구축하기 위함이다. 즉, 환유는 담화 공동체의 정체성을 창조하는 데 기여한다는 것이다. 우리 대부분은 새 직장에 들어갔을 때 주변 동료들이 환유적 속기를 많이 사용하여 상대방이 무슨 말을 하는

---

[1] 하지만 이 표현을 글자 그대로 해석하면 이상하게 들린다.
[2] 담화 공동체(discourse community)란 공통된 목표를 갖고서 함께 일하고, 가끔 특별한 언어적 부호를 공유하는 사람들의 집단이다.

지 이해하지 못하는 경험을 한 적이 있을 것이다. 따라서 환유는 담화 공동체 내에서 중요한 관계형성 기능(relationship-building function)을 한다. 공동체 내에서 관계를 형성하기 위해 환유를 사용할 때, 그것은 다른 사람들이 그 담화 공동체에 들어오지 못하게 하는 데도 사용된다. 따라서 외부인이 있을 때 내부인만이 이해하는 환유를 의도적으로 사용하는 것은 강력한 거리두기(distancing)의 기능을 한다.

환유는 완곡어법(euphemism)의 형태로 기능할 수도 있다. Littlemore (2015: 93)는 은유가 완곡어법을 이해하는 데 역할을 할 수 있다는 연구(Pfaff *et al*. 1997)는 있었지만, 완곡어법에서 환유의 기능을 다루는 연구가 없다는 것이 놀라운 일이라고 말한다. 왜냐하면 완곡어법을 사용하는 기본적인 이유는 당황스럽거나 체면을 구길 수 있는 주제에 관해 이야기하는 간접적인 방법을 찾는 것이고, 환유는 간접성을 표현하는 완벽한 비유법이기 때문이다. 이처럼 환유와 완곡어법에는 간접성이라는 공통점이 있다. 다음 예는 화장실에 가는 것에 대한 완곡어법이다.

(1) a. He needs to use the *restroom*.(그는 화장실을 사용할 필요가 있다.)
b. 'Us girls' she said, 'are going to *spend a penny.*'(그녀는 '우리 소녀들은 유료 화장실에 갈 것이다'라고 말했다.)

이 두 표현은 각각 장소는 사건을 대표한다와 하위 사건은 사건 전체를 대표한다 환유에 의존한다.

보육원 직원들이 아기의 기저귀에 관해 이야기할 때 사용하는 다음과 같은 표현도 예로 들 수 있다.

(2) She's got a *loose nappy*.(그 아기는 설사기가 있다.)

이 표현은 기저귀가 헐거워졌다는 것이 아니라 기저귀를 갈아야 할 때가 되었다는 뜻이다. 즉, 느슨한 것이 기저귀 자체가 아니라 아기가 설사끼가 있다는 것이다. 이 표현은 아기가 설사를 한다는 '원인'이 기저귀가 축 처져 있다는 '결과'를 대표하는 환유 과정에 기초한다. 특히 loose nappy는 글자 그대로 사용된 것이 아니라 환유적으로 사용된 완곡어법이다. 따라서 이 표현은 환유가 난처한 것을 직접적으로 언급하는 것을 피하는 데 사용되는 더할 나위 없이 좋은 예인 것이다.

사업과 정치에서 환유의 역할은 많이 연구되지 않았지만, Gradečak-Erdeljić(2004)에서는 시나리오의 한 부분이 시나리오 전체를 대표한다 환유가 전쟁 사건을 기술하기 위해 정부가 사용하는 완곡어법에서 어떤 역할을 하는지 연구한다. 적의 사상자 수를 가리키고자 body count(전사자 수)를 사용하거나 폭탄을 투하하여 사람을 죽이는 것을 가리키는 air support(공중 지원)가 그 예이다.

환유는 중립적인 표현 대신에 불쾌한 표현을 사용하는 현상인 위악어법(dysphemism)에서도 역할을 한다. 예컨대, 시체보관소에서 일하는 사람은 시체를 stiff라고 부르는데, 이것은 '뻣뻣함'이라는 시체의 특징이 시체 그 자체를 대표하는 특성은 사물을 대표한다 환유가 작동하는 표현이다.

환유는 평가의 기능(evaluative purpose)을 한다. 직장 담화에서 직원들은 I don't know what *upstairs* would think of that(나는 위에서 그것을 어떻게 생각할지 모르겠다)이나 What is *upstairs* going to come up with next!(다음에 위에서 어떤 안을 가지고 나올까!)와 같은 표현에서처럼 단어 upstairs를 자주 사용한다. upstairs는 고위 관리직이 있는 사무실의 위치이다. 평범한 직원들이 단어 upstairs를 사용하는 것은 가끔 고위 관리직에 대한 부정적인 평가를 암시하거나 '우리와 그들' 정신성을 반영하는 거리 두기 장치로 가끔 사용되었다.

다음 예에서처럼 이런 용법은 upstairs나 downstairs 앞에 them이 나올 때 특히 자명하다. 이는 관리자들은 대개 '위층'에 있고 직원들은 '아래층'에 있음을 말해 준다.

(3) a. It still shocked them upstairs a bit.(그것은 위층의 그들에게 여전히 조금 충격이었다.)
b. Tell them downstairs that I have specifically requested you to finish the project on time.(아래층의 그들에게 내가 프로젝트를 제시간에 끝내야 한다고 분명히 요구했다고 일러라.)

평가할 목적으로 환유를 사용하는 것은 영어에서 흔하게 보인다. 예컨대, Boys will be boys(사내애가 다 그렇지 뭐) 같은 구어체 항진명제(tautology)[3]에서 환유가 등장한다. 이 표현에서 보어로 사용되는 boys는 부정적 특징에 대한 환유적 지시이다. 즉, 사내애들이 못되게 굴 수 있다는 사실을 너그럽게 봐주거나, 이것이 흔히 받아들여지는 행동이라는 사실을 비판한다는 점에서 평가적이다.

환유는 모호한 언어(vague language)의 역할을 하여, 발화의 직접성이나 단언성을 줄이고 너무 현학적으로 들리지 않게 한다. 앞서 언급한 예 (2)에서 표현 loose nappy가 좋은 예로서, 모호한 완곡어법은 배설물을 바로 이야기하는 것을 피하는 데 사용된다. 흥미롭게도, 성 연구(gender studies)에서, 여성들이 남성들보다 모호한 언어와 환유를 더 많이 사용한다는 것이 밝혀졌다. 모호한 언어와 환유의 주된 의사소통적 기능은 덜 직접적으로 들리고 친절하고 비공식적인 분위기를 유지하는 것이다. 이 모든 자질은 여성 담화의 특징으로 식별되었다. 남성이 선호하든 여성이 선호하든

---

[3] 항진명제란 문자 그대로 해석하면 '항상 참인 명제'라는 뜻으로, 모든 경우에 대하여 합성명제의 진릿값이 항상 참인 경우를 말한다.

간에, 환유적인 모호한 언어가 대인적 기능, 관계형성 기능, 정서적 기능을 하는 데 사용된다고 말할 수 있다.

마지막으로, 환유는 화용적 추론(pragmatic inferencing)에서 중요한 역할을 한다. 이것은 간접화행(indirect speech act)을 이해할 때 필요하다(Barcelona 2006). 간접화행은 문맥에서의 실제 의미가 단어들의 개별 의미들과 구분되는 화행이다. 따라서 의미는 추론되어야 한다. 예컨대, 누군가는 실제로 '창문 좀 열어 주세요'라는 의도로 It's very stuffy in here isn't it?(여기 안이 통풍이 잘 안 되지 않나요?)이라고 말할 수 있다. 간접화행에서 화자의 의사소통적 의도를 식별하려면 청자의 입장에서 추론 작업이 필요하다. 예컨대, 부엌의 테이블에 케이크가 있고, 집을 방문한 손님이 Mmm, that looks good(음, 저 케이크 맛있어 보인다)이라고 발화한다면, 그는 '저 케이크 한 조각 먹고 싶다'라는 메시지를 전달하는 것이다. 전통적인 화행 이론가들은 이런 발화의 해석에 수반되는 추론 작업의 본질을 거의 논의하지 않았다. 하지만 인지언어학자들은 이런 분야에 환유적 사고가 역할을 한다는 가설을 제안했다(가령, Gibbs 1994, Panther & Thornburg 1998, Pérez-Hernández & Ruiz de Mendoza 2002 참조).

이 절에서는 환유가 다양한 기능을 한다는 것을 보았다. 환유는 직접적인 지시적 기능 외에, 평가, 완곡어법, 위악어법, 관계형성, 거리두기, 비난하고 피하기, 잠재적으로 체면을 손상시키는 상황을 민감하게 다루기 등에 사용될 수 있다. 이 각각의 경우에 환유의 성공적인 해석은 실제로 사용되는 단어를 넘어서 이루어지는 추론을 수반한다.

3. 환유의 유형

이 절에서는 환유의 유형, 특히 개념적 환유의 유형을 살펴볼 것이다.

환유의 과정이 부분-전체 관계에 기초한다는 사실에 의해 전체-부분 환유와 부분-부분 환유로 구분하는 분류법, 그리고 환유의 경우에 한 실체가 다른 실체를 지시한다고 할 때 그 실체의 종류에 따라 공간적 환유, 시간적 환유, 추상적 환유로 구분하는 분류법을 제시할 것이다.

3.1. 전체-부분 관계에 따른 분류

이 절에서는 Radden & Kövecses(1999)가 환유를 하나의 ICM 내에서 이루어지는 개념적 관계로 정의한 것에 기초해서 환유의 유형을 살펴볼 것이다. 그들은 환유를 발생시키는 한 ICM 내의 개념적 관계를 환유생산 관계(metonymy-producing relationship)라고 부른다.[4] 특히 그들은 전체와 부분 간의 구분이 환유에 매우 중요하다고 주장하면서, 환유를 전체와 부분의 관계에 기초해서 그 유형을 나눈다. 환유생산 관계의 유형은 크게 전체 ICM과 그 부분 간의 관계와 한 ICM의 부분들 간의 관계로 나뉜다. 전자는 '전체-부분 환유'라고 부르고, 후자는 '부분-부분 환유'라고 부를 수 있다. 그리고 전자의 환유는 다시 전체가 부분을 가리키거나 부분이 전체를 가리키는 두 가지 유형으로 세분화된다. 이에 따라 전체-부분 관계에 기초한 분류는 다음과 같이 나타낼 수 있다.

---

[4] 환유생산 관계는 고차적 환유(high-level metonymy)나 개념적 환유(conceptual metonymy)라고도 부른다. 그런데 Littlemore(2015)에서는 이 세 가지 용어에 문제가 있다고 지적하면서 환유 유형(metonymy type)이라는 용어를 사용할 것을 제안한다. '환유생산 관계'는 실제 관계에서 환유의 역할을 중시하지 않고, '고차적 환유'는 한 가지 특별한 환유 모형과 연상되며, 용어 '개념적 환유'는 그 관계가 상대적으로 고정적이고 정적이라는 것을 암시하고, 오늘날까지 사람들이 환유 발화를 이해하고자 할 때 개념적 환유에 접근한다는 것을 보여 주는 심리언어학적 연구가 없다(Gibbs 2007)는 것이 그가 '환유 유형'을 제안하는 이유이다. 그리고 환유 유형이라는 용어는 환유 유형 그 자체와 그것을 논의하는 방법에 관해 유연성을 허용해 주는 장점이 있다고 그는 지적한다.

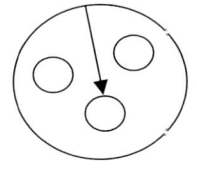 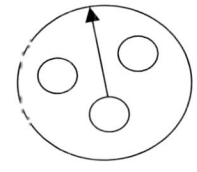 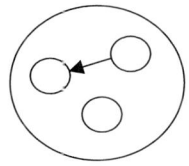

(a) 전체→부분 환유 (b) 부분→전체 환유 (c) 부분→부분 환유

그림 1-1 전체-부분 관계에 기초한 환유의 유형

이 그림에서 큰 원은 전체이고, 작은 원들은 부분을 나타낸다. 화살표는 '대표 관계'를 나타낸다. 즉, (a) 전체→부분 환유는 전체가 부분을 대표하고, (b) 부분→전체 환유는 부분이 전체를 대표하며, (c) 부분→부분 환유는 한 부분이 다른 부분을 대표한다.

라덴과 쾨브체시가 제안한 환유의 분류법은 위계적이다. 그들은 환유 유형을 '전체-부분'과 '부분-부분'이라는 두 가지 포괄적인 범주로 나누는데, 이 각각의 범주에는 많은 ICM이 포함되어 있으며, 이런 ICM은 다시 다양한 환유 유형을 인가한다.

전체-부분 환유는 부분이 전체를 대표하거나 전체가 부분을 가리키는데 사용되는 상황을 포함한다. 라덴과 쾨브체시는 이런 포괄적인 범주 내에서 6개 ICM을 식별하고, 이런 ICM은 다시 21개의 환유 유형을 발생시킨다. 이런 ICM은 물리적 실체(entity)(한 실체의 한 개 부분은 전체를 대표하거나 그 역이다), 척도(scale)(척도의 끝단은 전체 척도를 가리키는데 사용된다), 구성(constitution)(한 사물을 구성하는 재료는 그 사물 자체를 가리키는데 사용된다), 사건(event)(사건의 한 부분은 사건 전체를 대표하는데 사용된다), 범주(category)(범주의 한 구성원은 범주 전체를 대표하는데 사용된다), 범주의 특성(property of category)(범주의 한 가지 현저한 특성은 범주 전체를 가리키는데 사용된다)이다.

부분-부분 환유에서, 어떤 것은 관련된 한 개념을 가리키는데 사용된다.

라덴과 쾨브체시는 이런 포괄적인 범주 내에서 10개의 ICM을 식별하는데, 이런 ICM은 43개의 환유 유형을 발생시킨다. 행동(action)(행동에서 사용되는 사물이나 행동을 수행하는 방식은 행동 그 자체를 가리키는 데 사용된다), 지각(perception)(There goes my knee(무릎이 아프다)에서처럼 실제 실체는 그 실체에 대한 감정적 경험이나 물리적 경험을 가리키는 데 사용된다), 인과성(causation)(원인은 결과를 가리키는 데 사용되거나 그 역이다), 생산(production)(사물의 생산자는 사물 그 자체를 대표하는 데 사용된다), 통제(control)(실체나 사람 집단의 통제자는 그 실체나 사람들을 대표하는 데 사용된다), 소유(possession)(사물은 그것을 소유한 사람을 대표한다), 포함(containment)(그릇은 내용물을 대표하거나 그 역이다), 위치(location)(장소는 그곳에서 일어난 사건을 대표한다), 기호(sign)(단어는 그것이 표현하는 개념을 대표한다), 형태의 수정(modification of form)(한 단어의 수정된 형태는 그 단어 그 자체를 대표한다)이 이런 ICM이다. Littlemore(2015: 25)는 라덴과 쾨브체시 분류법을 그림 1-2로 제시한다.

   라덴과 쾨브체시의 분류법은 연구자들에게 환유에 대한 지식과 통찰력을 공유할 수 있는 공통된 언어를 제공했기 때문에 환유 문헌에 지대하게 이바지했다. 이 장은 전체-부분 관계를 포함하는 다양한 환유 유형들을 검토하면서 시작하고, 그런 다음 부분-부분 관계를 포함하는 많은 환유 유형을 고려하는 쪽으로 나아간다.

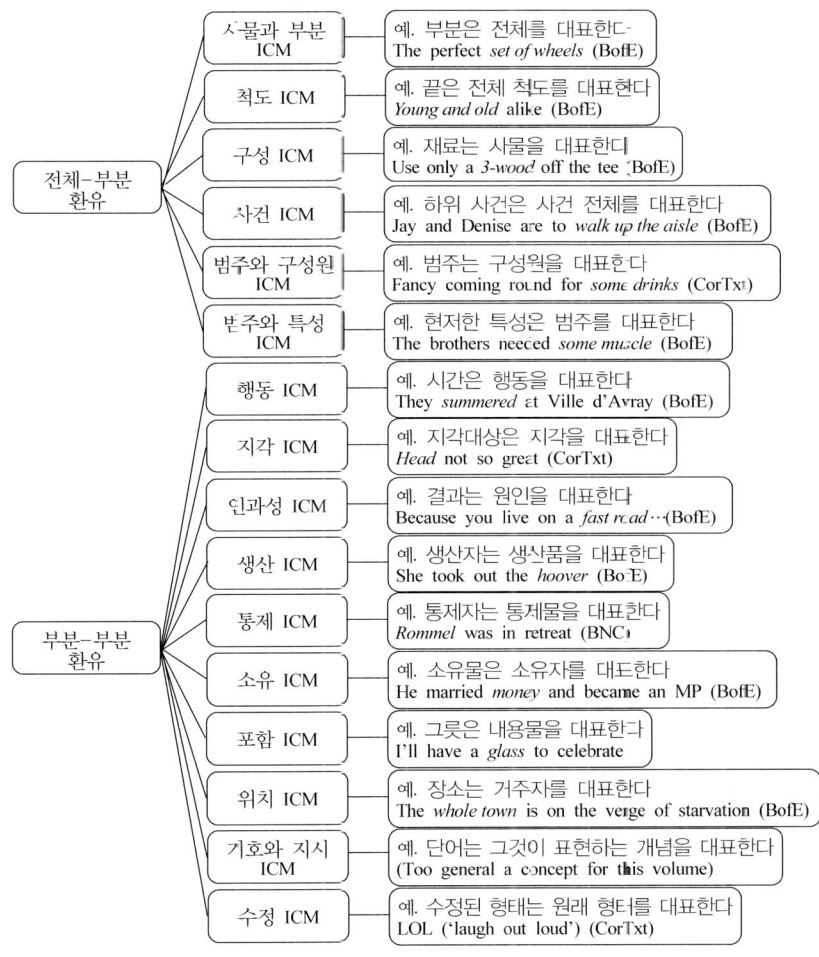

그림 1-2 Radden & Kövecses(1999)의 환유 분류법

3.1.1. 전체-부분 환유

한 ICM 전체와 그것을 구성하는 부분 사이의 관계에 기초한 전체-부분 환유(whole-part metonymy)는 그 ICM의 성격에 따라 몇 가지 유형으로 나뉜다. 첫 번째는 **사물 ICM**이다. 특정한 물리적 사물은 흔히 잘 구조화

된 전체를 형성하고, 내적으로는 다양한 부분들로 구성된 것으로 간주된다. 이 ICM은 다음과 같은 두 가지 환유를 생성한다.

(4) 전체는 부분을 대표한다
   a. *He* hit me.(그는 나를 때렸다.)
   b. The *car* needs washing.(그 자동차는 세차할 필요가 있다.)
   c. Let's go to the *theater* tonight.(오늘밤에 극장에 가자.)
(5) 부분은 전체를 대표한다[5]
   a. We need a new *face* in this company.(우리 회사에 새 얼굴이 필요하다.)
   b. Most people prefer the *ballot* to the *bullet*.(대부분의 사람은 무력보다는 민주적인 투표제도를 더 좋아한다.)

전체는 부분을 대표한다 환유는 Langacker(1990)의 활성역/윤곽 불일치(active zone/profile discrepancy) 상황에서 널리 사용된다. (4a, b)에서 전체 he와 car는 활성역인 '그의 주먹'과 '자동차 본체'를 각각 대표한다. 추상적인 사물에도 부분이 있다고 하면, (4c)에서 '극장'이라는 전체 사물이 '연극'이라는 추상적인 부분을 대표한다. **부분은 전체를 대표한다** 환유는 전통 수사학에서 말하는 제유(synecdoche)이다. (5a)에서 신체 부위 face를 사용해 '사람 전체'를 대표하는 것이 그 예이다. 또한 추상적인 사물을 그 부분에 의해 환유적으로 접근할 수 있다. (5b)에서 ballot(투표용지)이라는 부분이 '민주적 투표제도'를 대표하고, bullet(총탄)은 '무력'을 대표한다.

두 번째는 **척도 ICM**이다. 척도는 사물의 특별한 경우로서, 척도의 단위들은 척도의 부분이다. 전형적으로 척도 전체는 그 척도의 상단 부분을

---

[5] Lakoff & Johnson(1980)이 제시한 장소는 기관을 대표한다와 장소는 사건을 대표한다도 부분은 전체를 대표한다 환유에 속한다.

대표한다. 다음이 그 예이다.

(6) Henry is *speeding* again.(헨리는 다시 속도를 내고 있다.)

이 문장에서 speed는 '매우 빨리 달리다'라는 척도의 한 부분을 대표한다. 역으로 부분이 전체 척도를 대표하는 경우도 있는데, 다음이 그 예이다.

(7) How *old* are you?(몇 살입니까?)

이 문장에서 old는 '나이에 대한 전체 척도'를 대표한다.
  세 번째는 **구성 ICM**이다. 물질은 특정한 사물을 구성하는 부분으로 간주된다. 이 ICM은 다음과 같은 두 가지 환유를 생성한다.

(8) 사물은 재료를 대표한다
    There was *cat* all over the road.(온 길에 고양이 돈이 흩어져 있다.)
(9) 재료는 사물을 대표한다
    a *wood*(목재 제품)

사물과 그것을 구성하는 물질 사이의 관계는 셀 수 있는 실체와 셀 수 없는 실체 사이의 문법적 구분과 대응한다. 사물은 물질로 간주될 때 문법적으로는 cat과 같은 불가산명사로 부호화된다. 역으로 물질은 사물로 간주될 때 wood와 같이 가산명사로 부호화된다.
  네 번째는 **사건 ICM**이다. 한 사건은 여러 가지 하위 사건들로 구성된다. 사건 전체를 구성하는 하위 사건들은 순서대로 발생하거나 동시에 발생한다는 점을 받아들이면, 이 ICM은 다음과 같은 두 가지 환유를 생성한다.

(10) 연속적인 하위 사건들은 복합적 사건을 대표한다
  a. They *stood* at the altar.(그들은 제단에 서 있었다.)
  b. Mother is *cooking* potatoes.(어머니는 감자 요리를 하고 있다.)
  c. I have to *grade* hundreds of papers.(나는 수백 장의 보고서를 채점해야 한다.)
(11) 공동 존재적 하위 사건들은 복합적 사건을 대표한다
  Mary *speaks* Spanish.(메리는 스페인어를 구사할 줄 안다.)

연속적인 사건의 경우에, 처음 사건이나 중간 사건 또는 마지막 사건이 복합적 사건 전체를 대표하는 데 사용된다. (10a)의 경우에 '처음 사건'이 '전체 결혼식'을 대표하고, (10b)에서는 '중간 사건'이 '음식 준비'라는 사건 전체를 대표하고 있다. 즉, 음식을 준비하는 것은 재료를 다듬는 처음 사건, 음식을 요리하는 중간 사건, 음식을 차리는 마지막 사건이 있는데, 이 경우에는 중간 사건이 사건 전체를 대표한다. (10c)의 경우에는 성적을 매기는 사건 전체는 보고서를 읽고 수정하고 성적을 매기는 것으로 구성되어 있는데, 여기서는 마지막 사건이 사건 전체를 대표한다. (11)에서 스페인어 구사는 말하기 능력, 듣기 능력, 이해 능력, 작문 능력이라는 언어 능력들과 동시에 존재한다. 이 경우에 말하기 능력이 언어 구사라는 사건 전체를 대표한다.

다섯 번째는 **범주-구성원 ICM**으로서, 이것은 다음과 같은 두 가지 환유를 생성한다.

(12) 범주는 구성원을 대표한다
  the pill(피임약)
(13) 구성원은 범주를 대표한다
  aspirin(아스피린)

(12)의 경우에 '알약'이라는 범주가 한 구성원인 '피임약'을 대표하고, (13)의 경우에는 한 구성원인 '아스피린'이 '진통제'라는 범주 전체를 대표한다.

여섯 번째는 **범주-특성 ICM**이다. 범주에는 그것을 규정하고 한정 짓는 다양한 특성이 있다. 이 ICM은 다음과 같은 두 가지 환유를 생성한다.

(14) 범주는 특성을 대표한다
He is a second *Chomsky*.(그는 제2의 촘스키이다.)
(15) 특성은 범주를 대표한다
There are many *blacks* around here.(주위에 흑인이 많다.)

(14)에서 '촘스키'라는 범주는 그의 특성인 '지적 총명함'을 대표한다. (15)에서는 흑인이라는 범주의 한 가지 특징은 '검다'는 것인데, 그 특성이 '흑인'이라는 범주를 대표한다.

3.1.2. 부분-부분 환유

앞서 살펴본 전체-부분 환유는 한 ICM에서 전체와 부분 사이에 기초한 환유이지만, 부분-부분 환유(part-part metonymy)는 전체 ICM을 구성하는 부분들 사이의 관계에 기초한 환유이다. 부분-부분 환유는 전체 ICM의 성격에 따라 몇 가지 유형으로 나뉜다.

첫 번째는 **행동 ICM**을 구성하는 부분들에 기초한 환유이다. 이 ICM에는 행위자, 행동, 도구, 수단, 시간, 사물, 결과 등의 다양한 요소가 포함되어 있고, 이런 요소 중 하나가 또 다른 요소를 가리키는 것이다. 이 ICM은 다음과 같은 다양한 환유를 생성한다.

(16) 도구는 행동을 대표한다
　　　Every morning he *shampoos* his hair.
　　　(매일 아침 그는 샴푸로 머리를 감는다.)
(17) 행위자는 행동을 대표한다
　　　to *author* a book(책을 저술하다)
(18) 행동은 행위자를 대표한다
　　　He is a *snitch*.(그는 밀고자이다.)
(19) 사물은 행동을 대표한다
　　　to *blanket* the bed(침대를 담요로 덮다)
(20) 행동은 사물을 대표한다
　　　Give me one *bite*.(한 입만 줘라.)
(21) 결과는 행동을 대표한다
　　　a *screw-up*(중대한 실수)
(22) 행동은 결과를 대표한다
　　　a deep *cut*(깊게 베인 상처)
(23) 수단은 행동을 대표한다
　　　He *sneezed* the tissue off the table.
　　　(그는 재채기를 해서 화장지를 탁자에서 떨어뜨렸다.)
(24) 방식은 행동을 대표한다
　　　She *tiptoed* to her bed.(그녀는 침대까지 발끝으로 걸어갔다.)
(25) 시간은 행동을 대표한다
　　　to *summer* in Paris(파리에서 여름을 지내다)
(26) 목적지는 이동을 대표한다
　　　to *porch* the newspaper(신문을 현관에 던지다)
(27) 이동의 시간은 이동에 관여한 실체를 대표한다
　　　The *8:40* just arrived.(막 8시 40분 차가 도착했다.)

위의 모든 환유에서 단어의 품사는 바뀌었지만 단어의 형태는 동일하다. 두 번째는 지각 ICM에 기초한다. 의도적인 지각은 본래 행위적이기 때문에 행동 ICM에 기초해서 나오는 환유와 동일한 환유가 생성된다. 몇 가지 예를 보자.

(28) 지각 기관은 지각을 대표한다
　　　 to *eye* someone(누군가를 눈여겨보다)
(29) 지각 방식은 지각을 대표한다
　　　 She *squinted* through the mailbox.(그녀는 우체통을 실눈으로 보았다.)

(28)에서 지각의 도구인 '눈'은 '보다'라는 지각의 행위를 대표하고, (29)에서 '실눈으로 보다'라는 지각 방식이 '보다'라는 지각의 행위를 대표한다. 반면에, 비의도적 지각은 다음과 같은 환유를 생성한다.

(30) 지각은 지각 대상을 대표한다
　　　 a gorgeous *sight*(화려한 광경)
(31) 지각 대상은 지각을 대표한다
　　　 There goes my *knee*.(무릎이 아프다.)

(30)에서 '시각'이라는 지각이 '지각 대상'을 대표하고, (31)에서는 지각 대상인 '무릎'이 '아프다'라는 지각을 대표한다.
　세 번째는 인과성 ICM에 기초한 환유이다.

(32) 원인은 결과를 대표한다
　　　 healthy complexion(건강한 안색)
(33) 결과는 원인을 대표한다
　　　 slow road(더딘 길)

(32)에서 '건강한 안색'이라는 원인이 그것의 결과인 '좋은 건강'을 대표한다. (33)에서 '더딘 길'이라는 결과가 그것의 원인인 '좋지 못한 도로 사정'을 대표한다. 이 두 환유 중에서 결과는 원인을 대표한다가 더 널리 퍼져 있다. 다음 예를 참고해 보라.

(34) 상태/사건은 그것을 초래한 사물/사람/상태를 대표한다
    a. She was a *success*.(그녀는 성공한 사람이었다.)
    b. He was a *failure*.(그는 실패한 사람이었다.)
    c. She is my *ruin*.(그녀는 내 파멸의 원인이다.)

네 번째는 생산 ICM에 기초한 환유이다. 이 ICM에는 생산자와 생산품이 있고, 이것은 다음과 같은 환유를 생성한다.

(35) 생산자는 생산품을 대표한다
    a. He bought a *Ford*.(그는 포드 자동차를 구입했다.)
    b. He's got a *Picasso* in his den.(그는 자신의 사실에 피카소 그림이 있다.)
    c. I hate to read *Heidegger*.(나는 하이데거를 읽는 것을 싫어한다.)
(36) 장소는 생산품을 대표한다
    a. *java*(자바산 커피)
    b. *china*(중국산 도자기)

이 환유에 대해 주목해야 할 것은 역의 환유가 발생하지 않는다는 점이다. 즉, 생산품은 생산자를 대표한다나 생산품은 장소를 대표한다 환유는 없다.
    다섯 번째는 **통제 ICM**에 기초한 환유이다. 이 인지모형에는 통제자와 통제물이 있으며, 이것은 다음과 같은 환유를 생성한다.

(37) 통제자는 통제물을 대표한다
　　　Schwarzkopf defeated Iraq.(슈와츠코프는 이라크를 쳐부쉈다.)
(38) 통제물은 통제자를 대표한다
　　　The *Mercedes* has arrived.(메르세데스 벤츠사가 막 도착했다.)

여섯 번째는 소유 ICM에 기초한 환유이다. 이 ICM에는 소유자와 소유물이 있으며, 이것은 다음과 같은 환유를 생성한다.

(39) 소유자는 소유물을 대표한다
　　　This is *Harry*.(이것은 해리의 것이다.)
(40) 소유물은 소유자를 대표한다
　　　She married *money*.(그녀는 재벌과 결혼했다.)

일곱 번째는 포함 ICM에 기초한 환유이다. 이 ICM에는 그릇과 내용물이 있으며, 이것은 다음과 같은 환유를 생성한다.

(41) 그릇은 내용물을 대표한다
　　　Do you want another *cup*?(한 잔 더 하시겠습니까?)
(42) 내용물은 그릇을 대표한다
　　　The *milk* tipped over.(우유 그릇이 뒤집혔다.)

요컨대, 환유는 크게 두 가지 개념적 형상에 기초해서 만들어진다. 하나는 어떤 인지모형에서 전체와 부분의 관계에 기초한 전체-부분 환유이고, 다른 하나는 전체 인지모형의 부분들 사이의 관계에 기초한 부분-부분 환유이다.

3.2. 실체의 종류에 따른 분류

환유의 경우에 한 실체가 다른 실체를 지시한다고 할 때, 그 실체가 어떤 종류의 실체이고, 지시의 유형이 어떠한 것인지에 따라 환유를 세 가지 유형으로 분류할 수 있다. 공간적 환유, 시간적 환유, 추상적 환유가 그 세 가지 유형이다. Peirsman & Geeraerts(2006: 275)에서는 환유에 대한 Seto(1999)의 이런 세 가지 유형의 환유와 그 하위 유형들을 다음과 같이 나타낸다.

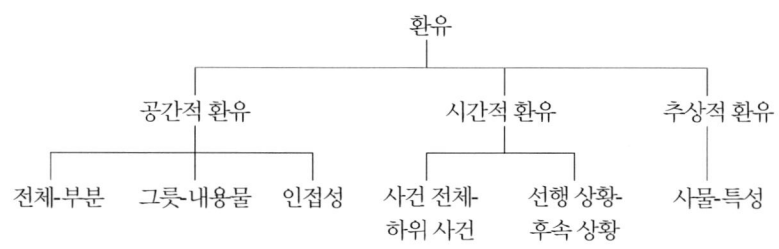

그림 1-3 실체의 종류에 따른 환유의 유형

3.2.1. 공간적 환유

공간적 환유(spatial metonymy)는 한 실체가 다른 실체를 지시할 때 그 실체가 공간적 실체[6]인 환유를 말한다. 공간적 환유는 크게 전체-부분 유형, 그릇-내용물 유형, 인접성 유형으로 세분화된다.

공간적 환유의 전체-부분 유형을 예와 같이 제시하면 다음과 같다.

---

[6] 여기서 말하는 공간적 실체란 시간과 대비되는 공간의 개념이 아니라 추상적이라는 개념과 대비되는 구체적인 사물을 말한다. 즉, 넓은 의미에서 공간적 실체는 물리적인 구체적 사물이다.

(43) 사물은 구성요소를 대표한다
　　　The *windmill* is turning.(풍차가 돌고 있다.)
(44) 조직은 구성원을 대표한다
　　　The *committee* have decided to raise membership fees for next year.
　　　(위원들은 내년에 회비를 인상하고자 결정했다.)

풍차 날개는 풍차의 부분인데, (43)에서는 windmill이라는 사물 전체를 사용해서 그 부분인 풍차 날개를 대표한다. 위원회라는 단체에는 여러 명의 위원이 그 부분인데, (44)에서는 committee라는 전체 조직을 사용해서 위원이라는 부분을 대표한다.
　공간적 환유의 그릇-내용물 유형에는 다음과 같은 예가 있다.

(45) a. The *dam* has dried up.(댐이 바싹 말랐다.)
　　 b. The *kettle* is boiling.(주전자가 끓고 있다.)
　　 c. He drank three *bottles*.(그는 세 병 마셨다.)

위의 문장에서 dam, kettle, bottles는 모두 그릇이지만, 실제로 가리키는 것은 그 속에 들어 있는 내용물이다.
　공간적 환유의 인접성 유형에는 다음과 같은 예가 있다.

(46) He looked at his *wrist*. 'I'd better get back to work." (그는 손목시계를 보았다. "이제 일하러 가는 것이 낫겠다.")

위의 예에서 his wrist는 손목에 차는 시계를 가리킨다. 즉, 손목과 손목시계는 서로 공간상 인접해 있는 것이다.

3.2.2. 시간적 환유

시간적 환유(temporal metonymy)는 크게 두 가지 유형으로 나뉘는데, 하나는 사건 전체와 하위 사건의 관계에 근거를 두는 것이고, 다른 하나는 선행 상황과 후속 상황의 관계에 근거를 두는 것이다.

시간적 환유인 하위 사건은 사건 전체를 대표한다는 다음으로 예증된다.

(47) a. He is *reading* for the first degree.(그는 학사학위를 받기 위해 공부하고 있다.)
b. She can hardly *get out of bed*.(그녀는 침대에서 일어나지를 못한다.)
c. She was *up and about*.(그녀는 병에서 회복되었다.)

(47a)에서 '읽기'는 '학사학위 취득을 위한 공부'라는 사건 전체에 대한 하위 사건이다. (47b)에서 그녀는 침대에서 거의 밖으로 나올 수 없는 처지인데, 이것은 '심하게 앓는 것'이라는 사건 전체를 환유적으로 지시하는 하위 사건이다. (47c)에서 '일어나 걸어 다니는 것'은 '회복'이라는 사건 전체에 대한 하위 사건이다.

시간적 환유의 '선행 상황 - 과정 - 후속 상황' 유형은 과정적 속성을 가지는데, 이 유형의 기본 구조는 크게 원인에 해당하는 선행 상황, 과정, 결과에 해당하는 후속 상황으로 이루어져 있다. 이 세 가지 요소로 구성된 '선행 상황 - 과정 - 후속 상황' 유형의 지시 관계에 기초해서 다음과 같은 하위 유형들로 세분화된다.

(48) 선행 상황은 과정을 대표한다
He *took off the uniform* at last.(그는 마침내 사임했다.)
(49) 과정은 선행 상황을 대표한다
The Milford Track is the finest *walk* in the world.(밀퍼드 트랙은 세계에서 가장 좋은 산책길이다.)

사임하기 위해 직책을 대표하는 관복을 먼저 벗는데, '관복 벗기'라는 선행 상황을 사용해 '사임'이라는 전체 과정을 대표하고 있다. 걷기라는 과정이 이루어지기 위해서는 먼저 산책길이 있어야 하는데, (49)에서는 '걷기'라는 과정이 그것의 선행 상황인 '산책길'을 환유적으로 대표한다.
이 유형은 다음에서처럼 동사파생 명사에서도 나타난다.

(50) 과정은 후속 상황을 대표한다
I carried the sheet of *printouts* to a crowded table in the periodicals room.(나는 출력물을 정기간행물실의 혼잡한 탁자로 가져갔다.)
(51) 후속 상황은 과정을 대표한다
I want to *cash* a check.(나는 수표를 현금으로 바꾸고 싶습니다.)

출력이라는 과정의 결과로 출력물이 나오는데, (50)에서는 '출력'이라는 과정으로 '출력물'이라는 후속 상황을 환유적으로 대표한다. 현금 교환이라는 과정은 그 결과로 현금이 생기게 되는데, (51)에서는 '현금'이라는 후속 상황을 사용해 '현금 교환'이라는 과정을 환유적으로 대표한다.
또 다른 시간적 환유와 그 예를 보자.

(52) 선행 상황은 후속 상황을 대표한다
I squeezed her shoulder gently and offered to make her *some eggs*.
(나는 그녀의 어깨를 부드럽게 쥐고 그녀에게 달걀 요리를 해 주겠다고 제안했다.)

요리의 경우 재료가 있고 재료로 음식을 만든다. 재료는 선행 상황이고, 요리는 과정이며, 완성된 음식은 후속 상황이다. (52)에서는 재료가 되는 '달걀'을 사용해서 오믈렛과 같은 '달걀 요리'라는 후속 상황을 가리킨다.
또 다른 시간적 환유와 그 예를 보자.

(53) 후속 상황은 선행 상황을 대표한다
    a. She is my *pride* and *joy*.(그녀는 나의 **자부심**이자 **기쁨**이다.)
    b. The news was a great *satisfaction* to all of us.(그 소식은 우리 모두에게 상당히 만족스러운 것이었다.)
    c. Self-complacency is the *death* of the artist.(그 예술가는 자아도취 때문에 죽는다.)

(53a)에서 나는 그녀 때문에 자부심과 기쁨이 생긴다. 즉, 그녀는 기쁨과 자부심에 대한 선행 상황이고, 그녀로 인해 자부심과 기쁨이라는 후속 상황이 생기는 것이다. 이때 후속 상황인 '자부심'과 '기쁨'을 사용해서 그것을 생기게 해 준 사람을 대표하고 있다. (53b)에서 '만족'이라는 후속 상황은 이에 앞서는 만족시켜 준 소식이라는 선행 상황을 대표한다. (53c)에서 '죽음'이라는 후속 상황은 죽음의 원인인 자아도취라는 선행 상황을 대표한다.

3.2.3. 추상적 환유

추상적 환유(abstract metonymy)의 경우에 어떤 실체가 가지고 있는 추상적 특성은 전체 실체를 대표한다. 추상적 환유의 예는 다음과 같다.

(54) 특성은 사물을 대표한다
    a. The Prime Minister is here to see you, Your *Majesty*.(국무총리가 폐하를 뵙고자 왔습니다.)
    b. She was considered a great *beauty* in her youth.(그녀는 젊은 시절에 상당한 미인으로 간주되었다.)

(54)에서 '위엄'과 '미'라는 어떤 사물의 추상적인 특성이 각각 '폐하'와 '미인'이라는 구체적인 사물을 환유적으로 대표하고 있다.

지금까지 개념적 환유의 유형을 전체-부분 관계에 따른 유형과 실체의 종류에 따른 유형으로 나누어 살펴보았다. 전자의 기준에 따라 환유는 전체-부분 환유와 부분-부분 환유로 나뉘고, 후자의 기준에 따라 공간적 환유, 시간적 환유, 추상적 환유로 나뉜다는 것을 알 수 있었다.

3.3. 작동의 층위에 따른 분류

Lakoff & Johnson(1980)에서는 환유를 지시적으로 사용되는 개별 단어와 복잡한 표현의 층위에서 작동하는 기본적인 지시적 장치로 간주했다면, 차후 연구에서는 환유가 언어적 조직의 다른 층위에서도 작동할 수 있음을 보여 주었다. 환유는 종종 어휘의미론의 층위를 넘어서고, 구와 문장뿐만 아니라 간접화행과 함축처럼 언어의 화용적 양상처럼 더 큰 단위를 동기화한다. 이 절에서는 환유가 작동하는 층위에 따라 환유를 분류한다.

3.3.1. 지시적 환유

Lakoff & Johnson(1980)은 환유를 주로 지시를 촉진하도록 고안된 화용적 언어 장치로 간주했다. Lakoff & Johnson(1980: 36)이 말하듯이, "환유는 일차적으로 지시적 기능을 한다. 즉, 환유는 한 실체를 사용해 다른 실체를 대표하게 한다." 따라서 한 종업원이 다른 종업원에게 발화하는 (55)에서 표현 ham sandwich는 그 음식을 주문한 손님을 대표한다.

(55) The *ham sandwich* is waiting for his check.(햄샌드위치는 계산서를 기다리고 있다.)

이러한 지시적 환유(referential metonymy)는 가장 원형적이고, 명사에 국한하여 발생하는 경향이 있다. Warren(1999: 123)이 지적하듯이, 지시적 환유는 지시물을 가지며, 그런 지시물이 명시적으로 언급되지 않지만, 매체와 목표 간의 개념적 연결 때문에 유추를 통해 회수할 수 있다. 즉, 매체 명사 ham sandwich는 목표 명사 customer who ordered the sandwich를 환유적으로 지시한다. 햄샌드위치라는 음식이 계산을 할 수 없다는 점에서, 지시적 환유는 진리 조건을 위배한다고 할 수 있다.

지시적 환유에서 매체와 목표 간의 연결이 상당히 관습화되어 영구적인 새로운 의의가 될 수도 있지만, 화용적 성향이 있는 지시적 환유의 경우에 매체와 목표 지시물 간의 관계는 이용 가능한 문맥적 정보에 기초해서 추론하거나 접근해야 한다. 예컨대, 화랑에서 한 손님이 햄샌드위치가 그려진 정물화를 구입하는 다른 문맥에서 (55)의 표현은 전혀 다른 개인을 가리킬 것이다. 이런 환유가 종종 순수한 문맥적·우연적 본질을 갖고 있다고 해서 체계적인 규칙성이 없는 것은 아니며, 화용적 현상은 분명한 상위 층위의 환유적 사상을 보이고 그것을 따르는 것처럼 보인다. 이런 환유적 사상은 타당한 함축(implicature)과 외축(explicature)을 끌어내기 위한 기초를 형성한다.

워런은 지시적 환유와 명제적 환유를 구분하지만, 명제적 환유의 개념이 너무 광범위하여 분석가에게 유용하지 않다고 주장하면서 자신의 연구 초점을 지시적 환유에 국한한다. 그녀는 은유와 지시적 환유를 몇 가지 관점에서 비교한다. 첫 번째 차이는 은유에서는 둘 이상의 가능한 사상이 있지만, 지시적 환유에서는 보통 한 가지 사상만 있다는 것이다. 그래서 가령, 연애를 여행과 비슷하게 여길 이유가 많지만(즉, 둘 다 시작과 끝이 있고, 둘 다 종종 목적이 있어서 '어디론가 가는 것'으로 생각되며, 방향을 잘못 바꿀 수 있다 등), 환유에서는 흔히 한 가지 사상만 있다. 다음 문장을 보자.

(56) Andy was delighted that so many *anoraks* had come out to see the ship.
(앤디는 별난 일에 골몰하는 녀석들이 배를 보기 위해 나와서 기뻤다.)

여기에서 anoraks는 '엽기적인 사람들'이라는 하나의 지시물을 가리킨다. Warren(2003: 117)에 따르면, 은유에서 근원영역과 목표영역 간의 사상이 '다중적이고 매우 복잡할' 수 있다는 사실로 인해 은유는 '잠재적으로 매우 암시적이고 강력하지만 경제적인 의미 창조 장치'가 된다. 이와 대조적으로, 다중 사상의 결여로 인해 환유는 비교적 빈곤한 비유법이다.[7]

은유와 지시적 환유 간의 두 번째 차이는 그 둘이 서로 다른 기능을 한다는 것이다. 은유의 일차적 기능은 새로운 의미를 창조하고 새로운 통찰력을 제공하는 것이지만, 지시적 환유는 근원과 목표 간의 기존 관계에 기초하므로 새로운 의미를 창조할 가능성이 작다는 것이다. 워런은 더 나아가 이러한 기능상의 차이로 인해 은유는 액어법(zeugma)이라는 언어 놀이의 형태에 관여하게 된다고 주장한다. 액어법에서는 가령, The colonel took his hat and his leave(대령은 모자를 집어 들고 작별을 고했다)에서처럼 대조되는 두 가지 해석이 동시에 활성화된다. 여기에서 유머나 불일치는 근원 항목의 문자적 해석과 은유적 해석이 동일한 구에 동시에 나오기 때문이다. 이와 대조적으로, 동일한 근원 용어의 문자적 해석과 환유적 해석이 동일한 구에 나오더라도 액어법은 발생하지 않는다. 예컨대, I found the book quite heavy-going so I put it down for a bit and watched TV(나는 이 책이 매우 이해하기 어려움을 알았기에 잠시 그 책을 내려놓고 텔레비전을 보았다)는 불일치하거나 특별히 유표적이지 않다.[8]

---

[7] 회사원을 가리키는 단어 suits의 환유적 용법처럼 환유의 예에서도 사상이 복잡하고 상당히 문맥 의존적일 수 있다.
[8] Littlemore(2015)는 지시적 혼유가 종종 창의적인 의미 확장에 관여하고, 액어법을 포함해 언어 놀이의 다른 유형들에도 관여할 수 있음을 보여 준다.

세 번째 차이는 은유가 구의 층위에서 작동할 수 있지만, 지시적 환유는 전형적으로 그렇지 않다는 것이다. 동일한 근원영역에서 나온 은유 표현들은 함께 작동하여 더 큰 텍스트로 확장하는 주제(theme)를 형성할 수 있지만, 환유에서는 이런 일이 발생하지 않는다(Warren 2003: 117).[9]
다음은 지시적 환유에 대한 워런의 주장을 요약한 것이다.

- 언어 놀이에는 거의 관여하지 않는다.
- 새로운 관계를 창조하기보다는 기존의 관계에 의존한다.
- 근원과 목표 간의 다중 사상을 거의 포함하지 않는다.
- 은유보다 수사적 기능이나 어휘적 확장 기능은 덜 한다.
- 전형적으로 명사구에서 나타난다.
- 구나 텍스트의 층위에서는 거의 작동하지 않는다. 개념적 환유는 텍스트 전체에서 작동하여 일관성을 제공하는 것은 아니다.

3.3.2. 명제적 환유

명제적 환유(propositional metonymy)는 문장 S의 전체 명제적 내용 p가 전체 ICM에 접근하거나 동일한 ICM 내의 또 다른 명제적 내용 q에 접근하는 데 사용되는 환유이다. 명제적 환유의 예는 다음과 같다.

(56) Rosalind *raised her eyebrows* and held out her hand.(로잘린드는 눈썹을 치켜세웠고, 손을 내밀었다.)

이 예에서 로잘린드가 '눈썹을 치켜세웠다'는 것은 놀랐다는 명제를 유

---

[9] 지시적 환유가 텍스트의 층위에서 작동하는 현상은 Littlemore(2015)에서 많이 논의된다. 이 책에서는 텍스트에서 지시적 환유가 텍스트의 전체적인 일관성에 기여하는 주제를 형성할 수 있다고 주장한다.

발한다. 워런에 따르면, 명제적 환유는 'if-then' 관계를 통해 한 경제를 다른 명제에 관련시킨다. 즉, 그녀가 눈썹을 치켜세웠다면, 그러면 그녀는 놀랐음에 틀림없다는 것이다. 앞서 본 지시적 환유는 머리어 명사에서 나타나지만, 명제적 환유는 다른 품사에서도 나타난다.

3.3.2.1. 명제적 환유와 지시적 환유의 비교

명제적 환유는 지시적 환유와 대조해 설명할 수 있다. 지시적 환유는 의미적으로 수용 가능한 명제를 만들지 않기 때문에 비유적으로만 해석된다는 특징이 있다. 즉, 지시적 환유는 문자적으로 해석될 때는 종종 함께 나타나는 다른 요소들과의 선택제약을 위배한다. 다음 예에서 지시적 환유를 문자적으로 해석하면 문장의 다른 언어 단위들과 관련해 어색한 의미가 발생하여 의미 충돌이 발생하므로, 환유적으로 해석해야만 개념적으로 수용 가능하게 된다.

(56) a. *The buses* are on strike.(버스는 파업 중이다.)
    b. *The kettle* is boiling.(주전자가 끓고 있다.)
    c. She introduced me to *the biggest brains* of their department.(그녀는 나에게 그들 부서에서 가장 총명한 인재를 소개시켜 주었다.)

이와 대조적으로, 경제적 환유에서는 명제가 의미상 적형으로서 선택제약을 위배하지 않지만, 이런 경제는 이전 발화와 관련해서 보면 무관한 내용이기 때문에 대화의 격률을 위배한다. 따라서 대화의 협동성 원리를 준수하도록 이 명제를 해석하건 함축이 생기게 된다. 다음 대화에서 B의 대답이 명제적 환유이다.

(57) A: How are you and Sue getting on?(당신과 수는 어떻게 지내십니까?)
B: Oh, she *moved out* only yesterday.(그녀는 어제 이사를 나갔습니다.)

애정 관계의 ICM에서 사람들은 보통 함께 산다. 사귀는 사람 중 한 명이 이사를 하는 것은 흔히 남녀의 애정 관계가 끝나거나 최소한 심각한 위기를 겪었기 때문이다. 따라서 B의 대답은 결과는 원인을 대표한다 환유를 통해 B와 수가 전혀 잘 지내고 있지 않음을 함축한다. 요컨대, 문자적 해석의 개념적 적형의 기준이 명제적 환유의 변별적 특성으로 간주된다.

3.3.2.2. 명제적 환유와 사태 시나리오

Panther & Thornburg(1999)는 대부분의 명제적 환유가 시나리오나 이상적 인지모형과 같은 개념적 게슈탈트에 기초한다고 가정한다. 그들은 이것을 사태 시나리오(State-of-Affairs Scenario)라고 부른다. 시나리오 속의 사태는 상태, 사건, 과정, 행동을 포함한다. 시나리오의 일반적인 구조는 다음과 같다.

표 1-1 **사태 시나리오**

선행: 필연적 전제조건: 사태 시나리오를 유발할 수 있는 동기화, 잠재력, 재능, 능력, 기질 등
중앙: 기존의 참인 사태 시나리오
효과: 사태 시나리오로부터 직접 나오는 필연적 결과
후행: 사태 시나리오의 비필연적 결과

아래에서 논의할 시나리오는 모두 이 일반적 모형을 정교화한 것이다. 즉, 이것은 Ruiz de Mendoza(2007)가 상황적인 명제적 모형(situational propositional model)이라고 부른 것이다.

사태 시나리오에 기초한 명제적 환유의 예 중 첫 번째는 Lakoff(1987:

78f)에서 논의되었다. 그는 오지브와족 화자가 목적지 도착에 관해 이야기하는 방식이 차량을 타고 어딘가로 가는 시나리오에 기초한다고 지적했다. 이러한 이동 시나리오는 다섯 가지 단계로 구성되어 있다.

표 1-2 **이동** 시나리오

전제조건: 차가 있다(또는 차량에 접근할 수 있다).
탑승: 차에 탑승하고 시동을 건다.
중앙: 목적지까지 운전한다(노를 젓는다, 날아간다).
종결: 주차하고 차에서 내린다.
끝점: 목적지에 도달한다.

다음 예를 바탕으로 이동 시나리오를 살펴보자.

(58) A: How did you get to the airport?(공항에 어떻게 갔니?)
 B: a. I have a car.(나는 자동차가 있어.)
  b. I hopped on a bus.(버스를 탔지.)
  c. I drove my car.(직접 자동차를 몰았어.)

이 예는 공항에 어떻게 갔는지의 물음에 대해 세 가지 가능한 답변을 제시한다. 공항에 간다는 것은 이동의 개념을 암시한다. 따라서 이 대화를 분석하려면 이동 시나리오에 근거해야 한다. 어디론가 이동하려면 먼저 차량이 있어야 하고, 그것에 탑승하여 운전을 해야 한다. 그리고 목적지에 도착하면 차를 주차하고 내리면 된다. 이 시나리오에 기초해서, (58a)의 답변은 전제 조건 단계에 근거한 표현이고, (58b)는 탑승 단계에 근거한 표현이며, (58c)는 중앙 단계에 근거한 표현이다. 이처럼 각 환유는 전체 시나리오 중에서 한 특정 단계로 전체 이동 시나리오를 대표하고 있다. 물론 이동 시나리오는 My brother gave me a lift(형이 나를 태워

줬다) 또는 My sister had lent me her car(누이가 나에게 차를 빌려주었다) 처럼 개념적으로 멀리 떨어진 명제적 환유에 의해 활성화될 수도 있다.

사태 시나리오에 기초한 명제적 환유의 예 중 두 번째는 **장소는 활동을 대표한다** 환유이다. 우리의 많은 활동은 문화적으로 한정된 특정한 위치에 국한되며, 이로써 활동과 위치 간에 강한 연상 관계가 발생한다. 예컨대, 술집에서는 술을 마시고, 도서관에서는 책을 읽고 공부하며, 체육관에서는 운동을 한다. 결과적으로, 위치에 대한 발화는 종종 활동을 적절하게 함축한다. 따라서 다음 대화에서 A의 질문에 대한 B의 답변은 대부분의 문맥에서 팀이 공부하고 있다는 것을 함축한다.

(59) A: What's Tim doing?(팀은 무엇을 하고 있나요?)
     B: He's in the library.(그는 도서관에 있습니다.)

때때로 그런 함축의 강화는 점차 의미상 명확한 관습적 구문을 창조하는 문법적 요인에 의해 강화되기도 한다. 예컨대, 영어에서 go to school (학교 가다), go to jail(감옥 가다), go to hospital(입원하다)과 같은 표현은 환유 목적지로의 이동은 그 목적지에서 이루어지는 규범적 활동의 수행을 대표한다에 기초한 구문의 위상을 획득했다. 이 환유는 다시 위치와 전형적 활동(또는 사건) 간의 연결에 기초한다. 따라서 이런 표현의 목표 의미는 각각 '교육을 받다', '복역하다', '치료를 받다'이다. 이것은 모두 이런 사건의 처음 단계를 가리킨다. 왜냐하면 사건의 일반적인 시나리오에서 특별한 장소에 도착하는 것은 그 장소에서 수행되는 전형적인 활동이 강하게 연상되지만, 그 활동이 완료 시점까지 수행되었다는 것은 암시하지 않기 때문이다. 따라서 이런 표현은 다음과 같은 관습적인 의미를 갖는다.

(60) a. Bill went to school when he was ten.(빌은 열 살 때 학교에 갔다.)
   a'. Bill started to receive primary education.(빌은 초등교육을 받기 시작했다.)
   b. Bill went to gaol two years ago.(빌은 2년 전에 감옥에 갔다.)
   b'. Bill started to serve a sentence.(빌은 형을 살기 시작했다.)
   c. Bill went to hospital.(빌은 병원에 갔다.)
   c'. Bill started receiving treatment in hospital.(빌은 병원에서 치료를 받기 시작했다.)

하지만 다음 예가 보여 주듯이, 이런 함축이 관습화의 정도가 높다고 해서 취소되지 못하는 것은 아니다.

(61) a. Bill went to school when he was ten, but nobody taught him anything.(빌은 열 살 때 학교에 갔지만, 그에게 무언가를 가르쳐준 사람은 아무도 없었다.)
   b. Bill went to gaol two years ago, but he escaped even before he moved to his cell.(빌은 2년 전에 감옥에 갔지만, 독방으로 옮겨지기 전에 탈출했다.)
   c. Bill went to hospital, but actually the hospital was full and they sent him home.(빌은 병원에 갔지만, 실제로 병원이 대만원이라서 병원에서는 그를 집으로 돌려보냈다.)

The door opened(문이 열렸다)에서처럼 저절로 일어나는 상태의 변화를 나타내는 기동(inchoative) 표현과는 반대로, 특별한 위치에 체류를 가리키는 문장은 활동이나 사건이 진행 중임을 암시한다. 그 예는 다음과 같다.

(62) a. Bill is at school.(빌은 학교에 있다.)
 a'. Bill is receiving education.(빌은 교육을 받고 있다.)
 b. Bill is in jail.(빌은 감옥에 있다.)
 b'. Bill is doing time.(빌은 징역을 살고 있다.)
 c. Bill is in hospital.(빌은 병원에 있다.)
 c'. Bill is undergoing treatment in hospital.(빌은 병원에서 치료 중이다.)

학교, 교도소, 병원과 같은 '기관 위치'와 비교해, 다른 위치는 덜 고착되었다. 예컨대, go to the beach(해변에 가다) 또는 go to the park(공원에 가다) 같은 술부가 행동적 함축을 발생시킬 수도 있지만, 그런 함축은 관습화되지 않았다.

사태 시나리오에 기초한 명제적 환유의 예 중 세 번째는 감정의 명제적 환유이다. 일반적으로, 감정 술어는 다음과 같은 일반적인 구조를 가진 감정 사건 시나리오에 기초한다.

표 1-3 **감정 사건** 시나리오

선행: 사건 1 – 자극(원인)
중앙: 경험자의 감정
효과: 다양한 생리적 효과
후행: 경험자의 행동적 반응

Kövecses(1986), Lakoff & Kövecses(1987), Lakoff(1987), Bierwiaczonek(2000, 2000b)에서 입증되었듯이, 감정 언어에는 체계적인 환유적 패턴이 많다. 가장 일반적이고 가장 생산적인 패턴은 **감정의 생리적 효과는 감정을 대표한다**이다. 예컨대, 화의 술어에서 생리적 효과는 다음과 같은 것이 있다(Lakoff & Kövecses 1987: 197 참조).

(63) 체열:
   Don't get hot under the collar.(목덜미를 붉히지 마라.)
(64) 내부 압력:
   I almost burst a blood vessel.(나는 거의 혈관이 터질 지경이었다.)
(65) 얼굴과 목 부위의 적열:
   She was scarlet with rage.(그녀는 화가 나서 얼굴이 새빨개졌다.)
(66) 흥분:
   She was shaking with anger.(그녀는 화가 나서 몸을 떨고 있었다.)
(67) 정확한 지각의 방해:
   She was blind with rage.(그녀는 화가 나서 아무것도 보이지 않았다.)

레이코프와 쾨브체시의 데이터에서 나온 다른 상위 층위의 환유는 **행동적 반응은 감정을 대표한다**이다. 화의 술어에서 이 환유가 취하는 특별한 형태는 다음과 같다(Lakoff & Kövecses 1987: 204, 208).

(68) 정신이상적 행동은 화를 대표한다
   a. When the umpire threw him out of the game, Billy started foaming at the mouth.(심판이 그를 경기장에서 내보냈을 때, 빌리는 입에서 게거품을 뿜기 시작했다.)
   b. He's about to throw a tantrum.(그는 막 불끈 화를 내려고 한다.)
(69) 난폭한 좌절된 행동은 화를 대표한다
   a. If one more thing goes wrong, I'll start banging my head against the wall.(하나만 더 잘못되면, 나는 머리를 벽에 부딪칠 것이다.)
   b. The loud music next door has got him climbing the walls.
      (옆집의 시끄러운 음악 소리 때문에 그는 미칠 것 같았다.)
(70) 공격적인 언어적 행동은 화를 대표한다
   a. She gave him a tongue-lashing.(그녀는 나를 호되게 꾸짖었다.)
   b. I really chewed him out good.(나는 정말로 그를 호되게 꾸짖었다.)

(71) 공격적인 시각적 행동은 화를 대표한다
    a. She was looking daggers at me.(그녀는 나를 노려보고 있었다.)
    b. He gave me a dirty look.(그는 나를 화난 눈초리로 보았다.)

이런 일반적인 패턴은 다른 감정 언어에서도 등장한다. Kövecses(1986: 86ff)에서 보여 주었듯이, 낭만적 사랑의 개념과 관습적으로 연상되는 생리적 효과가 많으며, 이런 생리적 효과는 많은 환유를 유발한다. 사랑에 대한 가장 전형적인 생리적인 신체적 표명은 다음과 같다.

(72) 체열:
    a. I felt hot all over when I saw her.(나는 그녀를 보았을 때 온몸이 뜨거웠다.)
    b. You really have the hots for her, don't you?(당신은 정말로 그녀에게 강한 성욕을 갖고 있지 않나요?)
(73) 심장박동:
    a. She had palpitations.(그녀는 가슴이 두근거렸다.)
    b. He's a heartthrob.(그는 멋진 사람이다.)
(74) 얼굴 붉힘:
    a. There was a glow of love in her face.(그녀의 얼굴에 사랑의 기색이 있었다.)
    b. She blushed when she saw him.(그녀가 그를 보았을 때 얼굴이 빨개졌다.)
(75) 정확한 지각의 방해:
    a. He saw nothing but her.(그는 그녀밖에 보이질 않았다.)
    b. I only had eyes for her.(나는 그녀에게만 관심이 있었다.)

지금까지 논의한 다른 명제적 환유의 경우에, 사태 시나리오의 성분들 간의 보편적으로 강한 연상 때문에 많은 사상은 꽤 보편적일 수 있다.

3.3.3. 발화수반적 환유

발화수반적 환유(illocutionary metonymy)는 화용적 추론을 포함한다. 예컨대, 다음 예에서 질문 Have you got a fiver?(당신은 5파운드 지폐가 있나요?)는 발화수반적 환유를 통해 질문 '나에게 5파운드를 빌려줄 수 있나요?'에 연결된다.

> (76) Have you got a fiver? I want to pay the boy for his petrol.(당신은 5파운드 지폐가 있나요? 저 소년에게 가솔린값을 내고 싶어요.)

발화수반적 환유는 틀이나 ICM 기반적 관계에 의존하기보다는 시나리오 기반적 관계에 의존한다. 즉, 발화수반적 환유는 '전형적인 시나리오'에 대한 화자와 청자의 지식에 의존한다. 위의 예에서 '전형적인 시나리오'는 친구가 돈을 내도록 도우려고 돈을 빌려주는 것에 관한 것이다. 시나리오의 한 부분을 사용해서 다른 부분을 가리키는 것이 발화수반적 환유의 특징이다. 이런 부분들은 사건에 대한 선결 조건, 사건 자체, 사건의 결과일 수 있다. 따라서 위의 예에서 화자는 돈을 빌릴 수 있는지 묻고자 선결 조건(즉, 청자가 5파운드 지폐를 소유하고 있다)을 환유적으로 사용한다.

발화수반적 환유에서는 '화행의 한 속성이 화행 자체를 대표하기'(Panther & Thornburg 2003a: 4) 때문에, 발화수반적 환유는 한 화행(SA1)은 또 다른 화행(SA2)을 대표한다는 형태를 취한다. 기본적인 생각은 사람의 한 속성이 그 사람을 대표할 수 있는 것과 마찬가지로, 화행의 한 속성이 화행 자체를 대표할 수 있다는 것이다.

여기에서 두 개의 화행은 동일한 화행 시나리오의 성분이다. 따라서 발화수반적 환유는 Searle(1975)이 말하는 간접화행(한 '명시적' 직접화행이 또 다른 화행을 대표하는 경우)의 기초가 된다. 예컨대, (76a)와 같은 화자의 바람 표현은 (76b)에서처럼 요청을 대표한다.

(76) a. I would like you to close that window.(나는 당신이 저 창문을 닫아줬으면 좋겠습니다.)
   b. Please close that window.(저 창문 좀 닫아주세요.)

Gibbs(1994: 354-357)는 Can you lend me your sweater?(당신은 나에게 스웨터를 빌려줄 수 있나요?)나 Would you mind lending me your sweater?(당신은 나에게 스웨터를 빌려줄 것인가요?) 등의 간접적 요청이 Lend me your sweater(나에게 스웨터를 빌려줘)라는 직접적 요청에 대한 임의적인 대체 형태가 아니라는 실험적 증거를 제시한다. 매체가 되는 근원 화행은 자의적으로 선택되는 것이 아니라, 요청 충족 시 접할 수 있는 잠재적인 '장애물'을 다루려는 화자의 의도에 의해 동기화된다는 것이다. 깁스의 연구는 매체가 되는 근원 화행의 의미가 전체 해석 과정과 관련이 있음을 보여 주므로, 근원 화행이 목표 화행을 단순히 대표한다는 견해에 강력히 반박한다.

간접화행, 특히 요청 화행에 대한 환유 접근법에서 깁스의 의견을 자세히 살펴보자. 화자가 누군가에게 요청할 때는 자신이 어떤 정보나 행위를 원하는지 상대방이 인식할 수 있게 충분한 정보를 상술해야 한다. 자신의 목적이 성취될 수 있도록 하려면 상대방이 자신의 의사를 충분히 이해할 수 있어야 한다. 화자가 청자에게 무언가를 요청할 때, 청자에게는 요청을 들어주어야 한다는 부담이 있기 마련이다. 화자가 상대방의 입장을 생각하지 않고 자기 방식대로 자신의 의사를 직접적으로 전달한다면, 청자가 체면을 손상할 경우가 발생하기도 한다. 그러나 다행스럽게도, 사람들은 상대방의 체면을 세워 주면서 행동하는 것이 상례이다. 즉, 화자가 청자에게 요청을 할 때 청자의 체면에 가해질 수 있는 위협을 제거하고자 화자는 흔히 다음과 같이 간접적으로 요청을 한다.

(77) Could you lend me ten dollars?(10달러 정도 빌려주실 수 있습니까?)

이렇게 간접적으로 요청을 함으로써, 청자는 요청을 받아들이거나 거절할 선택권을 가질 수 있는 것이다.

간접적으로 요청을 하는 화자는 요청에 대한 전체 행위의 현저한 부분을 언급함으로써 전체 행위가 기술되고 있음을 청자가 인식할 수 있다고 가정한다. 즉, 위의 예를 요청으로 이해하기 위해서 청자 자신의 능력에 대한 질문이 결국은 요청이라는 전체 행위를 언급하는 것으로 간주해야 한다. 이런 점으로 미루어 볼 때, 간접화행을 행하고 그것을 이해하는 것은 부분에서 전체를 추론하는 환유의 인지 과정을 포함한다고 말할 수 있다.

이처럼 간접화행이 부분에서 전체를 추론하는 환유 과정을 포함하는 것이 무슨 의미인지 보기 위해 요청에 대한 전체 행위를 먼저 제시해 보자.

표1-4 **요청** 시나리오

1단계(전제): 화자가 바라지 않는 현상이 존재한다.
2단계(바람): 화자는 그 현상에 대해 바라는 부분이 있다.
3단계(능력): 청자는 화자의 요청을 들어줄 능력이 있다.
4단계(의향): 청자는 화자의 의향을 들어줄 의향이 있다.
5단계(행위): 청자는 화자의 요청을 들어주는 행위를 한다.
6단계(감사): 화자는 청자가 자신의 요청을 들어준 것에 대해 감사한다.

간접화행은 다양하게 만들 수 있다. 간접화행의 여러 형태는 화자와 청자의 거래 행위에서 한 부분을 선택하는 것에 달려 있다. 이런 거래 행위에서 청자가 화자의 요구에 응하기 위해 참여했으면 하고 화자가 바라는 전체 일련의 행위를 추론하는 것이 청자의 임무이다. 예컨대, 문을 닫아달라는 요청은 다음과 같은 다양한 간접화행의 형태를 취한다.

(78) a. It's cold in here.(여기는 춥다.)
b. I would like the door shut.(문이 닫혔으면 좋겠다.)
c. Can you shut the door?(문을 닫아줄 수 있습니까?)
d. Will you shut the door?(문을 닫아주시겠습니까?)
e. You will shut the door.(당신은 문을 닫아줄 것이다.)
f. Thanks for your shutting the door.(문을 닫아줘서 고맙습니다.)

(78a)는 요청에 관한 전체 행위 중에서 화자가 1단계를 선택해서 전체 요청 행위를 의도하고, (78b)는 2단계를, (78c)는 3단계를, (78d)는 4단계를, (78e)는 5단계를, (78f)는 6단계를 선택해서 전체 요청 행위를 의도한다. 이런 식으로 부분을 사용하여 전체를 의도하는 것은 환유 과정이다.

Searle(1979)의 연구는 이런 문장을 공손한 간접적인 요청 화행을 위한 관습적인 방법으로 간주한다. 즉, 어떤 자의적인 이유로 사람들은 이런 문장의 형태를 사용해서 간접화행을 하며, 이런 특별한 형태의 문장은 관습적인 문제로 간주될 뿐이다. 그러나 간접화행의 다양한 형태를 그저 관습의 문제로 귀결시키는 설의 입장에는 문제가 있다. 즉, 여러 종류의 간접화행은 주어진 사회적 상황에 대해 동일하게 적절하지 않을 수가 있다는 것이다. 화행에 관한 설과 같은 전통적인 입장은 왜 어떤 간접적인 요청 화행이 다른 간접적인 요청 화행보다 더 적절한 것으로 간주되는지를 설명하지 못한다. 그는 한 특정한 간접화행을 사용하는 것은 자의적인 현상이라고 말할 뿐이다.

그러나 요청이라는 것을 많은 양의 정보를 고려하여 행하는 거래 행위로 간주하면 이런 문제는 해결된다. 거래 행위에서는 화자가 청자와 거래를 하려면 자신에게 무엇이 필요한지 먼저 결정해야 한다. 그러고 나서 화자는 청자가 자신에게 필요한 것을 들어줄 수 있는지를 여러 정보를 이용하여 고려해야 한다. 요청의 행위도 비슷하다. 화자는 자신이 무엇을 원하는지를 결정하고, 자신이 원하는 것을 들어줄 수 있는 청자를 찾아간다. 그리고 청자가 화자가 원하는 것을 들어줄 수 있을지 여부를 모든 이용 가능한 정보를 고려하여 결정한다. 그리고 화자는 청자가 요청을 들어주는 데 가장 큰 장애물이 되는 것을 발화하여 청자를 간접적으로 유도한다.

다음 두 예가 길 가는 사람에게 시간을 물어볼 때 사용할 수 있는 간접 화행이다.

(79) a. Do you have the time?(시계 있습니까?)
b. Do you like to tell me the time?(시간 좀 가르쳐주시겠습니까?)

위에서 제시한 요청의 전체 행위 중에서 (79a)는 청자의 능력에 관한 3단계를 선택해서 나온 발화이고, (79b)는 화자의 의향에 관한 4단계를 선택해서 나온 발화이다. 이 두 간접화행 중에서 (79b)보다 (79a)가 더 적절하다. 왜냐하면, 청자가 이 정보를 제공할 때 있을 수 있는 가장 큰 장애물은 그에게 시계가 없어서 시간을 모를 수 있다는 것이기 때문이다. 화자는 이런 가능성을 배제할 수 없으므로 우회적으로 요청을 해야 한다. 그래서 화자는 청자가 그의 요청에 응하는 데 장애가 되는 부분을 발화하여 요청을 하는 것이다. 즉, 이것은 화자가 위에서 제시한 요청의 전체 행위 중 청자의 능력에 관한 3단계 부분을 선택하여 요청 행위를 한다는 것을 뜻한다.

또 다른 예를 보자. 몇 시에 시계방이 문을 닫는지 알고 싶어서 시계방 주인에게 Do you know what time you close?(당신은 몇 시에 문을 닫는지 아시나요?)라고 물어보는 것은 적절하지 못하다. 왜냐하면, 시계방 주인은 몇 시에 가게 문을 닫는지를 확실히 알고 있기 때문이다. 즉, 이 경우에 청자는 화자가 요구하는 요청을 들어줄 능력이 있다는 것이 너무 당연하기 때문에 전체 요청 행위 중에서 3단계는 청자가 화자의 요청을 들어주는 데 장애물이 되지 않는다. 이런 상황에서 가장 큰 장애물은 시계방 주인이 화자가 원하는 정보를 제공해 주고 싶은 마음이 있느냐 하는 것이다. 즉, 이 경우에는 전체 요청 행위 중에서 청자의 의향인 4단계가 청자가 화자의 요청을 들어주는 데 장애물로 작용한다. 따라서 이런 상황에서는 전체 요청 행위 중에서 4단계를 선택하는 Will you tell me what time you close? (몇 시에 문을 닫을지 말씀해 주시겠습니까?)와 같은 간접화행이 더 적절한 것이다.

이렇게 화자가 간접적으로 요청이라는 화행을 할 때, 청자에게 있을 수 있는 가장 큰 잠재적인 장애물을 선택하여 청자는 간접화행을 더욱더 쉽게 이해할 수 있다. 이런 상황을 고려해 보자. 메리와 그녀의 동거인이 외출하려고 옷을 입고 있다. 메리는 자신의 파란색 바지와 같이 입을 스웨터가 있었으면 하고 생각한다. 그때 그녀는 친구의 밝은 청색 캐시미어 스웨터가 자기 바지와 잘 어울릴 거라고 생각한다. 물론 가끔 친구는 자기에게 그 옷을 빌려주지만, 친구가 이미 그 옷을 세탁소에 맡겼을 수 있다. 이런 상황에서 메리는 친구에게 다음과 같은 간접적인 요청 화행을 할 수 있다.

(80) a. Can you possibly lend me your blue sweater?(파란색 스웨터를 빌려줄 수 있겠니?)
   b. Would you mind lending me your blue sweater?(파란색 스웨터를 빌려줘도 괜찮니?)

이 이야기에 언급되는 장애물은 청자가 화자에게 파란색 스웨터를 빌려줄 수 있는 능력에 관한 3단계 부분이다. 따라서 3단계를 선택해서 나온 발화 (80a)가 4단계를 선택하는 (80b)보다 더 적절한 간접화행이 된다.

이러한 설명은 간접화행을 이해할 때 부분을 통해 전체를 이해하는 환유라는 인지 과정이 중요한 역할을 한다는 것을 강조한다. 화자는 자신의 요청을 대화상에서 거래 행위의 부분으로 계획한다. 따라서 사람들은 청자가 거래 행위를 완성하는 데 장애가 되는 것을 두드러지게 하고 싶어 하는 것이다. 화자는 현저한 장애물을 선택함으로써 청자가 환유적으로 거래 행위가 완성되는 데 발생하는 전체 일련의 행위를 추리한다고 가정한다.

지금까지의 설명을 요약하건 다음과 같다. 주어진 하나의 요청 상황에 대해 다양한 간접화행이 존자할 수 있는 현상에 대해 전통적인 화행론은 그것이 단지 자의적이고 관습적이라고 말한다. 그러나 환유 이론에 의하면, 각 간접화행은 주어진 전체 요청 사건 중에서 상황에 적절한 부분만을 선택해서, 선택된 부분이 전체 요청 사건을 대표하는데, 이것은 부분으로 전체를 이해하는 언어 사용자의 환유라는 인지 과정 때문에 가능한 것이다. 즉, 우리가 요청을 할 때 다양한 간접화행을 하는데, 왜 하필 특정한 간접화행만이 행해지는가의 문제를 환유를 통해 해결할 수 있는 것이다.

3.3.4. 형식적 환유

형식적 환유(formal metonymy)는 언어의 다양한 단위들 간의 순수한 형식적 관계에 기초한 환유이다. Barcelona(2005)는 **형태의 현저한 부분은 형태 전체를 대표한다**에 기초하는 형식적 환유를 형태 층위의 환유(form-level metonymy)라고 부른다. 형식적 환유는 언어적 조직의 다양한 층위에서 작동한다. 예컨대, 형태론의 층위에서 그것은 fridge(냉장고)와 같은 한 단어 형태의 한 부분을 사용하여 refrigerator라는 전체 형태에 접근하는 것을 가능하게 만들지만, 통사론의 층위에서는 부분은 전체를 대표한다라는 동일한 형식적 환유 과정이 John ordered meat and Bill fish (존은 고기를 주문했고, 빌을 생선을 주문했다) 같은 생략 문장에서 동사의 생략을 동기화한다.

형식적 환유의 가장 일반적인 예 중 첫 번째는 철자를 하나씩 발음하는 두문자어(initialism)이다. 즉, 단어의 첫 글자로 이루어진 부분은 그 모든 글자로 이루어진 전체를 대표한다. 이 글자들은 단축 표현에서 발생하는 실제 소리의 표상으로 기능하지 않기 때문에, 단순히 글자로 발음된다. 물론, 간단한 두문자어의 전형인 이런 형식적 환유는 궁극적으로 형태와 개념적 내용을 연결하는 환유의 전체 연쇄를 통해서만 유의미하게 된다. 글자의 알파벳 음성 표상은 단어나 복합 표현의 글 표상의 첫 글자를 대표하고, 첫 글자는 복합 표현의 첫 소리를 대표하고, 첫 소리는 복합 표상의 음성 표상을 대표하고, 음성 표상은 복합 표현의 개념적 표상을 대표한다가 그런 연쇄이다. 예로서, accountant officer(회계사)를 가리키는 두문자어 AO를 고려해 보자. 글자 A와 O의 알파벳 음성 표상인 [ei]와 [ou]는 단어 accountant officer의 글 표상의 첫 글자를 대표하고, 첫 글자는 복합 표현 accountant officer의 단어의 첫 소리를 대표하고, 첫 소리는 복합 표현 accountant officer의 전체 음성 표상을 대표하고, 음성 표상은 복합 표현 accountant officer의 개념적 표상 회계사를 대표한다.

형식적 환유의 가장 일반적인 예 중 두 번째는 철자를 하나씩 발음하는 것이 아니라 한 단어처럼 읽는 약성어(acronym)이다. 약성어의 시각적 표상은 **부분은 전체를 대표한다** 환유이지만, 발음은 상대적으로 자립적인 단위를 나타내는 혼성어로서, 그런 자립적인 단위는 문자 구성소들에서 차용하지만 소리 표상에 관해서는 문자 구성소들로부터 완전히 예측 가능한 것은 아니다. NATO가 대표적인 예이다. 약성어를 동기화하는 형식적 환유는 다음과 같다. 글자는 복합 표현의 단어의 첫 소리의 글자를 대표하고, 이런 글자들은 함께 복합 표현의 음은 표상을 대표하고, 음운 표상은 복합 표현의 개념적 표상을 대표한다. 예컨대, 약성어 AIDS에서, 글자 A, I, D, S는 단어 acquired, immune, deficiency, syndrome의 첫 소리의 글자를 대표하고, 이런 글자들은 함께 복합 표현 acquired immune deficiency syndrome의 음성 표상을 대표하고, 음성 표상은 함께 복합 표현 acquired immune deficiency syndrome의 개념적 표상 후천성 면역결핍증을 대표한다.

4. 환유의 존재론적 현저성 원리

4.1. 존재론적 현저성 원리의 유형

환유의 유형이 수없이 많고, 그 범위가 포괄적이라는 점에서 환유에서는 '무엇이든 다 되는' 것처럼 보일 수 있다. 비제약적인 듯한 환유의 본질에 제약을 부과하기 위해 Radden & Kövecses(1999: 44-51)는 인지적으로 적절한 매체를 선택하는 과정을 지배하는 원리를 연구하는 데 몰두한다. 이 원리는 인지언어학에서 말하는 현저성의 한 가지 유형과 관련이 있다. 먼저 현저성의 종류부터 살펴보자. 첫 번째 유형은 인지적 현저성(cognitive salience)이다. 이는 어떤 개념이 언어적으로 언급되거나 상황적으로 두드러져서 활성화되어 현저성을 얻는다는 것이다. 예컨대, Ask seat 19 whether he wants to swap(19번 좌석에게 자리를 바꾸고 싶어 하는지 물어보라)에서, seat은 '자리에 앉는 사람'을 가리킨다. seat의 이런 환유적 의미는 앞에서 제시한 것과 같은 발화에 노출되거나 비행기처럼 이 발화를 할 수 있는 상황에 있으면 활성화된다. 이 발화를 비행기에서 듣는다면, 상황적 문맥으로 인해 쉽게 이해가 된다. 비행기를 타고 여행하는 대부분의 사람은 좌석에 번호가 붙어있고, 승객은 임의대로 좌석을 선택할 수 없다는 것을 안다. 상황에 적절한 이런 지식은 어쩌면 사람들이 비행기를 탈 때 활성화되어, 좌석번호와 이 좌석에 앉는 사람 간의 환유적 연결은 문제를 유발하지 않는다. 승객과 좌석이라는 두 개념은 주의 초점의 부분이므로 인지적으로 현저하다.

하지만 중립적인 상황적 문맥에서는 이런 연결을 파악하기란 어렵다. 이것은 현저성의 두 번째 종류인 존재론적 현저성(ontological salience)과 관련이 있다. 존재론적 현저성은 실세계 실체의 주의를 끄는 잠재력을 말한다. 즉, 어떤 실체는 다른 실체들보다 주의를 더 많이 끄는 경향이 있다. 좌석번호는 확실히 주의를 끄는 큰 잠재력이 있는 실체에 속하지 않는다. 좌석번호가 존재론적으로 현저한 것이 아니라, 해당 좌석에 앉은 사람이 존재론적 현저성이 높은 것이다. 따라서 개념적 환유 **좌석번호는 승객을 대표한다**는 존재론적 현저성 원리를 따르는 것이 아니라, 중립적으로는 현저하지 않은 매체가 특정한 상황에서 인지적으로 현저하게 되는 것이다.

존재론적 현저성은 인지적 현저성과 내재적으로 연결되어 있다. 존재론적으로 현저한 실체는 더욱더 빈번하게 주의 초점이 되기 때문에, 그에 상응하는 개념들은 더욱 빈번하게 활성화되고, 인지적으로 현저하게 될 것이다.

Radden & Kövecses(1999: 44-51)가 지적한 인지적으로 적절한 매체를 선택하는 과정을 지배하는 원리는 현저성의 두 가지 종류 중에서 존재론적 현저성과 관련이 있다. 그래서 환유의 매체 선택을 지배하는 원리를 '존재론적 현저성 원리'라고 부른다. 이 원리는 인지적 원리(cognitive principle)와 의사소통적 원리(communicative principle)라는 두 가지 큰 집단으로 나뉘고, 인지적 원리는 다시 인간 경험(human experience), 지각적 선택성(perceptual selectivity), 문화적 선호도(cultural preference)에 기초한 원리로 세분화된다.

(I) 인지적 원리
　(a) 인간 경험
　　– 인간은 비인간보다 우선한다.
　　– 주관성은 객관성보다 우선한다.
　　– 구체성은 추상성보다 우선한다.
　　– 신체는 정신보다 우선한다.
　　– 상호작용은 비상호작용보다 우선한다.
　　– 기능은 비기능보다 우선한다.
　(b) 지각적 선택성
　　– 직접성은 비직접성보다 우선한다.
　　– 발생은 비발생보다 우선한다.
　　– 많음은 적음보다 우선한다.
　　– 지배는 비지배보다 우선한다.
　　– 좋은 게슈탈트는 나쁜 게슈탈트보다 우선한다.
　　– 한정성은 비한정성보다 우선한다.
　　– 특정성은 총칭성보다 우선한다.
　　– 가시성은 비가시성보다 우선한다.
　(c) 문화적 선호도
　　– 정형은 비정형보다 우선한다.
　　– 이상은 비이상보다 우선한다.
　　– 전형은 비전형보다 우선한다.
　　– 중심은 주변보다 우선한다.
　　– 처음이나 마지막은 중간보다 우선한다.
　　– 기본은 비기본보다 우선한다.
　　– 중요함은 덜 중요함보다 우선한다.
(II) 의사소통적 원리
　(a) 명확성의 원리
　　– 명확함은 불명확함보다 우선한다.
　(b) 적절성의 원리
　　– 적절함은 부적절함보다 우선한다.

이런 현저성 원리는 다음과 같은 문장으로 예증된다.

(81) a. She bought *Lakoff & Johnson* for just $1.50.(그녀는 1달러 50센트만
으로 레이코프와 존슨이 쓴 책을 구입했다.)
b. I ate an *apple*.(나는 사과를 먹었다.)
c. They ran out the *clock*.(그들은 시간을 다 써 버렸다.)
d. That *car* doesn't know where he's going.(그 자동차는 자기가 어디로 가고 있는지 모른다.)

(81a)에서 구입한 것은 두 명의 유명한 인지언어학자가 아니라 그들이 집필한 책이다. 두 명의 언어학자가 참조점이 되어 그 책과 정신적 접촉을 한다. (81b)는 사과 전체를 먹은 것이 아니라 사과의 씨 부분을 제외한 나머지 부분을 먹었음을 뜻한다. 이 경우에 사과 전체가 참조점이 되어 사과의 특정 부분과 정신적 접촉을 한다. (81c)는 남아 있는 시간을 다 썼음을 암시하는데, 이 경우에는 시간이라는 추상적인 실체가 아니라 시계라는 구체적인 실체가 언급되고 있다. 여기에서도 구체적인 시계가 참조점이 되어 추상적 시간과 정신적 접촉을 한다. (81d)에서 자동차 안에서 보이지 않는 운전자가 아니라 눈에 보이는 자동차가 언급되고 있다. 여기에서는 가시적인 실체인 자동차가 참조점이 되어 비가시적인 운전자와 정신적 접촉을 한다.

인간이 환유적으로 전경화되는 해석을 선호하는 것은 우리의 '인간중심적 세계관(anthropocentric view of the world)'(Radden & Kövecses 1999: 45) 때문이다. 예컨대, 이것은 소유자는 소유물을 대표한다 환유에서 '자동차'를 가리키기 위해 인칭대명사를 사용하는 것을 설명해 주고, **통제자는 통제물을 대표한다** 또는 **생산자는 생산품을 대표한다** 환유에도 역할을 한다. 사람들은 또한 추상적 개념보다는 **구체적 사물을 더** 선호한다. 가령,

having one's hand or something(무언가를 통제하다)에서처럼 '손'은 그것이 대표하는 개념 '통제'보다 훨씬 더 구체적이다. Radden & Kövecses (1999: 45-46)가 인간 경험의 표제어 하에서 언급한 다른 법칙은 주관성은 객관성보다 우선한다, 상호작용은 비상호작용보다 우선한다, 기능은 비기능보다 우선한다이다. The car needs washing(자동차를 세차할 필요가 있다)에서 '자동차'가 '운전자'를 대표하는 것처럼 이런 법칙에서 일탈하는 환유 표현은 덜 선호되므로, 이 원리를 준수하는 그 역보다 덜 관습적이어야 한다.

인간의 지각적 장치는 자연스럽게 비직접적인 것보다는 직접적인 것에 초점을 맞춘다. 이것은 감정은 원인을 대표한다 환유인 She's my joy(그녀는 나의 기쁨이다)에서 반영된다. 지각적 선택성도 좋은 게슈탈트는 나쁜 게슈탈트보다 환유적 매체로 더 잘 기능할 수 있다는 사실을 설명한다. 이것은 전체는 부분보다 우선한다에 대한 우리의 선호도와 상호작용하고, 가령 car를 사용해서 '차의 외부'를 가리키는 것을 인가해 준다. 이 부류에 속하는 다른 원리는 발생은 비발생보다 우선한다, 많음은 적음보다 우선한다, 지배는 비지배보다 우선한다, 한정성은 비한정성보다 우선한다, 특정성은 총칭성보다 우선한다이다(Radden & Kövecses 1999: 47-48).

한 범주의 특정한 구성원이 선호되는 경우에는 문화적 선호도가 쟁점이 된다. You are a Judas(당신은 유다이다)에서 반역자의 일반적인 범주를 가리키기 위해 '탁월한 반역자'가 선택된다. 중요한 양상에 집중하려는 우리의 경향은 언어의 '말하기'가 '언어 구사'를 대표한다는 사실에 책임이 있다. 이것은 구체성은 추상성보다 우선한다에 대한 일반적인 인간 선호도와도 관련이 있다.

이런 인지적 원리는 의사소통적 원리에 의해 보충된다. 명확성의 원리(명확함은 불명확함보다 우선한다)는 The dog bit the cat(개가 고양이를 물었다)과 같은 표현을 동기화한다.[10] '이 환유는 너무 자연스러워서, *The dog's teeth bit the cat(개의 이빨이 고양이를 물었다)에서처럼 의도한 목표의 표현으로 교체될 수 없고'(Radden & Kövecses 1999: 50), 전체는 부분보다 우선한다, 가시성은 비가시성보다 우선한다, 좋은 게슈탈트는 나쁜 게슈탈트보다 우선한다와 같은 많은 인지적 원리로 뒷받침된다. 적절성의 원리[11]는 환유적 매체의 상황적·문맥적 적절성을 다룬다. 특정한 상황과 문맥은 다른 식으로는 덜 현저하거나 현저하지 않은 실체를 더 현저하게 만들 수 있다(Langacker 1993: 30 참조).

인지적 원리와 의사소통적 원리는 환유적 사상의 '기본치 경로(default route)'(Radden & Kövecses 1999: 52)를 결정한다. 환유가 많은 인지적 원리와 일치한다면, 그것은 높은 수준의 인지적 동기화를 갖는다. 그리고 환유의 동기화가 크면 클수록, 언어 공동체가 그것을 채택할 가능성은 더 클 것이다. 즉, 환유적 사상의 기본치 경로는 '왜 매체에서 목표로의 특정 경로가 언어에서 관습화되었는지를 우리에게 이해하도록 돕는다'(Radden & Kövecses 1999: 52). 이런 원리들이 금기어 회피와 같은 다른 고려사항으로 인해 무효화될 수는 있지만(가령, Where can I wash my hands?(어디에서 손을 씻을 수 있나요?)는 중심은 주변보다 우선한다 및 적절성은 비적절성보다 우선한다와 충돌한다), Radden & Kövecses(1999)는 그런 원리를 환유가 관습적이게 될 수 있는 잠재력을 갖고 있는지에 관한 지침으로 간주한다.

---

[10] Croft(2002)와 Koch(2001, 2004) 같은 연구자들은 이 표현을 환유로 간주하지 않을 것이다.

[11] 이것은 Sperber & Wilson(1995)의 적절성 이론(relevance theory)과도 관련이 있다. "명시적 의사소통의 모든 행위는 최적으로 적절한 가정을 의사소통한다"(1995: 158)라는 적절성 원리의 기본 정의는 환유에도 적용된다(Radden & Kövecses 1999: 50 참조).

쾨브체시와 라덴이 제안한 이런 현저성 원리는 절대적인 것이 아니라, 어떤 상위 원리의 지배를 받아서 특정한 환유 표현의 용법을 동기화하는 일반적인 경향을 나타낸다. Kövecses & Radden(1998: 71)이 말하는 이런 상위 원리는 '인지적 원리가 특별한 환유 표현에 더 많이 적용될수록, 인지적 동기화는 더 크다'이다. 이런 원리는 반드시 충족되는 것은 아니며 때로는 서로 충돌하기도 한다. 따라서 쾨브체시와 라덴이 말하는 원형적 환유는 모든 적절한 원리가 작동하는 환유이다. 그들은 '셰익스피어의 한 작품을 읽다'를 의미하는 to read Shakespeare를 예를 드는데, 이것은 인간은 비인간보다 우선한다, 구체성은 추상성보다 우선한다, 좋은 게슈탈트는 나쁜 게슈탈트보다 우선한다와 같은 원리들에 의해 동기화된다. 그리고 여기에 전형은 비전형보다 우선한다를 추가할 수 있는데, 이는 화자가 '셰익스피어의 유언'을 의도했다면 이 환유는 이상하기 때문이다. 마찬가지로, 중요함은 덜 중요함보다 우선한다도 추가할 수 있다. 동시에 쾨브체시와 라덴은 이 원리들이 논리적 가중치가 같지 않다고 지적한다. 예컨대, 환유 The buses are on strike(버스는 파업 중이다)에서, 상호작용은 비상호작용보다 우선한다와 중요함은 덜 중요함보다 우선한다라는 원리는 인간은 비인간보다 우선한다라는 원리를 무효화한다. 그런 위배를 유발하는 요인 중에서 쾨브체시와 라덴은 사회적 금기의 영향 및 수사적 효과와 같은 사회적-의사소통적 효과를 언급한다. 왜냐하면 기본이 아닌 경우는 특별하고 언어적이고 개념적으로 더 흥미롭기 때문이다.

쾨브체시와 라덴이 제안한 환유의 존재론적 현저성 원리에 대해 몇 가지 문제점을 지적할 수 있다. 첫째, 그들이 제안한 원리는 그 위상이 동등한 것으로 간주되지만, 원리들 간에 위계가 있을 수 있다. 예컨대, 한정적이지만 좋은 게슈탈트가 아닌 시간 단위와 같은 실체가 있지만, 한정적이지 않은 좋은 게슈탈트는 극히 드물다. 그래서 좋은 게슈탈트는 나쁜 게슈탈트보다 우선한다는 한정은 비한정보다 우선한다라는 더 일반적인 원리의 실례로 간주되어야 한다.

둘째, 원리 자체가 잘못된 것처럼 보이는 경우도 있다. 가령, **많음은 적음보다 우선한다**는 왜 우리가 How old/big/tall is X?라고 말하는지를 설명할 뿐만 아니라, Have you got butter?에서처럼 전체 물질을 가리키는 명사를 사용하여 적은 양을 가리키는 많은 경우도 설명한다. 그러나 **부분은 전체를 대표한다**라는 환유의 수가 매우 많음을 고려하면, 이 원리는 확실히 잘못된 것이고, **적음은 많음보다 우선한다**라는 가역적인 원리도 가능해야 한다. 한정은 비한정보다 우선한다도 가역적인 원리이다. We had chicken today(우리는 오늘 닭고기를 먹었다)나 I smell skunk(스컹크 냄새가 난다) 같은 경우에 매체는 한정적 요소이고 목표는 비한정적 요소이지만, gold가 금으로 만든 메달을 가리키거나 glass가 유리로 만든 유리잔을 가리키는 것처럼 뒤집힌 비한정은 한정보다 우선한다의 경우도 많다.

셋째, 존재론적 현저성 원리 중 두 가지 의사소통적 원리는 너무 일반적이라는 문제점을 지적할 수 있다. 이 두 원리는 환유적 의사소통에만 적용되는 것이 아니라 거의 모든 의사소통 행동에도 적용된다는 점에서 너무 일반적이다. 따라서 환유에만 적용되는 의사소통적 원리를 발견해야 한다.

4.2. 적절성 원리와 가역적인 개념적 환유

이 절에서는 가역적인 개념적 환유들이 환유의 적절한 매체를 선택하는 과정을 지배하는 원리를 따르지 않는 현상을 논의할 것이다. 다음은 가역적인 개념적 환유들이다.

- 포함 ICM
    - 그릇은 내용물을 대표한다
    - 내용물은 그릇을 대표한다
- 통제 ICM
    - 통제자는 통제물을 대표한다
    - 통제물은 통제자를 대표한다
- 생산 ICM
    - 생산자는 생산품을 대표한다
    - 생산품은 생산자를 대표한다
- 사건 ICM
    - 장소는 사건을 대표한다
    - 사건은 장소를 대표한다
- 구성 ICM
    - 사물은 재료를 대표한다
    - 재료는 사물을 대표한다
- 인과성 ICM
    - 결과는 원인을 대표한다
    - 원인은 결과를 대표한다

먼저, 포함 ICM에 대해 Radden & Kövecses(1999: 43)는 "그릇을 참조점으로 선택하는 환유 그릇은 내용물을 대표한다는 내용물을 참조점으로 선택하는 환유 내용물은 그릇을 대표한다보다 더 자연스럽다"고 말한다. 그 이유는 일반적으로 지각되는 것은 그릇이고, 내용물은 그 속에 숨겨져 있어서 종종 글자 그대로 비가시적이기 때문이다. 즉, 이는 그릇은 내용물을 대표한다(가령, kettle '주전자의 내용물')는 환유의 적절한 매체를 선택하는 과정을 지배하는 가시성은 비가시성보다 우선한다의 원리를 따른다는 것이다. 이에 반해, 내용물은 그릇을 대표한다라는 역전된 환유는 이 원리를 따르지 않는다. 하지만 이 환유에 따라 wine이 '와인 병'을 대표할 수도 있다. 또 다른 예는 다음과 같다.

(82) Take the top off the chicken.(닭고기가 들어 있는 프라이팬의 뚜껑을 여세요.)

이 예에서 chicken은 실제로 닭고기가 있는 프라이팬을 가리킨다. 즉, 닭고기라는 내용물이 그것을 담고 있는 그릇인 프라이팬을 대표하는 것이다. 이런 환유 표현은 **가시성은 비가시성보다 우선한다**의 원리를 위배하여 고착화된 관습적인 환유적 용법은 아니어야 하지만 자연스럽게 사용되고 있다.

통제 ICM의 경우, 통제자는 통제물을 대표한다 사상이 선호되어야 하는데, 이는 인간이 비인간보다 더 현저하기 때문이다. **생산자와 생산품** 간의 관계도 비슷한 경우이다. Kövecses & Radden(1998: 57)은 생산 ICM에 속하는 사상이 가역적이지 않다고 강조한다. **생산자는 생산품을 대표한다**만 발견할 수 있고, 역전된 환유 **생산품은 생산자를 대표한다**는 발견할 수 없다는 것이다. 하지만 생산품인 newspaper는 a job as a journalist with the local newspaper(현지신문사에 근무하는 신문기자로서의 직장)에서처럼 그것을 생산하는 추상적인 기관을 대표할 수 있고, 또한 tell the newspaper(신문사에게 말하다)에서처럼 생산품이 신문기자나 신문사의 대표자와 같은 구체적인 사람을 대표할 수도 있다. 이런 용법은 원리 인간은 비인간보다 우선한다와 충돌하지만 자연스러운 표현이다.

사건 ICM에 기초하는 가역적인 개념적 환유 중 사건은 장소를 대표한다는 **구체성은 추상성보다 우선한다**와 **좋은 게슈탈트는 나쁜 게슈탈트보다 우선한다**를 위배한다. 즉, 사건은 장소보다 구체적이고 좋은 게슈탈트를 갖고 있는 것이다. 하지만 이런 환유의 예는 존재한다. 다음 예를 참조해 보자.

(83) The usual price for overnight accommodation at Glassdrumman for two people sharing a room, afternoon tea, transport to the opera is £175.(오후에 제공되는 다과와 오페라까지의 교통편을 포함한 글래스드럼맨 호텔에서의 2인 1실 하룻밤 통상 숙박비는 175파운드다.)

이 예에서 오페라 공연이라는 사건은 오페라 공연이 이루어지는 장소를 대표한다.

구성 ICM의 경우, 사물은 재료를 대표한다가 그 역인 재료는 사물을 대표한다보다 더 생산적일 것으로 예상되는데, 이는 사물이 일반적으로 경계가 명확하므로 좋은 게슈탈트를 형성하지만, 물질은 비한정적이고 게슈탈트의 특성을 갖지 않기 때문이다. There was cat all over the road(온 길에 고양이 몸이 흩어져 있다)와 같이 전자의 환유의 예도 있지만, 물질이 그것으로 만든 구체적인 사물을 가리키는 후자의 환유의 예도 있다. 그 예는 a wood(목재 제품)이다. 이처럼 구체성은 추상성보다 우선한다와 좋은 게슈탈트는 나쁜 게슈탈트보다 우선한다를 위배하는 재료는 사물을 대표한다 환유는 매우 널리 통용되는 환유이다. 물질은 비한정적이므로, 날붙이, 안경, 코트와 같은 잘 한정된 사물을 대표하는 환유적 매체로는 빈번하게 사용되지 않아야 하는데, 실제로는 많이 사용된다는 것이다.

인과성 ICM의 경우, 결과는 원인을 대표한다는 그 역인 원인은 결과를 대표한다보다 선호되어야 한다. 이는 Radden & Kövecses(1999: 47-48)가 말하듯이, 결과가 본래 더 직접적이기 때문이다. 직접성은 비직접성보다 우선한다를 준수하는 전자의 환유에 대한 예는 다음과 같다.

(84) The death suggested a possible previously unrecognized side-effect of ecstasy.(그 죽음은 마약에 이전에 자각되지 못한 황홀감을 유발하는 부작용이 있을 수 있음을 암시했다.)

위의 예에서 ecstasy(황홀감)은 마약에 따른 결과이다. 즉, 이 경우에서는 황홀감이라는 결과가 그것을 일으킨 마약이라는 원인을 대표한다.

이에 반해 후자의 환유는 직접성은 비직접성보다 우선한다를 위배한다. 그렇지만 다음 예에서 보듯이 이런 환유의 실례도 존재한다.

(85) a. He heard her heels.(그는 그녀의 뒷굽 소리를 들었다.)
　　 b. She had a cruel pen and a reputation for physical violence to match. (그녀는 잔인한 문체와 신체적 폭력과 맞먹는 악명을 지녔다.)
　　 c. The flute did not really go with a guitar and sax.(플루트는 기타와 색소폰과 잘 맞지 않았다.)

이 (85a)에서 그가 듣는 것은 그녀의 '뒷굽'이 아니라 걸을 때 '뒷굽이 내는 소리'이다. 뒷굽은 원인이고, 뒷굽이 내는 소리는 결과이다. (85b)에서는 pen은 '펜으로 쓴 글'이라는 결과물을 가리키고, 펜 자체는 그것의 원인이다. (85c)에서 sax는 '색소폰 소리'라는 결과물로서의 음악이고, 색소폰이라는 악기 자체는 그 소리의 원인이다. 따라서 이 모든 예에서는 원인이 결과를 대표하고 있다.

결과는 원인을 대표한다 환유의 실례는 모두 직접성은 비직접성보다 우선한다를 준수한다. 하지만 원인은 결과를 대표한다 환유 예는 현저성의 원리들이 충돌하는 특징을 보인다. 예컨대, heels(뒷굽으로 내는 소리)는 직접성은 비직접성보다 우선한다를 위배하지만, **구체성은 추상성보다 우선한다**와 **좋은 게슈탈트는 나쁜 게슈탈트보다 우선한다**라는 법칙은 준수한다. pen(펜으로 쓴 글)도 직접성은 비직접성보다 우선한다를 위배하지만, **구체성은 추상성보다 우선한다**는 준수한다.

이 절에서는 가역적인 개념적 환유와 존재론적 현저성 원리 간의 관계에 집중했다. 일반적으로, 존재론적 현저성에 의해 환유를 기술하려는 분석에는 몇 가지 문제점이 있다. 첫 번째 문제점은 그런 원리의 고정된 집합이 없다는 것이다. 두 번째 문제점은 존재론적 현저성 원리의 폐집합을 확립하더라도 각 원리가 얼마나 비중이 있는지가 명확하지 않다는 것이다. 따라서 한 원리를 준수하지만 다른 원리는 위배하는 경우들이 어떻게 행동할지 예측하는 것은 어렵다.

제2장

환유의 경계 설정

인지언어학에서는 환유가 은유보다 더 기본적인 인지 과정이라고 주장한다. 환유가 더욱 일반적인 인지적 기제라는 래내커(Langacker)의 주장, 특히 한 개념적 실체가 동일한 이상적 인지모형 내에서 다른 개념적 실체에 정신적 접근을 할 수 있게 한다는 생각은 영향력이 있었다. 환유에 대한 최근의 접근법에서는 환유가 사고와 언어의 많은 분야와 관련이 있음을 강조한다. 여러 가지 점에서 환유는 은유보다 더 기본적이다. 예컨대, Radden & Kövecses(1999: 24)가 기호 ICM이라는 개념으로 예증하듯이, 전체 언어 체계에는 환유적 토대가 있다. 형태는 개념을 대표한다 환유는 모든 언어 기호의 기초이다. 환유는 추론 과정에서 중요한 역할을 하고, 상당한 정도로 범주화를 안내한다. 환유는 또한 언어적 층위에서 다양한 모습으로 등장한다. 예컨대, 환유는 형태론과 어형성의 층위에서 작동한다(Ungerer & Schmid 2006: 155-157). 일반적으로 환유는 은유 및 제유 등과 같은 다른 비유법들과 경계가 교묘하게 겹치는 현상이었다. 그런 경계가 겹친다고 해서 환유와 기타 비유법들이 구분되지 않는 것은 아니다. 이 장에서는 환유의 편재성과 기본성 때문에 그 경계가 모호해질 우려가 있음을 인식하면서, 환유의 정확한 경계를 설정하여 환유가 무엇이고, 무엇이 환유가 아닌지 살펴볼 것이다.

1. 환유와 은유

환유를 설명하는 가장 대중적인 설명은 환유와 은유를 비교하고 대조하는 것이다. 은유와 환유가 세계에 대한 정보를 지각하고 처리하는 서로 다른 두 가지 방법을 구성한다고 단정한 Jakobson(1965)의 영향력 있는 논문 이후로, 언어학자들은 환유와 은유가 대조되는 많은 방법을 식별했다. 하지만 은유와 환유 간의 구분선은 절대 명확하지 않은데, Dirven(2003)은 문자적 언어, 환유, 은유가 연속체를 다라 놓여 있고, 이 연속체는 문자적 언어에서 은유까지 뻗어 있고 환유는 중간에 놓여 있다고 주장한다. 이처럼 은유와 환유 간의 차이의 본질에 대해 아무런 의견일치가 이루어지지 않고 있다. 이 절에서는 환유와 가장 비교가 많이 되는 은유와 관련해, 이 둘의 공통점과 차이점, 그리고 환유와 은유가 상호작용하는 양상을 검토하면서, 환유의 첫 번째 경계를 설정할 것이다.

1.1. 환유와 은유의 공통점

이 절에서는 은유와 환유의 공통점을 살펴볼 것이다. 은유와 환유의 공통점은 크게 세 가지로 나누어볼 수 있다. 첫째, 은유와 환유는 단순히 수사적 장치와 비유적 표현이 아니라 일상 언어의 특징이고, 더 나아가 언어에만 국한되는 것이 아니라 인간의 사고와 인지에도 존재하고, 우리의 행동을 구조화할 수도 있다. 즉, 은유와 환유는 본질상 인지적이고 개념적이라는 것이다.

은유와 환유의 두 번째 공통점은 둘 다 우리의 물리적·문화적 경험에 토대를 둔다는 것이다. 가령, 방향적 은유(orientational metaphor)[1]는 물리적 환경에서 우리 몸의 작용과 관련된 위-아래, 앞-뒤, 중심-주변 같은 공간적 방위와 관련이 있다. 위-아래의 많은 방향적 은유 중에는 **행복은 위이다; 슬픔은 아래이다**가 있다. I'm feeling *up*(나는 기분이 **좋다**)에서 up의 은유적 의미는 직립한 몸 자세와 긍정적인 감정 상태의 연상에 기초한다. 반면에 I'm feeling *down*(나는 **침울하다**)에서처럼 수그린 자세는 슬픔이나 우울의 신호이다. Lakoff & Johnson(1980: 39-40)은 환유도 우리와 세계의 물리적 상호작용에 기초하고, 이것은 은유의 토대화보다 더욱더 자명하다고 본다. 그 이유는 환유는 직접적인 물리적 연상이나 인과적 연상을 포함하기 때문이다. 개념적 환유 **부분은 전체를 대표한다**는 부분이 전체와 연결되는 우리의 경험에 기초하고, **생산자는 생산품을 대표한다**는 생산자와 생산품 간의 인과적 관계로부터 발생한다. 은유처럼 환유도 문화에 기초한다. **부분은 전체를 대표한다**의 하위 유형인 **얼굴은 사람을 대표한다**는 She's just a pretty *face*(그녀는 예쁜 **얼굴**이다)에서처럼 영미 문화에서 활발하게 기능한다. 우리는 누군가의 얼굴을 보고 그를 판단하는 것이다.

　은유와 환유의 세 번째 공통점은 둘 다 체계적이라는 점이다. Lakoff & Johnson(1980)에서는 은유 과정과 환유 과정의 자의적이지 않은 체계적 본질을 강조한다. 한 개념을 또 다른 개념에 비추어 이해하게 하는 은유적 체계성으로 인해 두 개념의 양상들 간에 체계적인 대응이 발생한다. 개념적 은유 **논쟁은 전쟁이다**에서, 전쟁을 묘사하는 표현은 논쟁에 관해 이야기하는 데 사용된다. 전쟁에서처럼 논쟁에서도 상대적수, 전략, 공격

---

[1]　방향적 은유는 Lakoff & Johnson(1980)이 개념적 은유를 인지적 기능에 따라 분류한 한 가지 유형이다. 그가 제시한 다른 개념적 은유로는 구조적 은유(structural metaphor)와 존재론적 은유(ontological metaphor)가 있다.

과 방어, 승리와 패배가 있다. He *attacked every weak point* in my argument(그는 나의 논증이 안고 있는 모든 약점을 공격했다), If you use that *strategy*, he'll wipe you out(네가 그 전략을 사용한다면, 그가 너를 소탕해버릴걸), I've never *won* an argument with him(나는 그와의 논쟁에서 한 번도 이긴 적이 없다)은 논쟁 은유의 구체적인 예이다. 은유와 마찬가지로, 환유도 임의적이지 않고 체계적이다. 환유에서는 한 실체를 그것과 또 다른 실체의 관계에 의해 개념화한다. 피카소라는 개념에 대한 우리의 정신적 그림에는 예술작품을 비롯해 그것을 창작한 예술가, 그의 예술관, 그의 창작기술 등이 서로 연결되어 있다. He's got *a Picasso* in his den(그는 자기 방에 피카소 한 점을 갖고 있다)에서 포착되는 환유는 생산자는 생산품을 대표한다이다. 환유는 정해진 체계적인 개념적 패턴을 따르는데, 생산자가 생산품을 대표하도록 하는 언어 특정적인 일반 원리가 있다. 즉, 이 개념적 환유에 근거하는 He bought *a Ford*(그는 포드 자동차 한 대를 샀다), I hate to read *Heidegger*(나는 하이데거의 책을 읽는 것이 싫다)처럼 예가 더 많다는 것이다.

1.2. 환유와 은유의 차이

이 절에서는 환유와 은유의 차이를 검토할 것이다.[2] 환유와 은유의 첫 번째 차이는 기능의 차이이다. Lakoff & Johnson(1980: 36)은 "은유는 원칙상 한 사물을 또 다른 사물에 비추어 생각하는 방식으로서, 그것의 주된 기능은 이해하는 것이다. 다른 한편, 환유는 주로 지시적 기능을 하며, 환유를 통해 한 실체가 또 다른 실체를 대표하게 된다"라고 말하면

---

[2] Lakoff & Johnson(1980)에서는 은유에 주로 집중하지만, 환유를 은유와 구분해야 하는 별도의 인지 과정으로 받아들인다.

서 은유와 환유가 서로 다른 종류의 인지 과정이라고 주장한다.[3] 다음의 예를 참조해 보자(Lakoff & Johnson 1980: 35).

(1) a. *Inflation* robbed me of my savings.(인플레이션이 내가 저축한 돈을 강탈해갔다.)
  b. *The ham sandwich* is waiting for his check.(햄샌드위치는 계산서를 기다리고 있다.)

(1a)는 은유로서, 사람의 특성이 인플레이션이라는 사물에 할당되어 사물을 사람에 비추어 이해한다. (1b)는 환유로서, ham sandwich가 햄샌드위치를 주문한 손님을 대표하고 그것을 가리키고 지시한다. 통상적으로 은유는 이해 기능을 암시하기 위해 A는 B이다로 표시하고, 환유는 지시 기능을 암시하기 위해 A는 B를 대표한다로 표시한다.[4]

환유와 은유의 두 번째 차이는 영역의 수에 관한 것이다. 은유는 두 개념적 영역 간의 관계로 기술되는데, 한 개념적 영역은 다른 개념적 영역에 비추어 이해된다. 두 영역 간의 관계는 근원영역 구조의 논리를 목표영역 구조의 논리로 사상하는 것으로 명시된다. 따라서 은유의 경우에는 영역 간 사상 또는 영역 외적 사상이 수반된다. 이와 대조적으로, 환유는 한 개념적 영역만 포함하며, 이 개념적 영역 내에서 사상이 발생한다.[5] 따라

---

[3] 은유와 환유의 이런 차이는 전형적으로 그 실현에서 반영된다. 은유는 종종 암시적 또는 명시적 언어 요소를 가진 술어 표현으로 기능하지만, 환유는 일반적으로 주어와 목적어로 기능하는 명사류 표현으로 기능한다.
[4] Lakoff & Turner(1989: 103)에서도 "도식 내의 한 실체가 동일한 도식 내의 다른 한 가지 실체나 도식 전체를 대표하는 것으로 간주된다"라고 말하면서, Lakoff & Johnson(1980: 35-40)과 마찬가지로 환유의 주된 기능을 지시로 본다.
[5] Lakoff & Turner(1989: 103)는 환유는 "하나의 개념적 영역만 포함한다. 환유적 사상은 영역들 사이에서가 아니라 단 하나의 영역 내에서 발생한다"라고 주장했다.

서 환유의 경우에는 영역 내 사상 또는 영역 내적 사상이 수반된다. 개념적 은유와 개념적 환유의 이런 차이는 다음과 같이 나타낼 수 있다(Evans & Green 2006: 313 참조).

(a) 개념적 은유

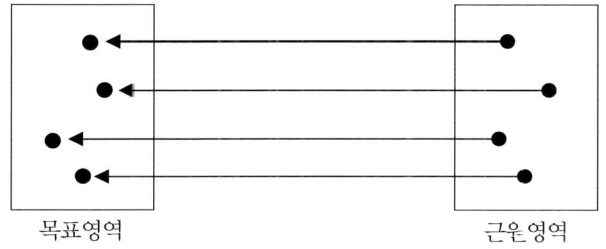

개념적 은유: 근원영역과 목표영역 사이의 영역 횡단 사상

(b) 개념적 환유

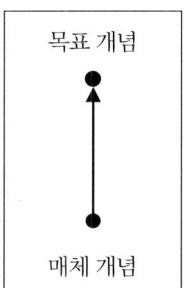

개념적 환유: 한 영역 내에서 매체 개념과 목표 개념 사이의 사상

그림 2-1 영역과 사상에 따른 은유와 환유의 구분

환유와 은유의 세 번째 차이는 사상의 방향성에 관한 것이다. 은유는 전형적으로 구체적인 근원영역을 이용하여 추상적인 목표영역을 구조화한다. 대개, 물리적 세계에서 나온 요소는 사회적·정신적 세계로 사상된다. 따라서 은유적 사상은 일반적으로 단일방향적이다. Kövecses(2010: 7)

는 이것을 단일방향성 가설(Unidirectionality Hypothesis)이라고 부른다. 이와 대조적으로, 환유의 경우에는 한 영역 전체가 그 영역 내의 부분으로 사상되거나 부분이 영역 전체로 사상되며, 또는 한 영역을 구성하는 두 부분들 간에서도 어느 방향으로든 사상이 이루어진다. Radden & Kövecses(1999: 22)에 따르면, "원칙상, 관련된 두 개의 개념적 실체 중 어느 하나는 다른 하나를 대표할 수 있다. 즉, 은유와 달리 환유는 기본적으로 가역적(reversible) 과정이다." 이것은 *healthy* complexion(건강한 안색)으로 표명되는 원인은 결과를 대표한다와 *slow* road(더딘 길)로 표명되는 결과는 원인을 대표한다 같은 환유의 쌍을 고려해 보면 명확해진다.[6]

환유와 은유의 네 번째 차이는 사상의 본질, 특히 사상의 수에 관한 것이다. Ruiz de Mendoza(1997, 2000)는 사상 과정의 본질에 비추어 두 가지 유형의 은유가 존재한다고 주장한다. 한 가지 유형은 일대응 은유(one-correspondence metaphor)이고, 다른 하나는 다대응 은유(many-correspondence metaphor)이다. 이것을 그림으로 나타내면 다음과 같다 (Herrero 2006: 171 참조).

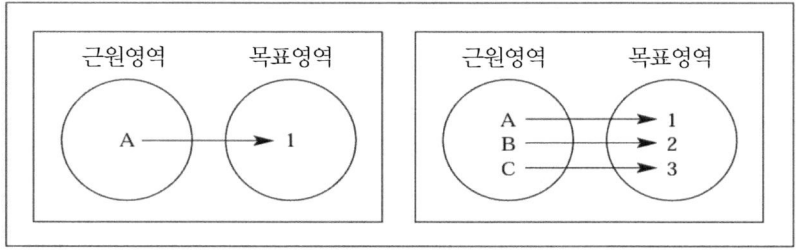

그림 2-2 일대응 은유와 다대응 은유

---

[6] *healthy* complexion에서 '건강한 안색'이라는 원인이 그것의 결과인 '좋은 건강'을 대표하고, *slow* road에서 '더딘 길'이라는 결과가 그것의 원인인 '좋지 못한 도로 사정'을 대표한다.

일대응 은유의 예는 Achilles is a lion(아킬레스는 사자이다)이다. 이것을 일대응 은유라고 부르는 이유는 근원영역의 전체 개념적 구조에서 윤곽 부여되는 사자의 행동이라는 단 하나의 속성이 사람의 행동이라는 사람의 영역으로 사상되기 때문이다. 이 은유는 **사람은 동물이다**라는 개념적 은유의 실례이다. 이와 대조적으로, 다대응 은유의 경우에는 근원영역과 목표영역 간에 다대응이 있다. 연인/부부는 여행자이고, 연인/부부의 공통된 목표는 여행의 목적지이다 등이 있는 **사랑은 여행이다**가 그 예이다. 즉, 이 개념적 은유는 모두 다 갖춘 체계적 대응의 집합을 포함하므로 다대응 은유라고 부른다. 이 개념적 은유의 다대응 사상은 다음과 같이 나타낼 수 있다.

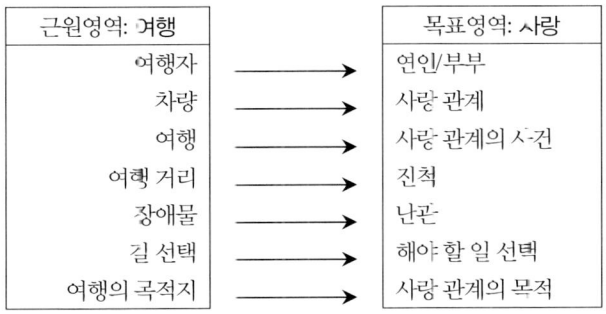

그림 2-3 **사랑은 여행이다**의 다대응 사상

Ruiz de Mendoza(2000)는 환유의 모든 유형을 부분-전체와 전체-부분이라는 두 가지 일반적인 범주로 축소하는 것이 가능하므로, 부분-부분 환유는 없다고 주장한다. 이로써 환유는 본래 일대응 사상의 경우로서, 이것은 '근원 속 목표 환유(target-in-source metonymy)'와 '목표 속 근원 환유(source-in-target metonymy)'로 나뉜다. 전자의 경우에는 근원 전체가 목표 하위 영역을 대표하는데, 이런 유형은 큰 지식 구조의 적절한 부분만을 부각하는 것에 따른 영역 축소(domain reduction)를 수반한다. 후자의 경우에는 근원 하위 영역이 목표 전체를 대표하는데, 이것은 영역 확장(domain extension)을 수반한다. 다음 그림을 참조해 보자(Herrero 2006: 172 참조).

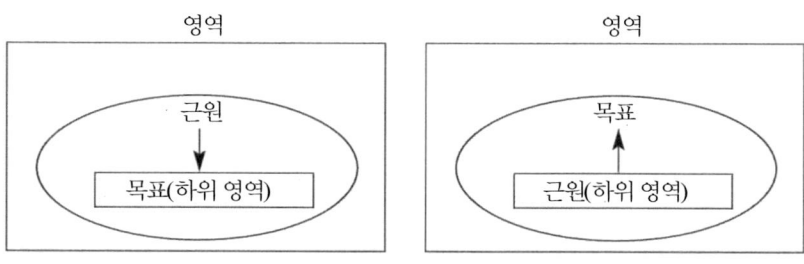

그림 2-4 근원 속 목표 환유와 목표 속 근원 환유

근원 속 목표 환유의 예는 Wall Street is in a panic(미국 금융계는 공황에 빠져 있다)이다. 이 예에서 목표인 주식거래가 근원 월스트리트 속에 있다. 목표 속 근원 환유의 예는 The ham sandwich is waiting for his check(햄 샌드위치가 계산서를 기다리고 있다)이다. 이 예에서 근원인 햄샌드위치가 목표인 손님 속에 있는 것으로 개념화된다. 이것을 그림으로 나타내면 다음과 같다(Herrero 2006: 172 참조).

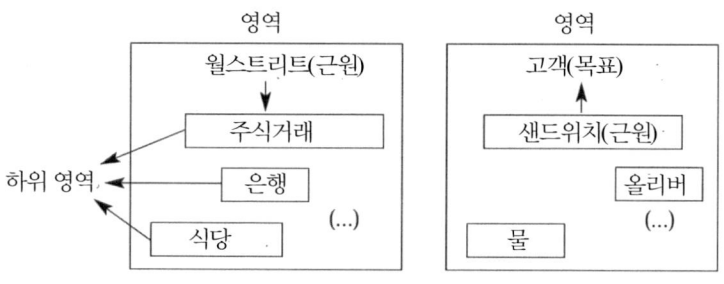

그림 2-5 근원 속 목표 환유와 목표 속 근원 환유의 예

이러한 Ruiz de Mendoza(2000)의 모형에서 한 가지 장점은 이 모형이 이중 환유(double metonymy) 또는 연쇄 환유(chained metonymy)를 정밀하게 설명한다는 것이다(Ruiz de Mendoza & Pérez-Hernández 2001, Hilpert 2010). I enjoyed Plato(나는 플라톤을 즐겼다)에서는 '플라톤'이 '플라톤의 작품'을 대표한다. 이것은 저자가 그의 작품이 영역-하위 영역 관계에 있는 근원 속 목표 환유이다. 이것은 이중 환유가 아니라 단일 환유(single metonymy)이다. 하지만 발화 Plato is on the top shelf(플라톤이 꼭대기 선반 위에 있다)는 저자는 작품을 대표한다 환유만으로는 설명될 수 없다. 왜냐하면 이 예에서는 작가로서의 플라톤 활동의 직접적인 결과물인 그의 작품을 가리키는 것이 아니라, 그의 생각을 책이나 원고 같은 특정한 매개물로 표현한 것을 가리키기 때문이다. 따라서 '플라톤의 작품'이 '그의 작품의 표본'을 대표하는 다른 환유가 필요하다. 즉, 이 발화는 이중 환유의 예이고, 이것은 저자는 작품을 대표하고, 작품은 매개물을 대표한다로 요약될 수 있다(Ruiz de Mendoza & Díez 2004: 311).

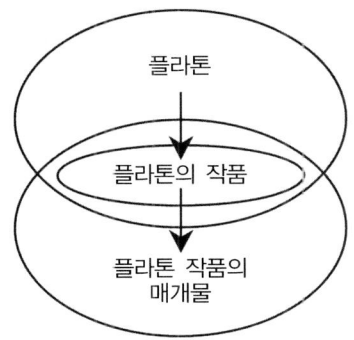

그림 2-6 작가는 작품을 대표하고, 작품은 매개물을 대표한다 환유

근원 속 목표 환유와 목표 속 근원 환유 간의 구분은 조응소의 사용과

어느 정도 관련이 있다. 쟁점이 되는 것은 조응 지시가 환유적으로 사용된 표현의 문자적 의미에 가능한가 또는 잠재적 조응소가 환유적 의미에 국한되는가 하는 것이다. Fauconnier(1994: 5-6)는 이를 예증하고자 다음 예를 제시한다.

(2) a. Plato is on the top shelf. *It* is bound in leather.(플라톤은 책꽂이 제일 위에 있다. 그것은 가죽으로 장정되어 있다.)
   b. Plato is on the top shelf. You'll find *he* is a very interesting author. (플라톤은 책꽂이 제일 위에 있다. 당신은 그가 매우 흥미로운 작가라는 것을 발견하게 될 것이다.)
(3) a. The mushroom omelet left without paying the bill. *He* jumped into a taxi.(머쉬룸 오믈렛은 계산하지 않고 가버렸다. 그는 택시에 뛰어 올랐다.)
   b. *The mushroom omelet left without paying. *It* was inedible.(*머쉬룸 오믈렛은 계산하지 않고 가버렸다. 그것은 못 먹는 거였다.)

(2)에서 **저자는 작품을 대표한다** 환유는 '작품'이라는 환유적 해석을 가리키는 조응소와 '저자'라는 문자적 의미를 가리키는 조응소라는 조응소의 두 가지 유형을 모두 허용한다. (3)에서 환유 **주문 음식은 고객을 대표한다**의 경우에서는 상황이 다르다. 목표에 개념적으로 연결된 조응소를 사용하는 것만이 가능하고, 근원을 가리키는 조응소는 수용 불가능한 발화를 초래한다.

Ruiz de Mendoza & Díez(2002, 2004)는 "환유적 명사구가 문장에서 나타날 때마다 모체영역만 조응 지시에 이용 가능하다"라는 영역 유효성 원리(Domain Availability Principle)로 환유적 조응 지시를 설명한다. 저자는 **작품을 대표한다**는 근원 속 목표 환유이지만, **주문 음식은 손님을 대표한다**는 목표 속 근원 환유이다. 이것은 (3)의 두 문장 간의 차이를 설명해 준다. 손님만이 조응 지시에 이용 가능한데, 이는 그것이 모체영역이기 때문이다. 그렇다면 왜 (2)에서처럼 **저자는 작품을 대표한다** 환유의 경우에 서로 다른 조응소를 사용하는 것이 가능한가 하는 질문이 제기된다. 그 이유는 그것이 실제로 이중 환유이기 때문이다. 따라서 언어 사용자는 원칙상 조응 지시를 위해 두 모체영역 중 하나를 선택할 수 있다. 이것은 다음과 같은 발화를 유발할 수 있다.

(4) *Plato is on the top shelf. He is bound in leather.(*플라톤은 책꽂이 제일 위에 있다. 그는 가죽으로 장정되어 있다.)
(Ruiz de Mendoza & Díez 2004: 307)

하지만 조응소의 선택은 더 나아가 영역 결합성 원리(Domain Combinability Principle)의 제약을 받는다. 즉, "두 영역이 환유적 명사에 대한 조응 지시에 대해 이용 가능할 때마다, 우리는 조응 대명사를 포함하고 있는 문장의 술어와 의미적으로 더 일치하는 영역을 선택하는 경향이 있다"(Ruiz de Mendoza & Díez 2004: 311). 특성 '가죽 제본'이 작가의 영역이라기보다는 책의 영역에 속한다는 것은 (4)과 같은 경우를 배제하며, 이것은 (2a)가 선호되는 이유이다. 같은 맥락에서 (2b)는 서술이 작품이 아니라 작가를 가리키기 때문에 가능하지만, 조응소 it의 사용은 이 경우에 배제된다.

환유와 은유의 다섯 번째 차이는 사상의 본질, 특히 사상의 대칭성에 관한 것이다. Zhang(2016: 10-11)은 환유의 사상은 비대칭적이고, 은유의 사상은 대칭적이라고 주장한다. 은유에서는 근원영역과 목표영역 둘 다가 적어도 추상적인 영상도식적 구조의 부분을 공유하므로, 은유적 사상은 대칭적이다. 하지만 은유와는 달리, 환유적 매체는 그 개념적 구조를 대응 요소들을 체계적으로 일치시켜 목표의 개념적 구조로 투사하지 않는다.

환유적 투사는 목표가 활성화되는 개념적·언어적 원근법을 부과하고, 이런 활성화는 매체에서부터 목표로의 주의 전이를 함의한다. 이런 의미에서 환유는 비대칭적 사상으로 간주될 수 있다.

1.3. 환유와 은유의 상호작용

환유와 은유는 인간의 개념적 체계에 구조를 제공하는 데 기여하는 별개의 인지 과정으로 간주된다. 은유와 환유 모두 개념적 현상이고 원칙상 동일한 개념적 영역과 관련 있다고 한다면, 개념적 체계 내에서 은유와 환유의 상호작용에 관한 질문이 제기된다. 따라서 이 절에서는 은유와 환유가 상호작용하는 방식을 논의할 것이다.

1.3.1. 은환유

Goossens(1990, 2003)는 환유와 은유의 상호작용을 다루기 위해 은환유(metaphtonymy)라는 용어를 만들고, 이것의 몇 가지 하위 유형을 식별한다. 환유로부터의 은유(metaphor from metonymy)와 환유 속 은유(metaphor within metonymy)/은유 속 환유(metonymy within metaphor)가 그것이다. 환유로부터의 은유는 두 가지 기제의 순차적 작용을 가리키고, 은유 속 환유/환유 속 은유는 동시적·병행적 상호작용을 가리킨다.

환유로부터의 은유라는 은환유의 첫 번째 유형에서는 은유가 환유적 관계에 기초한다. 즉, 은유가 실제로는 환유로부터 삶을 시작하고, 시간이 지나면서 근원영역과 목표영역 간의 연결이 더욱 멀어져 환유가 은유로 조금씩 변해간다는 것이다. 환유로부터의 은유에 대한 가장 대표적인 예는 동사 giggle이다. 이 동사는 글자 그대로 '킥킥 웃다'를 의미한다. 하지만 다음 예를 보자.

(5) 'Oh dear,' she giggled, 'I'd quite forgotten'.('맙소사', '거의 잊어버렸 군'이라고 그녀는 킥킥 웃으면서 쾌활하게 말했다.)

이 문장에서는 giggle이 '킥킥 웃으면서 쾌활하게 말하다'라는 환유적 의미로 사용될 수 있다. 더 나아가 이 동사가 '킥킥 웃는 것처럼 쾌활하게 말하다'로 해석될 때는 환유적 의미로부터 은유적 해석으로 확장된 것으로 간주된다. 따라서 giggle이 '킥킥 웃다'라는 비언어적 영역에서 '쾌활하게 말하다'라는 언어적 행동의 영역으로 사상된다. 구스스는 이런 환유적 해석이 비언어적 영역에서 언어적 행동 영역으로의 사상을 요구하는 은유적 해석의 기초가 된다고 주장한다. 이것을 그림으로 나타내면 다음과 같다(Goosens 1999: 194).

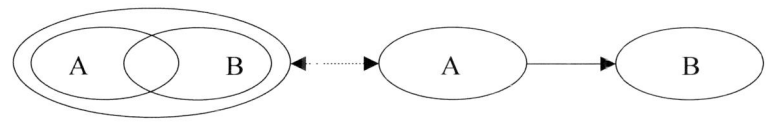

그림 2-7 환유로부터의 은유

이 그림에서 왼쪽의 타원형이 있는 두 영역 A와 B는 하나의 영역모체(domain matrix) 안에서 서로 뒤얽혀있다. 이것은 환유적 해석을 나타낸다. 오른쪽에 있는 두 영역은 서로 분리되어 있다. A(킥킥 웃다)는 B(쾌활하게 말하다)로 사상된다. 이것은 은유적 해석을 나타낸다. 하지만 점선 화살표가 가리키듯이, 이 두 영역이 하나의 영역모체 안에서 서로 뒤얽혀 있을 가능성과 함께 여전히 개념적 연결이 있다.

또 다른 예를 보자.

(6) There's no need to get so hot under the collar.(그렇게 화낼 필요는 없다.)

이 표현은 누군가가 압박을 받으면 실제로 깃 아래가 뜨거워진다는 것처럼 문자적 표현에서 시작했었을 수 있다. 하지만 시간이 지나면서 hot under the collar는 스트레스를 받거나 화가 나는 것을 환유적으로 대표하게 되었다. 그리고 마지막으로 누군가가 글자 그대로 깃 아래가 뜨거워진다고 느끼지 않고서 화라는 추상적 감정에 관해 이야기할 때 hot under the collar가 사용된다면, 이것은 은유가 된다.

환유로부터의 은유에 대한 또 다른 예는 close-lipped라는 표현이다. 이 표현은 '침묵'이라는 환유적 의미로 해석된다. 즉, 우리가 입술을 다물고 있을 때는 보통 침묵하고 있는 것이며, 입술을 다물고 있는 것은 환유적으로 침묵을 대표한다. 하지만 이 표현은 말은 하지만 필요한 정보를 누설하지 않는다는 '입이 무거운'을 의미할 수도 있다. 이런 해석은 은유적인데, 왜냐하면 필요한 정보를 누설하지 않는 것은 침묵과 관련해 이해되기 때문이다. 구슨스는 입술을 다물고 있는 것이 침묵을 대표할 수 있기 때문에 은유적 해석이 가능하다는 점에서 은유에 환유적 기초가 있다고 주장한다. 따라서 이것은 환유로부터의 은유이다.

은환유의 두 번째 유형은 은유 속 환유이다. 이런 환유는 두 개의 영역 A와 B에서 공통된 요소인 신체 부위를 필요로 한다. 이것은 다음과 같은 그림으로 나타낼 수 있다.

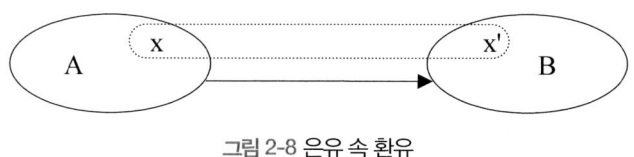

그림 2-8 은유 속 환유

이 그림에서 공통된 요소인 신체 부위는 x로 나타낸다. 이 요소가 두 영역에서 서로 다르게 기능하기 때문에 x와 x'로 구분된다.

이 유형을 위해 Goossens(1990)에서 채택한 다음 예를 고려해 보자.

(7) She caught the Prime Minister's ear and persuaded him to accept her plan.(그녀는 국무총리의 주의를 끌어서 자신의 의견을 수용하도록 설득했다.)

이 예는 은유 주의는 이동하는 물리적 실체이다에 의해 인가되는데, 이 은유에 따르면 주의는 잡아야 하는 이동하는 실체(수상의 귀)에 의해 이해된다. 이 은유 내에는 또한 환유 귀는 주의를 대표한다가 있는데, 여기서 귀는 이 은유에서 주의의 개념에 대한 매체로 기능하는 신체 부위이다. catch someone's ear로 환기되는 사냥 장면이 비유적으로 해석된다는 점에서, 이런 예는 은유적이다. 그러나 이런 은유 내에서 구성소 ear는 그 사람의 청각 주의를 대표하기 때문에 환유적 해석을 받는다. 따라서 이 예에서는 환유가 은유 안에 있는 것이다.

또 다른 다음 예를 보자.

(8) Don't shoot your mouth off.(경솔하게 말하지 마세요.)

shoot your mouth off는 '사실을 모르면서 경솔한 말을 하다'를 의미한다. 목표영역은 무기를 경솔하고 비통제적으로 사용하는 것에 관한 것이다. 총을 경솔하게 사용하는 것은 신중하지 않은 언어적 행동으로 사상된다. mouth가 무기 사용에 관한 장면에 통합됨으로써, 그것은 목표영역에 있는 총의 특성을 갖는 것으로 재해석된다. 이것은 목표영역에서의 은유화이다. 하지만 근원영역에는 '입을 경솔하게 사용하다'에 해당하는 해석이 있다. 여기에서 mouth는 speech faculty에 대한 환유이다. mouse를 nose나 eyes 같은 말하는 행동에서 기능할 것 같지 않은 신체 부위로 대체해 보면, 이 환유의 중요성이 명확해질 것이다.

은환유의 세 번째 유형은 환유 속 은유이다. 이런 유형의 예는 get up on one's hind legs이다. 이것은 '사람들 앞에서 무슨 말을 하기 위해 일어서다'를 의미한다. 이 표현의 특이성은 hind라는 단어를 삭제하면 가장 잘 드러난다. get up on one's legs도 '대중들 앞에서 무슨 말을 하기 위해 일어서다'를 의미하며, 이것은 환유이다. 즉, 누군가가 일어서고, 대중들 앞에서 무슨 말을 하는 전체 장면이 있다는 것이다. hind를 추가하게 되면 동물이 일어서는 것으로 재해석할 수 있다. 이때의 해석은 은유적 해석이다. 환유에 대한 인식을 가지고 이 표현을 처리해야만 이것을 환유 속에 내포된 은유로 간주할 수 있게 된다.

1.3.2. 은유에 대한 환유적 기초

은환유라는 환유와 은유의 상호작용 외에, 환유와 은유의 경험적 기초에 관한 연구도 있었다. Lakoff & Johnson(1980)은 많은 은유에 경험적 기초가 있다고 주장한다. 예컨대, 다음과 같은 은유를 보자.

(9) a. John got the highest score on the test.(존은 시험에서 가장 높은 점수를 받았다.)
 b. Mortgage rates have fallen.(주택 융자 금리가 떨어졌다.)
 c. Inflation is on the way up.(인플레이션이 상승 중이다.)

이런 은유는 **양** 영역과 **수직상승** 영역을 연관 짓는다. 즉, 우리는 많은 양은 높은 높이와 관련해 이해하고, 적은 양은 낮은 높이와 관련해 이해한다. 레이코프와 존슨 같은 개념적 은유를 연구하는 학자들은 개념적 사상의 이러한 관습적 패턴이 널리 퍼져 있는 일상 경험에 직접적으로 기초한다고 주장한다. 예컨대, 유리잔에 액체를 부으면, 액체의 높이와 양이 증가한다. 이것은 높이와 양의 상관성에 대한 전형적인 예이다. 마찬가지로 물건을 더미 위에 쌓으면, 높이의 증가는 양의 증가와 상관성을 이룬다. 높이와 양의 이러한 경험적 상관성(experiential correlation)은 많음은 위이다라는 개념적 은유를 동기화한다. Grady(1997), Lakoff & Johnson(1999), Grady & Johnson(2003)에서는 우리가 이러한 경험적 상관성을 매우 어릴 때부터 경험한다고 주장한다.

어떤 학자들은 경험적 상관성이 환유적이고, 환유는 은유보다 인간의 개념적 체계에 더욱 근본적인 작용이라고 주장한다(Barcelona 2003a; Radden 2003). 특히, Barcelona(2003b: 31)는 "모든 은유적 사상은 사전의 환유적 사상을 전제한다"라고 제안하기까지 한다. 은유에 환유적 기초가 있을 수 있는 한 가지 명확한 방식은 경험적 상관성의 개념과 관련이 있다. Radden(2003)이 지적하듯이, 경험적 상관성은 그 본질이 환유적이다. 예컨대, 유리잔 안에 액체를 부을 때처럼 높이가 양과 상관성이 있을 때 상당한 높이는 글자 그대로 양의 증가와 대응한다. 이런 상관성이 비싼 가격과 같은 추상적 영역에 적용될 때 구슨스가 말하는 환유로부터의 은유라 할 수 있다.

그러나 Taylor(2003: 139)는 "모든 은유적 연상이 환유에 기초한다고 간주하는 것은 매력적"이지만 몇 가지 반례가 있다고 주장한다. 이런 반례에는 loud colour(화려한 색채)에서처럼 한 감각 영역이 또 다른 감각 영역의 관점에서 이해되는 공감각적 은유(synaesthetic metaphor)가 있다. 이와 같은 예는 모든 은유가 환유에 기초한다는 주장에 문제를 제기하는데, 왜냐하면 시끄러움과 색채 사이의 경험에서 은유에 동기를 부여하는 밀접한 상관성이 없는 것처럼 보이기 때문이다. Barcelona(2003c)는 이와 같은 은유에도 환유적 기초가 있다고 주장한다. 그는 loud colour 같은 표현을 인가하는 은유가 근원영역인 소리의 전체 영역과 관련되는 것이 아니라 일탈적 소리라는 하위 영역과 관련 있다고 제안한다. 바르셀로나에 따르면, 이런 소리는 규범으로부터 일탈해서 무의식적인 주의를 끌기 때문에 일탈적이다. 이것은 은유에 대한 환유적 기초를 제공한다. 일탈적인 시끄러운 소리와 주의 끌기 사이의 경험에 밀접한 상관성이 있기 때문에, 일탈적 소리는 무의식적인 주의 끌기를 환유적으로 대표할 수 있다. 이런 이유 때문에 일탈적 소리의 하위 영역이 또한 무의식적인 주의를 끄는 일탈적 색채를 이해하는 데 은유적으로 이용될 수 있다.

2. 환유와 제유

이 절에서는 환유와 제유(synecdoche)를 비교하면서 환유의 경계를 설정할 것이다. 특히 레이코프와 동료들의 견해 및 Seto(1999)의 견해에 기초해서 환유와 제유를 비교할 것이다. 전자의 견해에서는 제유를 환유의 하위 유형으로 분류하지만, 후자의 견해에서는 환유와 제유를 별개의 것으로 분류한다.

아리스토텔레스의 『수사학』에서 유-종 관계는 처음에 은유의 한 종류로 간주되었다. 하지만 이런 견해는 재빨리 단념되면서 다른 접근법들로 대체되었다. 따라서 전통 수사학에서는 세 가지 주된 비유법을 구분했는데, 유추에 기초한 은유, 인접성에 기초한 환유, 유-종(genu-speciess) 관계와 부분-전체(part-whole) 관계에 기초한 제유가 그것이다. 이것을 그림으로 나타내면 다음과 같다(Nerlich & Clarke 1999: 198).

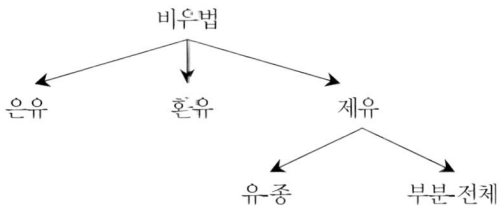

그림 2-9 고전 수사학의 비유법 분류

야콥슨의 은유-환유 이분법에서, 전통적인 제유는 환유에 포함되었다. 결과적으로, 유-종 관계와 부분-전체 관계는 환유로 간주되었으며, 이런 전통은 **부분은 전체를 대표한**다라는 제유를 환유로 명명하는 Lakoff & Johnson(1980), 유-종 관계인 '피임약'을 가리키는 pill을 환유 목록에 포함한 Kövecses & Radden(1998), 그리고 Barcelona(2003)의 연구에서 여전히 매우 활발하다.[7]

전통 수사학에서 부분이 전체를 대표하는 관계인 제유는 부분이 전체를 대표하거나 전체가 부분을 대표하는 관계인 환유의 하위 유형으로 간주된다. 제유는 물리적 실체들 간의 부분-전체 관계와 범주의 한 구성원이 범주 전체를 대표하는 범주 관계 모두 포함하는 것으로 간주된다. Lakoff & Johnson(1980: 36)을 비롯한 다른 인지언어학자들은 제유에 대한 이런 전통적인 정의를 따른다. Lakoff(1987)도 범주 관계를 환유에 포함한다. 그는 환유 모형을 개체의 환유 모형(metonymic model of individual)과 범주의 환유 모형(metonymic model of category)으로 나눈다. 개체의 환유 모형에서는 물리계 속의 한 실체가 또 다른 실체를 가리키는 데 사용된다. **주문 상품은 고객을 대표한**다가 그 예이다. 범주의 환유 모형에서는 범주의

---

[7] Halliday(1994 [1985]: 10장)에서는 제유를 환유로부터 분리하지만, 그것을 계속 부분-전체 관계에 의해 정의했다.

한 구성원이 범주 전체를 대표한다. 그가 논의한 예는 어머니 범주의 환유 모형이다. 여기에서 '가정주부인 어머니'라는 한 구성원이 어머니라는 범주 전체를 대표한다.[8] 범주의 환유 모형은 원형 효과(prototype effect)의 근원이 된다. 위의 예에서 가정주부인 어머니는 mother에 대한 범주 구조의 원형적 경우이고, 계모, 대리모, 양모 같은 어머니의 다른 구성원은 덜 대표적이다.

Seto(1999: 91-92)는 제유를 환유와 독립적으로 정의해야 한다고 주장한다. 그는 환유를 실체 관련 전이(entity-related transfer)로 정의한다. "환유는 실세계 속의 한 실체와 또 다른 실체 사이에서 화자가 생각하는 공시적 인접성에 기초한 지시적 전이 현상이다. 그리고 제유는 범주 관련 전이(category-related transfer)로 정의한다. "제유는 포괄적인 범주와 덜 포괄적인 범주 간의 의미적 포함에 기초한 개념적 전이 현상이다." 세토의 비유법 분류는 다음과 같이 나타낼 수 있다.

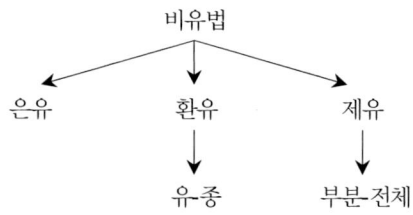

그림 2-10 세토의 비유법 분류

세토는 환유와 제유의 분류 방법이 이처럼 다양하고 합의가 이루어지지 않는 이유를 전체와 부분의 개념이 불명확하기 때문이라고 지적한다. 그는 전체-부분 관계가 환유와 제유 외의 다른 분야에서 명시되었다고 말한

---

8   이 환유는 사회적 고정관념에 기초하고, 우리의 문화적 기대치를 반영한다.

다. tree(나무)와 fir(전나무)의 관계처럼 범주와 구성원 간의 관계는 분류법(taxonomy)이라고 부른다(그림 2-11 참조). 이것은 제유의 경우로서, '종류' 관계이다. 이에 반해, body(몸)와 arms(팔)의 관계처럼 한 실체와 그 부분 간의 관계는 부분 관계(meronomy)라고 부른다(그림 2-12 참조). 이것은 환유의 경우로서, '부분' 관계이다(Seto 1999: 93).

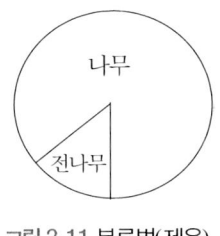
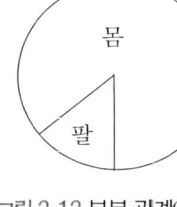

그림 2-11 분류법(제유)   그림 2-12 부분 관계(환유)

환유와 제유가 자주 혼동되는 이유는 그림 2-11과 그림 2-12가 똑같아 보인다는 것이다. 그는 '전나무'를 '나무'의 부분이라고 보는 것에는 잘못된 것이 없지만, 이와 같은 제유에 관한 분류법에는 실세계에서 상응하는 형태가 없음을 강조한다. 즉, "분류법은 우리 마음속에서 범주적 위계(즉, 하의관계)를 인식하는 것에 기초한다"(Seto 1999: 94). 이에 반해, 환유에 대한 부분 관계는 실세계에서 인접성을 지각하는 것에 기초한다.

세토가 가정하기로, 부분 관계에 기초한 지시적 전이는 환유의 경우이지만, 분류법에 기초한 범주적 전이는 제유의 경우이다. 결과적으로, 제유에는 종은 속을 대표한다와 속은 종을 대표한다라는 두 가지 유형만 있다. 전자의 유형에서는 덜 포괄적인 범주(종)가 더 포괄적인 범주(속)로 전이된다. 합성어 pencil case(연필통)는 전자의 유형에 해당하는 제유의 예로서, pencil의 지시적 범위는 확장되어 일반적인 '필기도구'를 의미한다(Seto 1999: 114). 제유의 다른 유형에서는 더 포괄적인 범주(속)가 덜 포괄적인 범주(종)로 전이된다. 예컨대, I have a temperature(나는 열이 있다)에서 일반 명사 temperature는 '열'이라는 특정한 의미로 사용된다. 이런 예들은 제유가 범주 관련 전이라는 것을 암시한다. She's just a pretty *face* (그녀는 예쁜 얼굴이다)에서 face 같은 부분 관계의 경우는 환유에 포함되어야 하는데, 왜냐하면 그 전이는 사람과 그의 얼굴이라는 실세계 속의 두 실체에 관한 것이기 때문이다.

3. 환유와 활성역

이 절에서는 환유의 범위에서 활성역(active zone) 현상을 배제하여 그 경계를 설정할 것이다. Langacker(1990: 190)는 활성역을 "일정한 관계에 직접적으로 참여하는 궤도나 지표의 부분"으로 정의했으며, Langacker (1993: 31)에서는 환유가 활성역 현상과 중복된다고 지적한다. 즉, 한 실체의 활성역이란 특정한 관계에 가장 직접적이고 가장 중요하게 참여하는 특정 부분이며, 이것이 환유와 중복된다는 것이다. 다음 예를 보자.

　　(10) Your dog bit my cat.(당신 개가 내 고양이를 물었다.)

위의 예에서 탄도체 dog의 전체와 지표 cat의 전체가 아니라 초점 지역 (focal area)이 동사 bite가 가리키는 '물기 관계'에 참여한다. 이 경우에는 개의 이빨과 턱이 그런 초점 지역, 즉 활성역이다.

　래내커의 활성역 개념에서 중요한 것은 활성역이 현저한 별도의 부분이나 명확히 한정된 지역이 아니라는 것이다. 더욱이 Langacker(1990: 190)가 말하듯이, "어떤 지역은 다른 지역보다 관계적 개념에 더 직접적이고 더 중심적으로 참여한다." 다음 예를 보자.

(11) a. Roger ate an apple.(로저는 사과를 먹었다.)
　　 b. Roger heard a noise.(로저는 소음을 들었다.)
　　 c. Roger walked faster.(로저는 더 빨리 걸었다.)
　　 d. Roger is digesting.(로저는 음식을 소화하고 있다.)

위의 예에서, 일차적 참여자인 주어가 동사가 가리키는 관계에 참여할 때, 동일한 탄도체 로저(Roger)의 서로 다른 선택된 국면이 활성화된다. (11a)에서는 로저의 '입'이 활성역이고, (11b)에서는 로저의 '귀', (11c)에서는 로저의 '다리', (11d)에서는 로저의 '소화기관'이 활성역이다.

더 나아가 Langacker(1999: 63)는 "활성역은 윤곽부여된 실체의 하위 부분에 국한되지 않는다. 더 일반적으로 그것은 그 실체와 연상될 필요가 있다"라고 주장한다. 이것은 다음으로 예증된다.

(12) a. I'm in the phone book.(나는 전화번호부에 들어 있다.)
　　 b. Kettle is boiling.(주전자가 끓고 있다.)
　　 c. That car doesn't know where he's going.(그 자동차는 그가 어디로 가고 있는지 모른다.)

위의 문장에서 목표 개념인 활성역은 각각 화자의 '이름과 전화번호', 주전자 안에 든 '물', 자동차의 '운전자'이다. 여기에서 래내커의 제안은 논란을 일으킨다. 왜냐하면 래내커가 활성역 현상으로 간주하는 문장 (12)의 표현들을 대부분의 연구자는 원형적 환유라고 주장하기 때문이다. 사실상 Langacker(2000: 62)도 활성역 현상이 "한 중추적 실체(여기에서 한 부분)가 연상되는 또 다른 실체(전체)를 가리키는 용어를 통해 간접적으로만 지시되는 일종의 환유를 보여 준다"고 주장한다.[9]

---

[9] Taylor(2002: 6.3절)와 Radden & Dirven(2007)도 래내커의 이 주장에 전적으로

래내커의 주장처럼 활성역 현상이 사실 환유의 한 종류라고 하면, 그것이 어떤 종류의 환유인가 하는 질문이 발생한다. 래내커가 제시한 활성역의 예들에서 볼 수 있는 한 가지 특징은 그것이 모두 전체로부터 부분으로의 전이나 부분으로부터 부분으로의 전이라는 것이다. Langacker(2000: 63)는 이것을 그림 2-13으로 나타낸다. 이 그림에서 tr(탄도체)과 lm(지표)은 환유의 매체(근원)를 나타내고, az(활성역)은 목표를 나타낸다. 그림 2-13(a)에서 중심적인 관계적 참여자로 윤곽부여된 실체는 전체 개체로서, (10)에서 탄도체인 개와 지표인 고양이가 그런 전체 개체이다. 하지만 이런 개체들의 선택된 부분만이 윤곽부여된 관계[10]에서 직접적으로 나타나서 활성역을 구성한다. 이 경우에 전체인 탄도체(개)와 지표(고양이)는 그 부분에 해당하는 활성역을 대표하거나 그것으로 전이된다. 그림 2-13(b)는 (12)의 상황을 나타낸 것이다. 탄도체(나, 주전자, 자동차)는 그것과 연상되는 특정 부분인 활성역을 대표하거나 그것으로 전이된다. 이 경우에는 탄도체 자체도 하나의 부분이다.

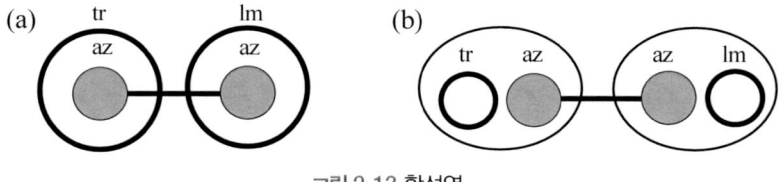

그림 2-13 활성역

래내커가 제시한 활성역의 예들에 공통적인 것이 있는 것 같지만, 실제로는 예마다 상당한 차이를 보인다. 첫째, 예 (10)과 (11)에서 활성역은 대

　　동의한다.
[10] 윤곽부여된 관계는 그림에서 굵은 선으로 표시된다.

개 비결정적이고 모호하다. 다시 말해, 이 예들은 화자가 목표 개념을 정확하고 타당하게 가리킬 수 없을 때 활성역 현상에 호소한다는 것을 암시한다. 외관상 명확한 이런 경우에서도 이빨은 명사구 your dog의 목표, 즉 활성역이 아니다. 그것이 목표라면 (13a)와 같은 문장은 완벽하게 정상적이고, (13b)은 이상하게 들려야 할 것이다.[11]

(13) a. ??Your dog's teeth bit my cat.(??당신 개의 이빨이 내 고양이를 물었다.)
  b. Your dog bit my cat with its sharp teeth.(당신 개가 날카로운 이빨로 내 고양이를 물었다.)

Taylor(2002: 110f)는 원형적인 활성역 현상으로 간주되는 다음 예를 제공한다.

(14) John kicked the table.(존은 테이블을 찼다.)

(14)에서 활성역은 차기에 수반되는 존 발의 모호한 부위와 그런 차기에 직접적으로 영향을 받는 테이블의 모호한 부분이다. 이 예는 목표가 독립적이고 자립적인 실체일 뿐만 아니라 쉽게 개념화되고 어휘화되기도 하는 원형적 환유인 예 (12)에서 볼 수 있는 것과는 매우 다르다.

래내커의 활성역 현상에 관한 논의에서 문제점으로 지적되는 환유와 활성역 간의 구분 문제를 해결하기 위해, 나는 Bierwiaczonek(2013)을 따라 다음과 같은 해결책을 지시하려 한다.

---

[11] (13b)에서는 활성역이 행동 도식의 또 다른 참여자인 도구로 해석된다. 이것은 행위자가 여전히 주된 참여자라는 것을 뜻한다.

(i) 부분은 부분을 대표한다는 환유의 하위 범주이다. (12)는 활성역 현상이 아니라 환유이다.
(ii) 부분이 명확히 개념화되고 어휘화되는 전체는 부분을 대표한다는 환유이다. 즉, 환유는 전체는 명확한 부분을 대표한다이다.
(iii) 부분이 명확히 식별되지 않는 개념적으로 모호한 지역인 전체는 부분을 대표한다는 활성역이다. 즉, 활성역 현상은 전체는 모호한 부분을 대표한다이다.

이런 해결책을 뒷받침하는 몇 가지 주장을 제시해 보자. 첫째, (12)와 같은 부분은 부분을 대표한다 환유는 직접적인 문법적 의역을 허용하지만 활성역에서는 의역을 허용하지 않는다. 문장 (12)는 (15)에서처럼 쉽게 의역되지만, 활성역 현상을 예증하는 문장 (11)은 (16)에서처럼 쉽게 의역되지 않는다. 아래 예는 Bierwiaczonek(2013: 44)에서 가져온 것이다.

(15) a. My name and phone number are in the phone book.(내 이름과 전화번호가 전화번호부에 들어 있다.)
b. The water in the kettle is boiling.(주전자 속의 물이 끓고 있다.)
c. That car's driver doesn't know where he is going.(그 자동차의 운전자는 자신이 어디로 가고 있는지 모른다.)
(16) a. $^{??}$Roger's mouth (and teeth) ate an apple.($^{??}$로저의 입(그리고 이)가 사과를 먹었다.)
b. $^{??}$Roger's ears heard a noise.($^{??}$로저의 귀가 소음을 듣는다.)
c. $^{??}$Roger's legs walked faster.($^{??}$로저의 다리가 더 빨리 걸었다.)
d. $^{??}$Roger's digestive system is digesting.($^{??}$로저의 소화계통이 음식을 소화하고 있다.)

전체는 부분을 대표한다 환유와 활성역 현상 간의 차이를 보여 주는 두 번째 주장은, 활성역과는 달리 (17)과 같은 이런 환유는 종종 술어와 논항

이 선택제약을 위배하지만, (11)과 같은 활성역 현상을 예증하는 문장에서는 선택제약이 위배되지 않는다는 것이다.

(17) a. The sax has flu.(색스폰 연주자는 독감에 걸렸다.)
b. The pork chop is waiting for his check.(폭찹을 주문한 손님이 계산서를 기다리고 있다.)

(17a)에서 '색소폰'이라는 전체 악기가 그것과 연상되는 '색소폰 연주자'라는 한 속성, 즉 한 부분을 대표하고, (17b)에서는 '폭찹'이라는 전체 음식이 그것과 연상되는 '폭찹을 주문한 손님'이라는 한 속성, 즉 한 부분을 대표하므로, 이 두 문장은 **전체는 부분을 대표한다** 환유의 언어적 실현이다. 이 두 예는 환유로만 해석 가능하고 환유로 받아들여질 수 있다. 색소폰이라는 악기는 독감에 걸릴 수 없고, 폭찹이라는 음식은 계산서를 기다릴 수 없기 때문에 선택제약을 위배한다. 하지만 여기에서 the sax와 the pork chop은 사람으로 해석되므로, have flu와 wait for a check으로 선택되는 평범한 인간 주체와 양립 가능한 것이다.

활성역 현상과 환유를 구분해야 한다는 세 번째 주장은 활성역 현상이 환유의 전형적인 특징인 조응 지시라는 동일성 전이를 보여 주지 않는다는 것이다. Nunberg(1995)에서 차용한 다음의 문장을 예로 고려해 보자.

(18) a. Yeats is still widely read even though most of it is out of print.(대부분이 절판되었지만 예이츠는 여전히 널리 읽힌다.)
b. *I punched Bill and it started to bleed.(*나는 빌을 주먹으로 쳤고, 그것에서 피가 흐르기 시작했다.)

(18a)에서 Yeats는 그의 시를 대표한다는 점에서 환유이다. 이 경우에 대

명사 it은 예이츠(인간)로부터 예이츠의 시(무생물)로의 환유적 전이를 통해 수용되어 조응 지시가 가능하다. 하지만 (18b)에서 Bill은 빌의 코라는 활성역에 대한 근원이고, 이 활성역에 대한 조응 지시는 불가능하다.[12]

요컨대, 활성역 현상은 환유와 중복되는 것이 아니라, 부분이 명확히 식별되지 않는 개념적으로 모호한 지역인 경우인 **전체는 부분을 대표한다**에 국한된다. 이에 반해 환유는 부분이 명확히 개념화되고 어휘화되는 **전체는 부분을 대표한다**와 **부분은 부분을 대표한다**에 국한된다는 것이다. 이 것을 그림으로 나타내면 다음과 같다.

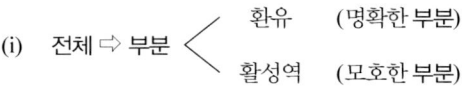

(i) 전체 ⇨ 부분 ⟨ 환유   (명확한 부분)
                활성역 (모호한 부분)

(ii) 부분 ⇨ 부분 ─── 환유

그림 2-14 활성역과 환유의 구분

이처럼 환유와 활성역을 분리함으로써 활성역의 범위에 속하는 언어적·개념적 현상은 줄어든다. 하지만 환유로 간주되었지만 활성역으로 간주되어야 하는 현상도 있다. 그런 한 가지 경우는 과장법(hyperbole)이다. 과장법은 척도상의 한 극단적 지점이 그 지점에 가까운 양을 대표하는 환유의 특별한 경우로 분석된다. 따라서 다음 문장에서 첫 번째 절의 과장법에서는 환유가 **범주 C의 없는 양(또는 수)은 범주 C의 적은 양(또는 수)을 대표한다**의 형태를 하고 있고, 두 번째 절의 과장법에서는 **모든 범주 C는 많은 범주 C를 대표한다**의 형태를 하고 있다.

---

[12] 활성역 현상과 환유를 분리한다고 해서 환유-활성역 연쇄의 경우를 배제하는 것은 아니다. 예컨대, I'm having my car fixed(나는 내 차를 수리 맡겼다)에서 명사류 car는 환유적으로 엔진이라는 부분을 대표하지만, 그것이 무엇인지 화자가 안다고 하면 수리되고 있는 엔진의 특정한 부분은 활성역으로만 접근할 수 있다.

(19) Nobody cares for French anymore; everybody's trying to learn English. (아무도 더 이상 프랑스어에 관심이 없다; 모든 사람은 영어를 배우고자 한다.)

위의 예에서 everybody와 nobody의 정확한 지시물은 이론상으로 개념화하고 어휘화하는 것이 가능하다. 하지만 과장법은 보통 그런 정확한 수나 양이 이용 가능하지 않을 때 사용되기 때문에, 그것은 환유에 매우 가깝긴 하지만 활성역 현상으로 간주되어야 한다.

4. 환유와 원근화법화

이 절에서는 원근화법화(perspectivisation)가 환유의 형태로 간주되는가 하는 질문을 다룰 것이다. 이것은 Pustejovsky(1995)가 말하는 복합 사물(dot object)을 어떻게 다룰 것인가 하는 문제와 관련이 있다. 즉, 복합 사물이란 그 의미적 표상이 상호 의존적인 둘 또는 그 이상의 영역으로 구성되어 있는 복잡한 실체를 말한다. 그 예는 book(물리적 사물과 서면 텍스트), school(기관과 건물), man(몸과 마음)으로서, 각각 두 개의 국면(facet)으로 구성되어 있다.

환유와 원근화법화의 첫 번째 차이는 두 국면이 분리 가능하여 자립적인지 여부와 관련이 있다. 전자의 경우에는 복합 사물 어휘소의 두 국면이 분리 가능하고, 한 국면은 다른 국면의 환유적 확장으로 간주된다. 이에 반해 원근화법화의 경우에는 두 국면이 분리 가능하지 않다. 국면이란 "단 하나의 개념적 단위로 융합되는" "한 단어의 완전히 변별적이지만 비대립적 해석들"(Cruse 2000: 114)이다. 국면은 두 개념 간 가장 강한 형태의 연상으로서, 이것은 두 개념을 가리키는 어휘소가 평범하게 사용될 때 그

두 개념이 공활성화된다는 사실에서 나타난다. 즉, 원근화법화의 경우에는 두 국면이 분리되는 것이 아니라 공활성화된다는 특징이 있다. 환유가 아닌 원근화법화가 수반되는 다음 예를 고려해 보자.

(20) a. I saw two very tall boys yesterday.(나는 어제 매우 키가 큰 두 소년을 보았다.)
b. ?I saw two very tall bodies of boys yesterday.(?나는 어제 매우 키가 큰 소년들의 몸을 보았다.)
(21) a. I talked to that boy yesterday.(나는 어제 그 소년에게 말을 걸었다.)
b. ?I talked to the mind of that boy yesterday.(?나는 어제 그 소년의 마음에 말을 걸었다.)

문장 (20a)에서 어휘소 boy의 물리적인 몸 국면이 원근화법화되지만 마음도 활성화되어, 이 둘을 분리하면 동의적이지 않은 이상한 문장 (20b)가 초래된다. 문장 (21a)에서 원근화법이 바뀌지만 공활성화는 그대로 남아 있고, 이 둘을 분리하면 이상한 문장 (21b)이 초래된다. 따라서 대부분의 경우에 복합 사물 어휘소가 사용될 때는 원근화법만 바뀔 뿐 일반적으로 전체 범주가 환기되어, **전체는 부분을 대표한다** 환유는 수반되지 않는다.

다음은 복합 사물 어휘소가 환유적으로 사용되는 경우를 보자. 예컨대, 문장 (22)에서 boy는 환유 **전체는 부분을 대표한다**에 기초해서 '소년의 몸'을 가리킨다. 이 경우에 boy의 몸과 마음 국면은 분리되어 환유가 작동하는 것이다.

(22) Take the boy to the morgue.(소년을 시체보관소로 가져가시오.)

또 다른 예로 어휘소 newspaper를 고려해 보자. 이것은 [접은 종이의 집합]과 [텍스트]라는 두 개의 국면을 비롯해 [건물]과 [신문기자]라는 다른 연상된 의미 성분으로 구성되어 있다. 아래 문장은 이런 복합적 의미 구조의 서로 다른 양상을 부각한다.

(23) a. It says in our newspaper that a new bridge will soon be built here.(신문에 새 다리가 여기에 곧 놓일 거라고 적혀 있다.)
b. Our local newspaper has only six pages.(우리 현지 신문은 6페이지뿐이다.)
(24) a. That's our local newspaper.(저것은 우리 현지 신문사 건물이다.)
b. We are still waiting for our local newspaper.(우리는 여전히 현지 신문사를 기다리고 있다.)

두 개의 국면이 분리되지 않으면 원근화법화가 작용하고, 국면이 분리 가능하면 환유가 작동한다는 원근화법화와 환유의 기준에 따라, 예 (23)은 비유적이지 않고 어휘소 newspaper의 두 가지 중심적 국면의 서로 다른 원근화법화로 간주되지만, (24)는 환유적인 것으로서, 중심적 영역에서 연상된 영역으로의 전이를 수반한다.

환유와 원근화법화의 두 번째 차이는 상세한 설명 가능성과 관련이 있다. 원근화법화는 상세히 설명하면 흔히 이상할 뿐만 아니라 잉여적인 것으로 느껴진다는 것이다. 이에 반해 환유는 상세히 설명해도 완벽하고 자연스럽게 들린다. 이것은 원근화법화에 대한 상세한 설명인 (25)와 환유에 대한 상세한 설명인 (26)의 의미적 자연스러움의 차이를 통해 알 수 있다.

(25) a. ?It says in the text of our newspaper that a new bridge will soon be built here.(?신문의 텍스트에 새 다리가 여기에 곧 놓일 거라고 적혀 있다.)

b. ??The set of sheets (or the material form) of our local newspaper has only six pages.(우리 현지 신문의 종이(또는 물질적 형태)는 6페이지뿐이다.)

(26) a. That's the building of our local newspaper.(저것은 우리 현지 신문사의 건물이다.)

b. We are still waiting for the journalists from our local newspaper.(우리는 여전히 현지 신문사의 기자를 기다리고 있다.)

비록 (24)와 같은 문장이 원근화법화의 명확한 예이지만, 다면적인 명사류의 서로 다른 국면들 간의 정확한 관계는 흔히 비결정적이고, 그것을 환유적으로 분석해야 한다고 고집한다면 근원과 목표를 구분하는 것이 불가능할 것이다. 국면은 잘 개념화되고 쉽게 어휘화되기 때문에, 나는 그것이 **전체는 부분을 대표한다** 환유와 경계에 있는 활성역 현상의 특별한 하위 범주라고 제안한다.

환유와 원근화법화의 세 번째 차이는 문법적 영향성과 관련이 있다. 이는 school이라는 복합 사물 어휘소로 입증해 보자. school에 대한 표상은 [교육기관]과 [건물] 같은 국면으로 구성되어 있고, [교사], [학생], [사고방식]은 연상되는 성분이다. (27)의 두 문장에서 원근화법화되는 국면은 각각 [교육기관]과 [건물]이지만, 전체 표상이 환기된다.

(27) a. My son said he didn't want to go to school any more.(내 아들이 더 이상 학교에 가고 싶지 않다고 말했다.)

b. The authorities recently closed down a lot of local primary schools. (관계당국은 최근에 많은 현지 초등학교를 폐교했다.)

(27)의 두 문장을 비교해 보면, 원근화법을 바꾸면 문법적인 영향을 받는다. 특히, (27a)에서처럼 school이 기관 국면이 원근화법화될 때 불가산명

사이지만, 건물 국면이 원근화법화될 때는 가산명사이다.

  school은 (28)에서처럼 환유로 사용될 수도 있다. 이런 경우에 (28a)에서처럼 한 국면 건물단 활성화되거나 (28b)에서처럼 한 연상되는 개념만, 즉 경기 중인 학교를 대표하는 학생들만 활성화된다.

  (28) a. A bomb hit their school a week ago and now they have classes in private houses.(1주일 전에 폭탄이 학교에 터졌고, 지금은 개인 집에서 수업을 한다.)
       b. Our school have lost the game although they were leading after the first half.(전반전 이후에 앞서고 있었지만, 우리 학교가 경기에서 졌다.)

따라서 예 (28a)는 school 같은 다면적 항목이 어떻게 환유적으로 사용될 수 있는지를 보여 준다.

  요컨대, 환유와 원근화법화는 다음과 같이 정리할 수 있다. 전체 표상이 활성화되지만 한 국권이 특별히 현저한 복합 사물 범주를 가리키는 어휘 단위의 용법은 환유가 아니라 원근화법화, 즉 활성역 현상의 특별한 하위 범주로 간주되어야 한다. 왜냐하면 대표 관계가 없고, 목표와 구분되는 근원도 없기 때문이다.

제3장

환유의 접근법

1. 환유의 표준 접근법

이 절에서는 초기 인지언어학 접근법에 기초한 환유의 표준 접근법의 본질을 살펴보고, 그 문제점을 식별할 것이다. 마지막으로, 그런 문제점을 해결하려는 표준 접근법 내의 움직임을 살펴볼 것이다.

1.1. 표준 접근법의 본질

환유의 표준 접근법은 레이코프, 존슨, 터너가 제안한 생각들에서 비롯되었고, 이들은 환유를 독립적으로 논의하기보다는 은유와 관련해 논의했다. 따라서 환유의 표준 접근법에서는 은유의 견해와 결부해 논의할 수밖에 없다.[1]

Barcelona(2003a: 3-5)는 Lakoff & Johnson(1980) 이후에 제시된 은유

---

[1] 이런 점에서 3.1절은 앞의 2.1절의 논의와 관련이 있으며, 그 연장선에 있음을 미리 밝혀 둔다.

와 환유의 표준 접근법을 다음과 같이 요약한다. "은유는 한 경험적 영역이 부분적으로 다른 경험적 영역으로 '사상되어' 두 번째 영역이 첫 번째 영역에 의해 부분적으로 이해되는 인지적 기제이다. 사상되는 영역은 근원영역(source domain) 또는 기증자 영역(donor domain)이라고 부르고, 근원영역이 사상되는 영역은 목표영역(target domain) 또는 수령자 영역(recipient domain)이라고 부른다. 이 두 영역은 서로 다른 상위 영역에 속해야 한다."

이런 두 영역 간의 대응은 인지언어학 문헌에서 개념적 사상(conceptual mapping)이라고 부른다. 개념적 은유 사랑은 여행이다에서, 여행의 경험적 영역에서 나온 양상들이 사랑의 경험적 영역으로 사상된다. '연인'은 '여행자'와 대응하고, '사랑 관계'는 '차량'과 대응한다. 이 두 개념이 속하는 상위 영역이 명확히 구분된다. 즉, 여행의 영역은 이동의 상위 영역에 속하지만, 사랑의 영역은 감정의 상위 영역에 속한다.

Barcelona(2003b: 4)는 한 경험적 영역(목표)이 동일한 경험적 상위 영역(superordinate domain)에 포함되어 있는 다른 경험적 영역(근원)에 비추어 부분적으로 이해되는 개념적 투사(conceptual projection)로 환유를 정의한다. 환유적 사상에 참여하는 영역은 하위 영역(subdomain)이라고 부른다. 영역 내 사상은 명확히 She's just a pretty *face*(그녀는 예쁜 얼굴이다)로 예증되는 얼굴은 사람을 대표한다에서 명확히 볼 수 있다. 즉, 얼굴이라는 하위 영역은 사람이라는 상위 영역으로 사상된다.

은유와 환유에 대한 바르셀로나의 정의와 Lakoff & Turner(1989)가 제안한 정의 간에는 약간의 차이가 있다. 레이코프와 터너의 두-영역 사상과 한-영역 사상을 바르셀로나는 각각 두 개의 상위 영역 간 사상과 한 상위 영역 내 사상으로 본다. 더욱이 바르셀로나는 이런 사상들이 한 영역에서 또 다른 영역으로의 전체적인 것이 아니라 부분적 투사임을 강조한다.

Nerlich & Clarke(2001)도 환유와 은유를 논의할 때 영역(domain)의 개념을 활용한다. 하지만 이들은 영역들 간의 개념적 거리(conceptual distance)를 은유와 환유를 구분하기 위한 주된 요인으로 활용한다. 은유에서는 지식과 경험의 거리상 떨어진 별도의 영역들을 연결하지만, 환유는 한 영역 내에서 잘 고착된 연상의 연쇄를 따라 미끄러져 가고, 어떤 경우에는 인접 영역으로 미끄러져 간다. Nerlich & Clarke(2001: 268)는 은유를 "(멀리 떨어진 개념적 영역들 간의) 개념적 결속(conceptual binding)의 힘"으로 간주하고, 환유를 "(인접한 개념적 영역 내에서, 그리고 그것을 가로지르는) 개념적 확산(conceptual spreading)의 힘"으로 간주한다. 더욱이 이들의 관점에서, 은유는 예전 단어로부터 새로운 정보를 추출하는 수단으로 간주되고, 환유는 더 적은 단어로부터 더 많은 정보를 추출하는 전략으로 간주된다. 가령, 은유의 예인 Look: A dead rainbow!(봐, 죽은 무지개야!)와 환유의 예인 Look: BSE!(봐, 광우병이다!)이라는 두 가지 예를 보자. 전자의 문장은 아이가 길에 엎질러진 기름을 가리키면서 할 수 있는 발화이다. 이를 적절히 해석하기 위해서는 뒤범벅이 된 기름과 무지개 사이를 연결하고, 어휘소 rainbow의 새로운 의미를 확립해야 한다. 후자의 문장은 환유를 인지적 확산의 기제로 제시하는데, 이런 기제에서 BSE의 개념은 "광우병에 걸린 소"로 확장된다.

환유의 또 다른 표준 접근법은 Langacker(1993)에서 개발되었다. Langacker(1993: 30)는 환유를 참조점 관계(reference-point relation)로 간주하면서, "환유 표현이 흔히 가리키는 실체는 바라던 목표(즉, 실제로 지시되는 실체)에 정신적 접촉을 제공하는 참조점 역할을 한다"고 본다. Langacker(1993: 30)는 환유 이면의 기제를 상세히 설명하면서, 우리는 참조점 능력에 의해 잘 선택한 환유 표현을 통해 현저하고 쉽게 부호화할 수 있는 실체를 언급하여, 본래 무의식적으로 덜 흥미롭고 명명하기가 더 어려운 목표를 환기한다고 한다. 이런 참조점 능력, 즉 환유적 능력의 본질적인 면은 다음 그림으로 나타낼 수 있다(Langacker 1995: 27).

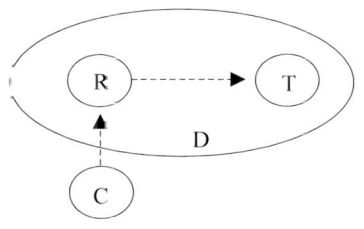

그림 3-1 참조점 관계

이 그림에서 C는 개념화자(conceptualizer)를 나타내고, R은 참조점(reference point)이며, T는 독표(target), 즉 개념화자가 참조점을 사용해서 정신적 접촉을 하고자 하는 실체이다. 점선 화살표는 개념화자가 목표에 도달할 때 따르는 정신적 경로를 암시한다. 마지막으로, D는 영향권(dominion)으로서, 참조점을 통하여 접근 가능한 실처들의 지배영역을 구성한다.

참조점 관계의 예는 소유격 구문이다. Sally's dog has died(샐리의 개가 죽었다)와 같은 발화에서 소유격 구문은 청자에게 의도한 지시물에 접근하게 한다. 화자는 개를 식별하기 위해 Sally를 참조한다. Langacker(1991, 1993, 2000)의 용어로 샐리는 참조점이고, 개는 목표이다. 둘 다 영향권이라는 실체들의 동일한 전체적 집합 또는 영역에 속한다. 우리는 참조점 구문을 우연히 접하거나 그것을 사용할 때, 참조점과 목표 간의 정신적 접촉을 확립하는 것이다.

환유도 동일한 방식으로 기능한다. She bought Lakoff & Johnson(그녀는 레이코프와 존스를 구입했다)에서 환유 표현 Lakoff & Johnson은 청자에게 이들이 집필한 책이라는 의도한 목표로 안내하는 참조점으로 기능한다. 참조점은 목표 의미를 환기시킬 수 있는데, 이는 둘 다 동일한 전체적

제3장 환유의 접근법 | 97

인 지식 영역에 속하기 때문이다. Langacker(1993: 30)는 다음과 같이 말한다. "환유 표현이 평범하게 가리키는 실체는 바라는 목표(즉, 실제로 지시되는 실체)에 정신적 접근을 할 수 있게 하는 참조점 역할을 한다."

환유는 또한 래내커가 소개한 활성역(active zone) 현상과 중복된다. 환유 과정에서 한 실체의 활성역은 전이에서 가장 중요한 역할을 하는 그 실체의 부분이다. 활성역 현상의 예는 The dog bit the cat(개가 고양이를 물었다)이다. 이 문장에서 이빨은 개의 활성역으로 간주되고, 고양이의 활성역은 개에게 물린 몸통 부위이다. 환유 전이의 과정은 목표 실체의 정신적 활성화로 생각될 수 있다. 활성역은 다음과 같이 나타낼 수 있다 (Langacker 1993: 31).

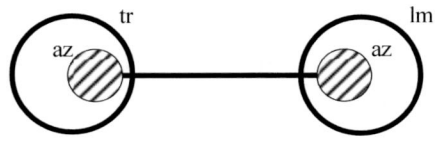

az: 활성역, tr: 탄도체, lm: 지표

그림 3-2 활성역

환유에 관한 문헌에서 가장 자주 인용되는 정의는 Radden & Kövecses (1999: 21)에서 제안한 것이다. 이들은 환유에 대한 Langacker(1993)의 정의와 환유가 하나의 이상적 인지모형(Idealized Cognitive Model; ICM)에서 작동하는 것으로 제시하는 Lakoff(1987: 77-90)의 입장을 결합하여 환유를 다음과 같이 정의한다. "환유는 매체라는 한 개념적 실체가 동일한 이상적 인지모형 내에서 목표라는 또 다른 개념적 실체에 정신적 접근을 하게끔 해준다." 레이코프가 말하는 ICM은 우리의 백과사전적·문화적 지식을 조직한 인지적 구조이다. 환유는 이해·기억·인식하기가 더 쉬운 매체 요소 B가 목표 요소 A를 대표하는 ICM을 바탕으로 하고 있는 것이다. 라덴과 쾨브체시의 정의에서는 ICM이라는 레이코프의 개념이 Barcelona(2003b)나 Croft(2003)가 말하는 상위 영역과 비슷하다.

1.2. 표준 접근법의 문제점

많은 인지언어학자는 은유를 두 영역 간의 사상에 의해 정의하고, 환유를 단 하나의 영역 내에서의 사상에 의해 정의하는 표준 접근법에 문제점을 제기한다. 그들의 비판은 대개 영역의 모호한 본질과 사상의 제한된 적용에서 비롯된다.

1.2.1. 영역의 비제약적 본질

영역에 대한 상세한 기술은 Langacker(1987)에서 발견할 수 있는데, 그는 영역을 정신적 경험, 표상적 공간, 개념, 개념적 복합체의 형태를 취하는, 의미 단위를 특징짓기 위한 문맥으로 정의한다. Langacker(1987: 147)는 "모든 술어는 집합적으로는 영역모체라고 부르는 한 개 또는 그 이상의 인지모형에 상대적으로 특징지어지고," "대부분의 개념은 다른 개념을 전제하고, 그런 개념들을 참조하지 않고서는 타당하게 정의될 수 없다"라고 말한다. 예컨대, 단어 knuckle(손가락 마디)의 의미는 전체 실체로서의 손가락 개념과 관련해서만 설명될 수 있다. 이는 손가락 마디의 개념은 손가락의 개념을 전제한다는 것을 뜻한다. 이것은 [손가락]이 [손가락 마디]라는 개념을 이해하는 데 필요한 문맥인 영역을 지공한다는 주장으로 이어진다.

Croft(2003)는 영역을 정의하는 데 큰 기여를 한다. 크로프트는 영역이 무엇인지를 설명하기 위해 래내커로부터 윤곽(profile)과 바탕(base)이라는 개념을 차용한다. Langacker(1987: 183-185)에 따르면, 바탕은 서술의 범위이고, 윤곽은 그것의 지시물, 즉 지시되는 하위 구조이다. [호]는 [원과 관련해서만 정의될 수 있기 때문에 윤곽이고, 그것이 전제하는 [원]은 바탕이다. 래내커는 또한 몇 가지 윤곽을 특별한 바탕에 부여할 수 있다고 지적한다. [원]은 [호]뿐만 아니라 [지름], [반지름], [현]에 대해서도 바탕이다. 이런 주장을 따라서 Croft(2003: 166)는 영역을 "최소한 한 개의 개념 윤곽(전형적으로는 윤곽이 많다)을 위한 바탕으로 기능하는 의미 구조"로 정의한다. 그는 바탕 영역(base domain)이라고도 부르는 바탕이라는 용어를 자기 방식대로 설명하여, 그것을 윤곽부여된 개념이 즉각적으로 전제하는 영역으로 기술한다.

래내커는 기본 영역과 추상적 영역을 구분한다. 기본 영역의 두드러진 특징은 그것이 또 다른 영역을 배경으로 윤곽부여될 수 없다는 것이다. 공간은 기본 영역의 예이다. 예컨대, 원이라는 개념 윤곽에 대한 바탕인 2차원 공간 자체는 또 다른 바탕 속에 있는 개념 윤곽으로 환원될 수 없다. 다른 한편으로, 비기본 영역이라고도 불리는 추상적 영역은 또 다른 영역을 전제하는 개념이다. 즉, [원]은 2차원 공간의 영역을 전제한다.

Croft(2003)는 영역 구조의 복잡성을 인정하면서 영역모체(domain matrix)라는 용어를 이용한다. Croft(2003: 168)는 영역모체를 "한 개념이 동시에 전제하는 영역들의 결합"로 정의한다. 가령, [사람]이라는 개념은 인간이라는 추상적 영역을 배경으로 윤곽부여되는데, 이런 추상적 개념은 다시 유기물, 물리적 사물, 위치, 공간 등의 영역과 관련해 정의된다.

Croft(2003)는 Lakoff & Turner(1987)가 단정하는 은유와 환유에 대한 정의를 수정하기 위해 영역모체의 개념을 사용한다. 그는 이 두 현상 간의 차이를 두-영역 사상이나 한-영역 사상이라기보다 동일한 영역모체나 다른 영역모체에 속하는 구성소 영역에서 봐야 한다고 주장한다. Croft (2003: 177-178)는 은유를 동일한 영역모체의 부분이 아닌 두 영역 간의 사상으로 제시하고, 환유를 단 하나의 영역모체 내에서의 사상으로 제시한다. 그는 환유가 동일한 영역모체에 속하는 경우에는 영역들을 가로질러서도 발생할 수 있다는 것을 인정한다는 점에서, 그의 정의는 Lakoff & Turner(1989)의 정의와 차별성을 보인다.

영역을 정확히 정의하지 않았기 때문에, 인지언어학자들 사이에서 영역의 개념을 두고 강한 비판이 있었다. 영역 경계선이 아직 충분히 기술되지 않았고, 환유에서 영역 경계를 횡단하는 경우들이 관찰되었다. Taylor(2002: 196-197)의 주장에 따르면, "영역이 엄격하게 분리되는 지식의 형상을 구성한다고 가정하는 것은 잘못된 것이다. 전형적으로 영역들은 복잡한 수많은 방식으로 중복되고 상호작용한다." Croft(2003: 179)는 Proust is tough to read(프루스트는 읽기 어렵다)라는 혼유에 두 개의 영역이 수반된다고 지적한다. 근원은 인간의 영역에 속하고, 목표는 작품이 현저한 요소인 창의적 활동의 영역에 속한다. 크로프트는 영역모체라는 개념을 사용하여 그런 경우를 설명해야 한다고 제안한다. 따라서 사람으로서의 프루스트의 영역모체는 창의적 활동의 영역을 포함할 것이다.

크로프트의 영역모체라는 개념이 영역 경계를 초월하는 환유의 문제를 성공적으로 다루지만, 은유와 환유를 구별하는 타당한 기준으로 사용하기에는 충분히 구체적이지 않다. 크로프트는 한 개념의 영역모체가 그 개념에 직접적으로 윤곽부여하기 위한 기본 영역만 포함해야 하는지, 아니면 그 개념 윤곽의 기초가 되는 전체 영역 구조를 포함해야 하는지가 Langacker(1987)에서는 명확하지 않다는 것을 인정하지만, 그는 후자의 해석을 뒷받침하는 증거가 있다고 말한다. 하지만 이런 후자의 해석은 영역모체의 범위를 무한히 확장하는 위험을 무릅써야 한다. 가령, 사람 개념에 대한 영역모체는 공간이라는 기본 영역만큼 멀리까지 확장될 수 있는 것이다. 은유는 서로 다른 영역모체와 연상되고, 환유는 단 하나의 영역모체와 연상되려면, 영역모체의 범위는 너무 넓지 않아야 한다.

Ruiz de Mendoza(2000: 116)는 영역이 비제한적으로 증가하는 위험에 대해, 상위 영역의 참조 범위를 줄이게 되면 이런 위험을 극복할 수 있다고 주장한다. 그는 모체영역을 그것의 부분인 다른 영역들에 대한 참조를 제공하는 완전한 영역으로 이해한다. 문장 In "Goldfinger" Sean Connery saves the world from a nuclear disaster("골드핑거"에서 숀 코네리는 핵 재난으로부터 세상을 구한다)에서, 배우에 대한 지식은 영화에서 그의 역할을 하위 영역으로 포함하는 모체영역이다. 따라서 사상은 모체영역으로부터 적절한 하위 영역 중 하나로 이루어진다. 루이스 데 멘도자가 말하는 모체영역은 크로프트가 말하는 기본 영역과 비슷한 것이다.

환유를 상위 영역과 하위 영역에 의해 분석하게 되면 영역 경계를 횡단하는 문제는 해결할 수 있지만, 영역에 의심스러운 정의의 문제는 해결하지 못한다. Panther(2006: 158)가 주장하듯이, 다양한 개념적 관계가 영역-하위 영역이라는 항목 하에 분류되었다. 부류-집합(flower-daffodil), 부류-구성원(playwrights-G. B. Shaw), 전체-부분(face-nose), 사람-속성(Mozart-musical genius), 위치-기관-기관의 근무자(10 Downing Street- British government-staff)가 그 예이다. 또 다른 문제는 무엇을 상위 영역으로 간주하고, 무엇을 하위 영역으로 간주할지는 종종 관점의 문제라는 것이다. 예컨대, Panther(2006: 158-159)는 개념화자의 관점에 따라서 위치-기관 환유를 두 가지 방식으로 해석할 수 있다고 지적한다. 전통적인 해석에서 위치 10 Downing Street는 그곳에 있는 영국 정부라는 기관과 관련된 상위 영역으로 간주된다. 하지만 반대 해석도 타당한 듯 보인다. 기관은 그 위치를 그 자질이나 하위 영역 중 하나로 포함해서 의도적으로 상위 영역으로 해석할 수 있다.

영역보다 더 폭넓은 개념에 대한 필요성으로 인해 일부 인지언어학자들은 상위 영역이나 영역모체 같은 개념들을 이용하게 된다. 그럼에도 이런 개념들은 영역이라는 모호한 개념에 기초하기 때문에, 완전히 신뢰할 수 없고 더 정확한 설명이 필요하다.

1.2.2. 영역 사상 내의 제약

환유의 표준 접근법에서는 영역의 개념 외에 사상(mapping)이라는 개념도 문제가 있다. Barcelona(2003d: 225)가 말하듯이, 사상이 발생하기 위해서는 어느 정도의 구조적 일치가 필요하다. 은유에서 은유적 사상은 목표영역의 고유한 구조와 일치하는 방식으로 근원영역의 영상도식적 구조를 보존한다는 불변성 원리에 따라 근원영역과 목표영역은 영상도식적 구조의 요소들을 공유한다. 가령, 경로 도식의 경우 근원지는 근원지로 사상되고, 행선지는 행선지로 사상되고, 궤도는 궤도로 사상된다는 것이다. 이것은 The relationship isn't going anywhere(그 관계는 잘 되어 가고 있지 않다)에서처럼 은유 사랑은 여행이다에서 연인들의 공통된 목표와 여행에서 사람들의 공통된 행선지 사이의 대응 같은 은유적 대응에서 볼 수 있다. 하지만 이런 구조적 일치가 환유에서는 나타나지 않는다. 가령, 환유 부분은 전체를 대표한다에서 전체로 사상되는 부분은 전체와 구조적 일치를 보여 주지 않는다. We need more hands in our sector(우리 구역에서는 일손이 더 필요하다)에서처럼 손의 개념은 사람의 개념적 대응요소가 아니다. 오히려 이 환유에서는 부분에 의한 전체의 부각이나 활성화가 발생한다.

1.3. 표준 접근법의 문제점 해결

1.3.1. 은유적 사상과 환유적 사상의 차이

Lakoff & Johnson(1980: 265)은 여전히 환유를 사상으로 인식하지만, 은유적 사상과 환유적 사상의 차이를 강조한다. 이들은 은유적 사상은 다중

적임을 강조한다. 즉, 둘 또는 그 이상의 요소들이 둘 또는 그 이상의 다른 요소로 사상된다는 것이다. 하지만 환유에서는 단 하나의 사상이 있는데, 영역 속의 한 항목이 또 다른 항목으로 사상된다는 것이다.

Barcelona(2003d: 225-226)는 환유를 사상이라고 부르는 것에 반대하지는 않지만, 환유적 사상은 비대칭적이고, 은유적 사상은 대칭적이라고 주장한다. 그는 환유적 근원이 그 개념적 구조를 목표의 그것으로 투사하지만, 이것은 은유에서처럼 대응요소들을 체계적으로 일치시켜서가 아니라, 근원을 개념적으로 전경화하고 목표를 배경화함으로써 발생한다는 점에서 차이가 있다.

1.3.2. 영역 부각

Croft(2003: 179)에서는 은유와 환유 간의 구분을 기술하기 위해 영역 사상(domain mapping)이라는 개념을 영역 부각(domain highlighting)으로 교체한다.[2] 영역 부각의 과정에서, 환유는 문자적 의미에서 이차적인 영역을 일차적으로 만든다. *Time* took over *Sunset* magazine, and it's gone downhill ever since(*Time*지는 *Sunset*지를 인수했으며, 그 이후로 내리막

---

[2] Croft(1993: 359)는 Langacker(1987: 300)를 따라서 대부분의 복합 표현이 의존적 서술(dependent predication)과 자립적 서술(autonomous predication)로 구성되어 있다는 것을 받아들이면서 이와 관련해 환유와 은유를 구분한다. 즉, 환유의 경우에는 의존적 서술이 자립적 서술에서 영역 부각을 유도하고, 은유의 경우에는 자립적 서술이 의존적 서술에서 영역 사상을 유도한다는 것이다. 예컨대, 환유 표현 She likes to read the Marquis de Sade(그녀는 마르키 드 사드를 읽는 것을 좋아한다)에서, Marquis de Sade는 자립적 서술이고 read는 의존적이라서, read는 Marquis de Sade의 텍스트 영역의 환유적 부각을 유도한다. 그리고 은유 표현 He entered a state of euphoria(그는 도취의 상태에 들어갔다)에서, 자립적 서술 a state of euphoria는 의존적 서술 enter의 해석에서 영역 사상을 유도하여, 물리적 공간의 영역은 심리상태의 영역으로 사상되었다. bra cup과 같은 명사-명사 합성어에도 동일한 것이 적용된다. 여기에서 자립적 수식어 bra는 의존적 부분을 가리키는 cup의 은유적 해석을 유도하는데, 왜냐하면 그것은 브라의 컵이기 때문이다.

길로 접어들었다)에서 *Time*의 환유적 용법이 영역 부각의 예이다. *Time*의 중심 의미는 '잡지'이다. 덜 중심적인 환유적 의미는 '잡지사'이다. 후자의 의미는 이 문장에서 부각된 의미이다. 현저성의 전이는 잡지의 영역으로부터 출판사가 현저한 실체인 출판의 이차적 영역으로 이루어진다.

영역 부각은 Langacker(1987: 385-386, 1993)가 말하는 활성화와 비슷하다. 이 두 과정에서 어떤 하위 영역인 목표는 동일한 영역모체에 들어 있는 근원이라는 또 다른 하위 영역에 의해 활성화/부각된다. 영역 부각이나 활성화는 사상보다 환유의 본질을 더욱 효과적으로 포착해 준다는 장점이 있다.

Ruiz de Mendoza & Díez(2002)나 Peirsman & Geeraerts(2006)에서는 영역 부각을 환유와 은유를 구분하는 요인으로 간주하는 것에 우려를 표한다. 이들은 두 실체를 동일한 영역모체 내에 포함하고, 두 번째 (하위) 영역을 부각하는 것이 환유 외에 은유 과정에도 적용될 수 있다고 주장한다. Ruiz de Mendoza & Díez(2002: 495)는 은유 John is a lion(존은 사자이다)에서 부각을 증명하는데, 이 예에서 부각되는 특성은 용기이다. 하지만 Croft(2003: 187)가 지적하듯이, 환유 외에 영역 부각이 어휘적 중의성의 다른 유형에도 적용되기 때문에 환유가 심층의 기준으로 영역 부각으로 환원될 수 없다.

1.3.3. 영역 확장/축소

Ruiz de Mendoza & Díez(2004)와 Ruiz de Mendoza(2007)는 영역 확장(domain expansion)과 영역 축소(domain reduction)라는 두 가지 환유적 사상을 인식한다. 영역 확장은 근원이 목표라는 더 폭넓은 개념으로 사상되어, 근원이 목표의 하위 영역을 구성하여 목표 속 근원 환유를 발생시키는 인지 작용이다. 영역 축소는 근원이 목표라는 더 협소한 개념으로 사상되어, 목표가 근원의 하위 영역이 되어 근원 속 목표 환유를 유발하는 반대 과정이다. 영역 확장의 예는 The sax won't come to today's rehearsal(색소폰 연주자는 오늘 리허설에 오지 않을 것이다)에서처럼 환유 악기는 연주자를 대표한다이고, 영역 축소의 예는 Let's drink another bottle(한잔 더 마시자)에서처럼 환유 그릇은 내용물을 대표한다이다(Ruiz de Mendoza 2007: 13-14).

Ruiz de Mendoza(2007: 14-15)는 영역 확장과 영역 축소가 종종 결합하여 이중 환유적 전이를 유발한다고 말한다. 그는 이중 환유의 네 가지 유형을 제시한다. 첫 번째 유형은 Wall Street is in panic(월스트리트는 공황에 빠졌다)에서, Wall Street의 환유적 용법으로 예증되는 이중 영역 축소이다. 여기에서 장소는 그곳에 있는 기관으로 사상되고, 그 기관은 다시 그곳에서 근무하는 사람으로 사상된다(그림 3-3). 두 번째 유형은 His sister heads the policy unit(그의 누이는 정책팀을 이끈다)에서처럼 이중 영역 확장이다(그림 3-4). 여기에서 신체 부위를 뜻하는 head는 지도자로 투사되고, 그런 다음 지도의 행동으로 투사된다.[3] 이중 환유적 전이의 세 번째 종류는 영역 축소 다음에 영역 확장이 뒤따르는 경우이다. 이것은 Shakespeare is on the top shelf(셰익스피어가 꼭대기 선반 위에 있다)로 예증되는데, 이 예에서 유명한 극작가의 영역은 그의 문학작품의 하위 영역으로 축소되고, 이 하위 영역은 다시 작품 발표의 매개체로 확장된다(그림 3-5). 네 번째 유형은 영역 확장 뒤에 영역 축소가 뒤따르는 경우이다. He has too much lip(그는 말이 너무 많다)에서 도구로 기능하는 입술이라는 신체 부위는 '말하기 행동'이라는 개념으로 확장되는데, 이 개념은 다시 축소에 의해 '특정한 방식으로 말할 수 있는 능력'이라는 개념을 발생시킨다(그림 3-6).

---

[3] 하지만 이 예에서 이 작용의 첫 부분의 환유적 성격을 의심할 수 있다. 머리와 지도자 간의 관계는 환유라기보다는 은유라고 주장할 수도 있다.

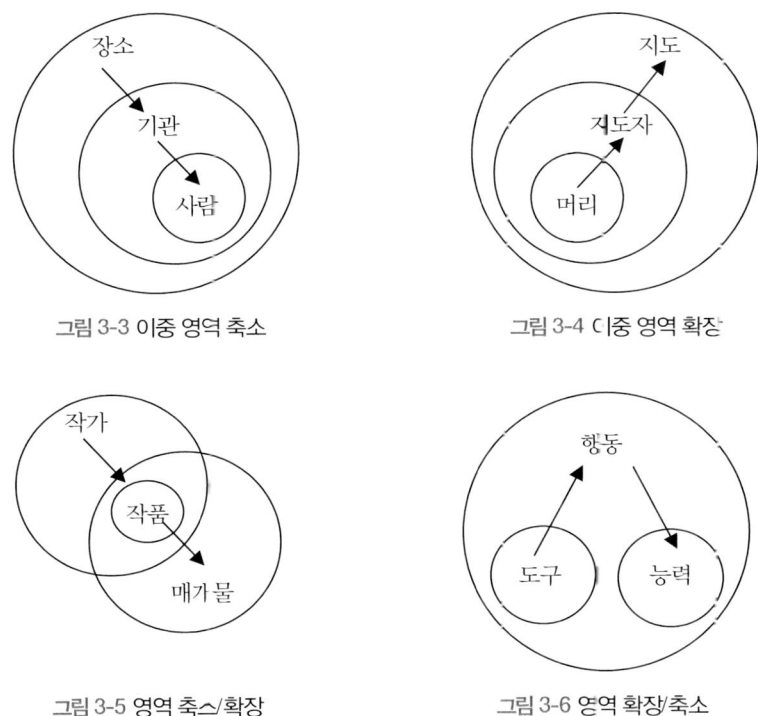

그림 3-3 이중 영역 축소   그림 3-4 이중 영역 확장

그림 3-5 영역 축소/확장   그림 3-6 영역 확장/축소

루이스 데 멘도자의 접근법에서 환유는 은유와 동일한 종류의 사상에 의존하지 않는다는 것도 밝혀졌는데, 왜냐하면 영역 축소와 확장의 과정은 영역 내적 관계에만 적용되기 때문이다.

환유의 표준 접근법의 문제점을 극복하려는 다양한 시도가 표준 접근법 내에서 이루어졌지만, 이 접근법의 문제가 되는 영역과 인접성(contiguity)이라는 개념을 완전히 극복하려는 새로운 대안적 접근법이 등장하게 된다. 영역 기반의 표준 접근법을 극복하려는 기호학에 의존하는 Panther(2006)의 기호학적 접근법과 인접성 기반의 표준 접근법을 극복하려는 Feirsman & Geeraerts(2006)의 원형 접근법이 그것이다. 다음 절에서는 이 두 개의 대안적 접근법을 살펴볼 것이다.

2. 환유의 대안적 접근법

2.1. 기호학적 접근법

Panther(2006)는 환유의 기호학적 접근법을 제안한다. 이 접근법은 퍼스가 개발한 상징, 도상, 지표라는 잘 알려진 기호의 삼분법에 기초한 것이다. 그는 전형적인 환유적 관계를 다음과 같은 그림으로 제시한다 (Panther 2006: 151).

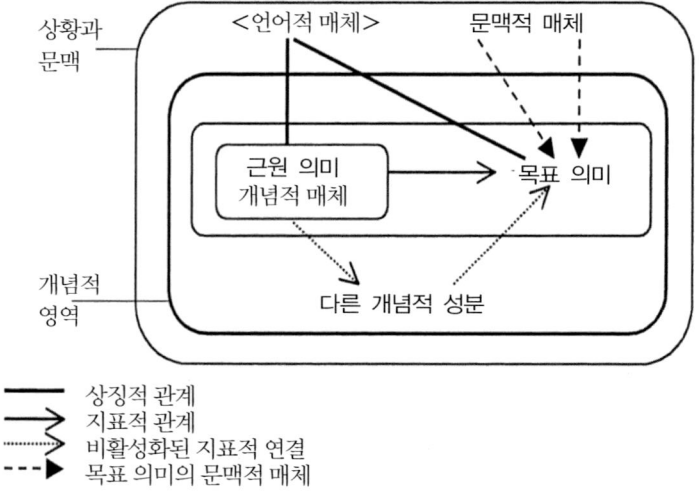

그림 3-7 기본적인 환유적 관계

모든 언어 현상과 마찬가지로, 환유를 타당하게 분석하기 위해서는 환유가 더 큰 상황적·언어적 문맥 내에 내포되어 있다는 사실을 고려해야 한다. 위 그림에서 문맥은 가장 바깥의 얇은 직사각형으로 암시된다. 중간 중간에 끊어진 화살표는 환유를 해석하는 데 문맥적 요인이 영향을 미친다는 것을 나타낸다. 백과사전적 지식과 같은 다른 개념적 성분도 환유의 해석에 영향을 미칠 수 있다. 이것은 점선 화살표로 나타낸다. 문맥과 백과사전적 지식이 어떤 표현을 환유로 해석하는 데 역할을 한다는 것은 다음과 같은 예를 통해 알 수 있다(Panther 2006: 152).

(1) Paul Auster is on the second floor.(폴 오스터는 2층에 있다.)

우리가 뉴욕 공립도서관에 있고, 어떤 대화에서 (1)의 말을 듣는다고 가정해 보자. (1)을 환유로 해석할지 여부에 영향을 미치는 많은 요인이 있다. 첫째는 발화의 문맥이다. 누군가가 도서관 사서에게 '폴 오스터의 소설책이 어디에 있나요?'라고 묻고 그에 대한 답이 (1)이면, Paul Auster는 '폴 오스터의 소설책'이라는 환유로 해석된다. 둘째는 백과사전적 지식의 요인이다. (1)을 다른 대화 속에서가 아니라 단독으로 듣고 폴 오스터가 누군지 모른다면, 우리는 이것을 문자적으로 해석하여 '폴 오스터'라는 어떤 사람을 가리키는 것으로 해석할 수 있다. 하지만 우리가 폴 오스터에 대한 풍부한 백과사전적 지식이 있다면, 즉 다른 문맥적 성분이 있다면, Paul Auster에 대한 환유적 해석이 강요될 수는 있다. 이처럼 환유 해석은 언어적 문맥, 상황적 문맥, 언어 사용자의 세상사 지식을 포함해 문맥적 요인들의 상호작용을 수반한다는 것을 알 수 있다.

다시 그림 3-7로 되돌아가서, 굵은 직사각형은 환유 과정이 발생하는 개념적 영역 또는 프레임을 나타낸다. Panther(2006: 152)는 이 프레임이 하나의 영역을 포함하는지 또는 다른 영역들도 포함하는지의 문제를 다루지 않겠다고 말한다. 영역을 식별하는 기준을 확립하기 어렵다는 것이 그 이유이다. 따라서 그는 환유에 대한 기호학적 정의를 선호한다.

그는 개념적 환유와 언어적 환유를 지표적(indexical) 관계로 정의한다. 언어적 환유에서 언어적 매체(linguistic vehicle)라고 부르는 언어 형태는 근원 의미(source meaning)를 가리킨다. 언어적 매체와 근원 의미 간의 관계는 그림 3-7에서 굵은 선으로 암시되듯이 일반적으로 상징적이다. 즉, 그 둘 간에 자연스러운 관계가 없다는 것이다. 그리고 근원 의미는 목표 의미(target meaning)에 인지적 접근을 할 수 있게 하는 개념적 매체(conceptual vehicle)로 기능한다. 따라서 개념적 매체는 목표 의미라는 기의를 지표적으로 환기시키는 기표인 것이다. 근원 의미와 목표 의미 간의 관계는 기호학적 관계, 즉 지표적 관계로 간주될 수 있다. 그는 지표성을 개념적 매체와 목표 의미 간의 '지시' 관계로 기술한다. 가령, Panther & Thornburg(2007: 242)는 누군가가 얼굴이 빨개졌다는 것은 그 사람이 화가 났다는 지표 또는 증상이라고 가정한다. 이런 관찰은 Mary is red in the face(메리는 얼굴이 빨개졌다)로 언어화할 수 있는데, 이것은 환유적으로 "메리는 화가 났다"라는 목표 의미를 환기시킨다. 여기에 관여하는 환유는 신체적 반응은 감정을 대표한다이다.

언어적 매체와 근원 의미 간의 자의적 또는 상징적 관계와는 달리, 근원 의미와 목표 의미 간의 관계는 동기화된다. 위 그림에서는 개념적 매체와 목표 의미 간의 지표적 관계를 실선 화살표로 나타낸다. 이 접근법에서 기억해야 할 것은 목표가 개념적으로 근원 의미를 통합하고 있고, 그것에 배경화된 위상을 할당한다는 것이다. 이 그림에서 제시한 환유의 또 다른 중요한 특성은 목표의 개념적 현저성(conceptual prominence)이다. 목표 의미가 환유적 관계에서 현저하다는 것을 나타내기 위해 강조되어 있다.

Panther(2006: 154)는 환유의 기호학적 접근법과 환유의 표준 접근법 간의 결정적인 한 가지 차이를 지적한다. 표준 접근법에서 환유는 동일한 영역 내에서 한 하위 영역과 또 다른 하위 영역을 연결하는 것(가령, Barcelona 2003d; Croft 2003), 한 하위 영역으로부터 모체영역으로의 사상(가령, Ruiz de Mendoza & Otal Campo 2002), 부분에서 전체, 전체에서 부분, 부분에서 부분으로의 사상(가령, Radden & Kövecses 1999)으로 간주된다. 표준 접근법에서 환유는 주로 지시 기능을 하는 대치 관계(A는 B를 대표한다)로 간주된다. 이런 정의는 환유적 사상의 결과로 근원 의미가 목표 의미로 대치된다는 잘못된 이해를 유발하기도 한다. 이어 반해 기호학적 접근법에서는 환유가 의미적 정교화(semantic elaboration)의 수단으로 간주된다. 이것은 환유 과정을 통해 근원 의미가 확장되어, 목표 의미가 개념상 더 복잡한 것으로 해석된다는 것을 뜻한다. 이와 동시에 근원 의미는 목표 의미의 통합적 부분으로 남아 있다. 즉, 이런 근원 의미는 배경화된 요소로 등장하긴 하지만 목표에 여전히 등장한다는 것이다. Panther(2006: 147)는 환유에서 목표는 배경화된 근원 의미와 정교화로 인한 새로운 의미 성분을 포함하는 통합된 전체에서 개념적 현저성을 획득한다고 가정한다.[4] 가령, I like Mozart(나는 모차르트를 좋아한다)에서 Mozart라는 근원은 '음악'이라는 목표를 가리키는 것이 아니라, '모차르트가 작곡한 음악'이라는 의미상 정교화된 목표를 가리킨다. 이와 마찬가지로, The bathtub is running over(욕조가 넘치고 있다)에서 the bathtub라는 근원은 단순한 '물'이라는 목표를 가리키는 것이 아니라 의미상 정교화된 '욕조의 물'이라는 목표를 가리킨다.

활성역, 영역 부각, 영역 확장/축소, 의미적 정교화와 같은 환유적 사상이라는 전통적 개념에 대한 대안들 사이에는 어떤 공통점이 있다. 의미적 정교화에서 목표의 의미적 현저성은 영역 부각과 활성역에 대응한다. 이 모든 세 가지 과정에서 원래 배경화된 개념은 전경화된다. 의미적 정교화는 영역 확장과 축소라는 작용과도 비슷하다. 즉, 근원 개념은 목표 의미에

---

[4] 다른 인지언어학자들도 이 견해를 공유한다. Radden & Kövecses(1999: 19)는 "환유가 단순히 한 실체를 또 다른 실체로 대체하는 것만이 아니라, 그것들을 서로 관계시켜 새롭고 복잡한 의미를 형성한다"라고 말한다.

도달하기 위해 확장되거나 축소된다는 것이다. 영역 부각과 영역 축소도 어느 정도 비슷하다. Ruiz de Mendoza & Díez(2002)는 목표의 부각이 선행하는 영역 축소 과정의 필연적인 결과라고 가정한다. I filled up the car(나는 자동차를 채웠다)에서, 환유적 근원 car는 목표 '가스탱크'로 축소되고, 그렇게 해서 이 목표는 초점을 받는다.

의미적 정교화는 환유를 가장 잘 특징짓는 것으로 간주된다. 의미적 정교화는 영역 부각 및 영역 확장/축소와는 달리 영역이라는 모호한 개념에 기초하지 않으며, 더 나아가 사상을 통합하지도 않는다. 의미적 정교화의 또 다른 장점은 배경화된 근원 의미가 목표 의미의 개념적 구조에 존재한다는 것이다. 영역 부각과 활성역의 옹호자들도 근원이 존재한다고 가정하지만, 그들 정의에서는 그것이 명확하지가 않다.

2.2. 원형 접근법

환유 연구에서 인접성도 영역만큼 모호한 개념이다. 환유를 설명할 때 인접성이라는 모호한 개념을 명확히 기술하려는 시도는 Peirsman & Geeraerts(2006)에서 이루어졌다. 인접성 역시 명확한 개념이 아니기 때문에, 이것 역시 언뜻 보기에 대담한 것처럼 보이지만 피어스먼과 헤라르츠는 인접성이 "개념적 인접성"(2006: 273)으로 간주되면 그것과 관련된 문제를 피할 수 있다고 주장한다. 그들 제안의 요지는 환유를 단 하나의 일원적이고 논란의 여지가 없는 방식으로 정의하는 것이 불가능하므로, "환유의 비일원적 정의가 필요하다"(2006: 270)는 것이다. 그들은 "원형 이론적 범주화 모형"(2006: 270)에 호소하면, 환유를 비일원적으로 가장 잘 특징지을 수 있다고 주장한다. 이 모형에 따르면, 원형으로 기능하는 하나의 중심적이고 기본적인 환유가 있어야 하지만, 환유의 다른 종류와 유형은 이 원형으로부터 도출될 수 있어야 한다. 피어스먼과 헤라르츠는 영역에 의해 환유를 정의하려는 시도가 만족스럽지 못하고, 많은 연구자가 환유의 결정적 특성이 인접성이라고 동의하기 때문에, 다양한 종류의 인접성에 의해 환유적 연결의 폭넓은 범주 내에서 원형 효과를 설명하는 환유의 설명적 모형을 구축하려고 한다.

피어스먼과 헤라르츠의 환유 모형은 환유를 방사 범주(radial category)로 다루기 때문에 이전 모형들과는 급진적으로 구별된다. '방사 범주'의 기본 개념은 우리가 사물을 범주에 넣을 때마다 그 범주의 핵심적인 '원형적' 구성원과 덜 중심적인 구성원을 식별할 수 있다는 것이다. 그래서 '애완동물'의 범주를 구축하고자 한다면, 고양이나 개는 원형으로 간주될 수 있다. 뱀과 쥐 같은 다른 동물들은 덜 원형인 것으로 간주되고, 사자와 호랑이는 한층 덜 원형적이다. 후자는 특별한 경우에는 애완동물로 간주될 수도 있지만 아마도 '동물원 동물'의 범주로 간주될 가능성이 더 크다. 따라서 이 시점에서 '애완동물'의 범주는 '동물원 동물'의 범주로 서서히 바뀌고, 그 둘 간의 경계는 불분명하다. 그래서 방사 범주는 원형적 구성원과 덜 원형적인 구성원, 그리고 그 둘 간의 불분명한 경계를 가진다고 말할 수 있다. 삶에서는 명확한 경계를 가진 구분되는 범주들로 존재하는 것은 거의 없고, 언어도 이런 방식으로 시도하고 범주화하는 것은 틀릴 것이다. 언어가 방사 범주로 존재한다는 생각은 인지언어학의 근본적인 원리이고, 방사 범주 접근법은 단어 의미, 음운 자질, 억양 패턴, 언어 구문, 문법 규칙에 적용되었다(Taylor 2003). 따라서 환유를 방사 범주 내에 존재하는 현상으로 간주하는 것은 합당하다.

따라서 피어스먼과 헤라르츠가 환유를 원형에 따라 분류한다는 점에서 이들의 접근법을 원형 접근법 또는 방사 범주 모형이라고 부를 수 있다. 기본 전략은 한정하기 어려운 개념에는 흔히 명확한 핵이 있다는 것이다. 전체 개념에 대한 분석은 원형적인 핵으로부터 시작하는 확장을 분석하는 모습으로 나타난다. 개념적 인접성(conceptual contiguity)에 대한 원형적 분석에서, 공간적·물리적 인접성을 원형으로 단정하는 것은 직관상 명확하다.

환유적 원형성의 개념은 공간적 영역과 물질적 영역에서 가장 명확하다. 이것은 환유가 작용하는 가장 원형적인 영역이다. 공간적 영역에서 가장 원형적인 첫 번째 인접성 관계는 한정 실체들 간의 부분-전체 관계로서, 그 예는 We need some *good heads* on the project(우리는 그 프로젝트에 좋은 인재가 필요하다)이다. 여기에서 머리는 사람의 몸에서 현저한 부분으로서, 머리와 사람은 한정 실체이고, 그 둘은 부분-전체 관계를 맺고 있다. 이 둘은 서로 분리 불가능하기 때문에, 그 인접성은 매우 강하다. 또 다른 예는 명사 rifle이다. 이 명사는 선조총신(rifled barrel)이라는 총 부품의 한 현저한 특성에 기초해서 이름이 붙은 총을 가리킨다.

덜 원형적인 두 번째 유형의 인접성 관계는 포함과 같은 그릇-내용물 관계이다. 그 예는 I drank a *glass* too many(나는 술을 너무 많이 마신다)이다. 여기에서 유리잔이라는 그릇은 그곳에 담긴 내용물을 가리킨다. 유리잔과 내용물 간의 인접성은 부분-전체 관계의 경우보다 더 약한데, 그 이유는 내용물은 그릇에서 쉽게 분리할 수 있기 때문이다. 또 다른 예는 The *milk* tipped over(우유가 엎질러졌다)로서, 뒤집힌 것이 우유가 담긴 그릇이지만, 우유라는 내용물만 언급한다. 전체는 부분이 없다면 기능할 수 없지만, 그릇은 내용물과 상관없이 그릇이다. 이런 점에서 부분-전체 관계는 그릇-내용물 관계보다 인접성 관계가 더 강하다고 말할 수 있다.

원형에서 멀리 떨어져 있는 세 번째 유형의 인접성 관계는 접촉과 같은 위치-위치물 관계이다. 그 예는 *Washington* is negotiating with *Moscow*(워싱턴은 모스크바와 협상 중이다)이다. 이 예에서 워싱턴과 모스크바는 각각 그곳에 위치하는 사람을 가리킨다. 사람은 그곳에 위치하면서 그곳과 접촉만 하고 있을 뿐이다.

가장 덜 원형적이고 가장 약한 네 번째 유형의 인접성 관계는 근접성(adjacency)이다. 그 예는 The president is invited to participate in the *roundtable*(사장은 원탁회의에 참석하도록 초청받는다)이다. 이 예에서 사장은 많은 사람과 원탁 테이블에서 하는 회의에 참석할 것이다. 즉, 원탁 테이블은 회의를 가리킨다. 회의가 원탁 테이블에서 일어나서 둘 사이의 근접성이라는 관계가 있지만, 인접성 관계는 월형성이 가장 약하다.

다음 그림은 지금까지 논의한 환유의 네 가지 유형을 요약한 것이다. 이런 유형은 강도와 원형성의 척도에 따라 조직되어 있다. 그림에서 가장 상위에 있는 부분-전체가 가장 강하고 가장 원형적인 인접성 관계이고, 가장 하위에 있는 근접성은 가장 약하고 비원형적인 인접성 관계를 나타낸다(Nesset 2009: 67).

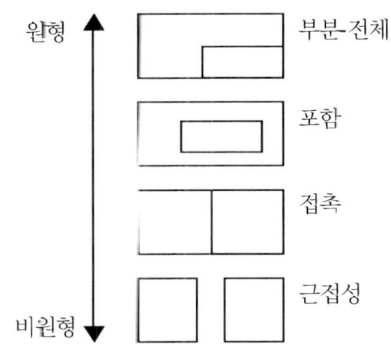

그림 3-8 피어스먼과 헤라르츠의 원형 기반적 환유 분류

피어스먼과 헤라르츠는 공간적 부분-전체 관계를 출발점으로 하여, 다양한 환유적 패턴이 어떻게 세 가지 차원에 의해 그런 원형에 타당하게 연결될 수 있는지를 보여 준다. 즉, 인접성의 경우처럼 보이지 않는 환유

의 예는 범주의 원형 구조를 고려하면 적절히 분석 가능하다.

첫 번째 차원은 접촉의 강도(strength of contact)이다. 이는 원형을 포함과 근접성의 방향으로 확장한다. 즉, 부분-전체 관계가 가장 강력하고 명확한 인접성의 형태로 간주된다면, 포함과 근접성은 더 약하거나 느슨한 형태로 식별될 수 있다. 포함의 경우에, 매체와 목표의 관계는 부분-전체 관계의 경우만큼 강하진 않지만, 매체는 목표에 제약적 힘을 발휘한다. 근접성의 경우에, 매체와 목표의 공간적 관계는 한층 더 우연적이거나 비제약적이다. 이 세 가지 경우를 예증하는 환유적 패턴은 공간적 부분-전체, 그릇-내용물, 위치-위치물이 그것이다. 이 각각의 예에는 공간적 관계가 있지만, 한 사물이 또 다른 사물의 필수적인 부분이 되는 것에서부터 우연적인 공간적 근접성으로 가면서 가까움과 관계의 강도는 감소한다.

두 번째 차원은 적용 영역이다. 이는 공간적 영역으로부터 시간과 사건 같은 추상적 영역으로의 전이와 관련이 있다. 공간적 영역에서 원형적으로 존재하는 인접성 관계는 비공간적 영역에서 은유적으로 적용된다. 다음 표는 접촉의 강도와 적용 영역이라는 두 가지 차원에 입각해 환유적 패턴을 분류해 놓은 것이다(Geeraerts 2010: 218).

표 3-1 환유적 패턴의 원형 기반적 분류

	부분-전체 관계	포함	근접성
공간	공간적 부분-전체	그릇-내용물	위치-위치물
시간	시간적 부분-전체	시간적 포함-내용물	-
사건	하위 사건-사건 전체	사건-참여자 사건-도구	원인-결과 생산자-제품 위치-제품
기능적 집합	특징-특징적 구성원 실체-수집	소유자-소유물 통제자-통제물	옷-사람

공간에서 시간으로의 확장이 간단하지만, 사건도 부분들로 구성되어 있는 것으로 간주된다. 이때 참여하는 실체들은 사건 속에 포함되는 것이다. 사건-참여자에서, 그릇은 공간적이거나 순수한 시간적 실체가 아니라, 참여자가 그 내용물인 사건이다. 매체와 목표 간의 접촉의 강도를 약하게 하면, 두 사건 간이나 그 내에서의 포함 관계로부터 근접성 관계로 가게 된다. 이런 관계는 현저한 원인-결과 패턴의 기초에 있으며, 생산자-제품 같은 사건에서 결합되는 참여자들을 연결하는 패턴도 동기화한다. 마지막으로, 기본적인 환유적 패턴은 기능적 집합으로 확장될 수 있다. 이것은 조직, 유기체, 총체 같은 기능적 집합의 특징적 부분이 전체에 이름을 제공하는 경우를 포함한다.

세 번째 차원은 한정성(boundedness)이다. 이는 한정된 사물이 어떻게 비한정된 사물의 부분으로 문맥화되거나 그 역일 수 있는지를 보게 한다. 예컨대, 물질-사물 패턴에서, 재료는 사물을 구성하는 부분으로 생각되거나, 사물은 비한정적 덩어리로부터 새겨진 한정된 실체로 간주된다. 그리고 비한정성의 도입은 물질-사물 같은 물리적·공간적 패턴에 국한되지 않는다. 흥미롭게도, 사건의 영역에서, 비한정된 부분-전체 관계가 활동과 상태 사이에서 존재한다. Mary speaks Spanish(메리는 스페인어를 한다), John smokes(존은 담배를 피운다), Harry drinks(해리는 술을 마신다) 같은 문장에서, 말하기, 담배 피우기, 술 마시기의 활동은 그것이 부분인 상태를 환유적으로 대표한다. 예컨대, 말하기는 언어의 일반 지식에서 한 가지 하위 활동일 뿐이다. 이와 비슷하게, 담배 피우기와 술 마시기의 활동에 대한 지시는 실제로 존이 흡연하고 있고 해리가 음주하고 있다는 상태를 의미한다. 활동은 시간적으로 한정적이지만 상태는 비한정적이기 때문에, 이런 예들은 물질-사물과 동일한 구조적 유형을 예증한다. 그리고 기능적 집합의 영역에서 특징-특징적 구성원 패턴은 brains(지식인) 같은 물리적 특징을 가리키는 예뿐만 아니라, 비물리적·비한정적 자질이 그런 특징을 가진 누군가에게 이름을 제공하는 youth(젊은이)나 beauty(미인) 같은 경우로도 예증된다.

요컨대, 피어스먼과 헤라르츠는 부분-전체에서부터 포함, 접촉, 근접성까지 이르는 공간적 인접성의 척도를 도입하고, 환유 관계에 수반되는 실체들의 다양한 정도의 한정성 차원을 추가하며, 행동/사건/과정의 영역과 수집/조합의 영역을 추가하여 다음과 같은 3차원 모형을 제시한다. 이 모형에는 세 가지 좌표가 있는데, 첫 번째 좌표는 두 개념의 연상의 정도를 명시하고, 두 번째 좌표는 두 개념의 한정성의 정도를 명시하며, 세 번째 좌표는 기본적인 공간 영역에서부터 시간, 행동/사건/과정이라는 추상적 영역과 조합/수집으로 확장되는 영역을 명시한다.

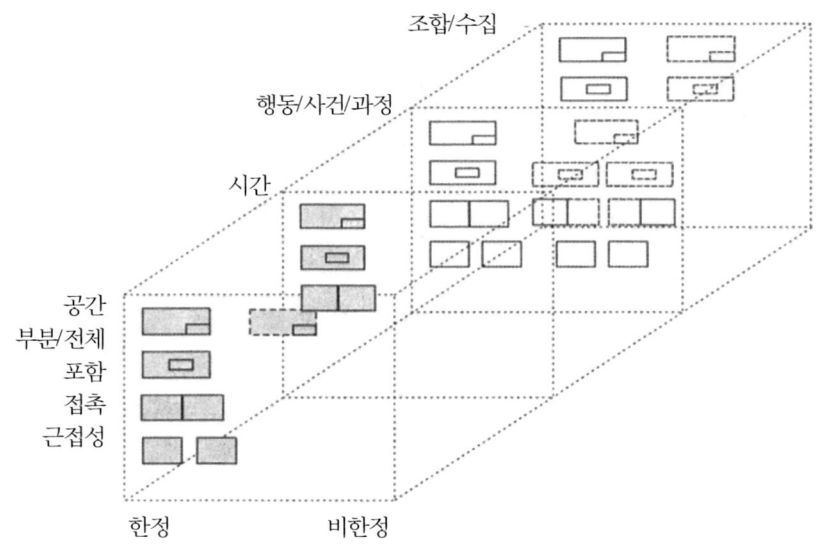

그림 3-9 피어스먼과 헤라르츠의 환유적 패턴의 원형 모형

환유의 원형 접근법의 주된 장점은 이 접근법이 원형적 환유와 비원형적 환유에 이르기까지 폭넓은 범위의 환유를 다룬다는 것이다. 하지만 이 접근법에서는 환유의 최종 산출물에 초점을 두기 때문에 환유 과정과 이 과정에 따른 의미 전이를 기술하거나 분석하지 않는다는 점에서는 문제점을 보인다. 피어스먼과 헤라르츠가 제안한 환유의 원형 접근법에 대한 결정적인 비판은 Bierwiaczonek(2013: 29-32)에서 찾아볼 수 있다. 즉, 피어스먼과 헤라르츠가 지안한 영역들의 순서에 관한 논리를 이해하는 것이 다소 어렵고, 근접성이라는 개념을 충분히 정확하게 정의하지 않았으며, 'E(실체) 관계'와 'C(범주) 관계'를 혼동하고, 원형 구성원과 비원형 구성원이 연결되는 방식을 설명하지 않았다는 것이 그가 지적한 네 가지 문제점이다.

Littlemore(2015: 53)도 원형 접근법의 문제점을 지적한다. 피어스먼과 헤라르츠에 따르면, 환유 유형은 원형적 실례로부터 세 가지 방식으로 방사한다. 즉, 환유 유형은 점차 덜 인접적이게 되고, 덜 한정적이게 되며, 덜 구체적이게 된다는 것이다. 이 모형은 환유들이 둘 이상의 방식으로 서로 다를 수 있다는 것을 보여 주기 때문에 유용하다. 하지만 이 모형의 한 가지 문제는 실세계 데이터를 가진 환유에 직면할 때 그런 환유가 어떤 범주에 일치하는지 알기가 때때로 어렵다는 것이다. 표현 have a roof over my head(거처할 집을 가지다)는 매우 기본적으로 실제로 집을 가진다는 생각을 가리키므로, 언뜻 보면 대체 용어와 지시물 간에 높은 정도의 인접성이 있는 것처럼 보인다. 하지만 이 표현은 또한 기본 욕구를 마련할 수 있을 만큼 충분한 돈이 있다는 추가적인 의미도 있는데, 여기에서는 매체와 지시물 간에 더 좁은 인접성을 보게 된다. 따라서 둘 이상의 지시가 있을 수 있기 때문에 환유가 문맥에서 사용될 때는 매체와 지시물 간의 인접성의 정확한 정도는 식별하기가 매우 어렵다. 한정성도 마찬가지다.

a pair of legs(다리)는 단순히 여자를 가리키는 것보다 그 의미가 훨씬 넓고, 그것이 여자의 성적 관심과 이용도에 대한 모든 종류의 내포를 지닌다. 이런 내포는 '한정된 실체'의 개념으로는 쉽게 망라되지 않는다. 즉, 환유는 단 하나의 명확한 지시물을 가지지 않기 때문에, 이 지시물이 어느 정도까지 한정적인지 측정하는 것은 어렵다. 마지막으로, 어떤 환유 표현의 구체성의 정도를 결정하는 것은 어려울 수 있다. 이는 Brothers needed some muscle(그 형제들은 근육이 필요했다)를 예로 들 수 있다. 여기에서는 some muscle이 간단히 강한 남자를 가리킨다고 말할 수 있는데, 이 경우에 지시물은 매우 구체적이다. 또는 싸우기 전에 힘을 키우는 것을 가리킬 수 있는데, 이것은 약간 덜 구체적인 현상이다. 이 모형의 주된 문제는 그것이 매체 용어와 지시물 간에 일대일 대응을 가정한다는 것인데, 실제로는 항상 그런 것은 아니다.

　지금까지 환유의 표준 접근법과 그것이 안고 있는 문제점을 영역의 비제약적 성질과 영역 사상 내의 제약에 비추어 살펴보고, 더 나아가 표준 접근법의 문제점을 해결하는 시도를 검토해 보았다. 그리고 환유의 대안적 접근법으로 기호학적 접근법과 원형 접근법의 내용을 소개하였다. 다음의 제2부에서는 환유를 인지언어학 이론에서 논의하는 몇 가지 방식을 살펴볼 것이다.

제2부

환유의
인지언어학 이론

제4장

환유와 영상도식 이론

1. 영상도식, 은유, 환유의 본질

1.1. 영상도식

영상도식은 다양한 인지모형을 개념화하기 위한 기초가 되는 인지적 구성물이다(Johnson 1987 참조). Johnson(1987: xiv)은 영상도식을 다음과 같이 정의한다. 영상도식은 "우리의 지각적 상호작용과 운동근육 프로그램의 반복적이고 동적인 패턴으로서 우리의 경험에 일관성과 구조를 제공한다." Lakoff(1987: 282)에 따르면, "영상도식은 물리적 경험에 의해서 이해된다." 예컨대, 위-아래 도식은 우리 경험의 의미 있는 구조를 구별할 때 위-아래 방향성을 사용하려는 우리의 일상 경험에서 발생한다. 서 있는 나무를 지각하는 것, 똑바로 서 있다는 느낌, 계단 오르기, 분수대에서 물이 올라가는 현상처럼 우리가 일상에서 경험하는 지각과 활동에서 위-아래 도식을 이해할 수 있다.

　Johnson(1987)은 신체화된 경험을 통해 개념적 체계에서 영상도식이 발생한다고 제안했다.[1] 우리가 세계와 상호작용하고 세계에서 활동하기 때문에, 영상도식은 감각 경험과 지각 경험에서 도출된다. 예컨대, 인간이 직립보행을 한다고 하면, 머리는 우리의 몸 꼭대기에 있고 다리는 바닥에 있으므로 우리 몸의 수직축은 기능적으로 비대칭적이다. 즉, 우리 몸의 꼭대기 부위와 바닥 부위는 서로 다르다. 몸의 수직축은 우리가 환경과 상호작용하는 방식 때문에 우리에게 중요하다. 예컨대, 인간 수직축의 비대칭성을 고려한다면, 떨어진 물건을 주우려고 몸을 굽혀야 하고 떨어진 물건을 보려고 시선을 아래로 향해야 하지만, 올라가는 물건을 보려면 고개를 들어 시선을 위로 향해야 한다. 다시 말해, 우리의 생리는 중력과 상호작용하는 우리의 수직축이 우리가 환경과 상호작용하는 방식의 결과로 의미를 발생시킨다.

앞선 연구자들에 따르면, 영상도식은 대체로 다음 일곱 가지 특징을 지니고 있다. 첫째, 영상도식은 본래 선개념적(preconceptual)이다. Lakoff (1987)는 영상도식을 두 가지 종류의 선개념적 체험 중 하나로 간주한다.[2] Lakoff(1987: 267)에 따르면, "영상도식은 우리 일상의 신체적 경험에서 지속적으로 나타나는 비교적 간단한 구조이다." 즉, 영상도식은 개념에 대한 우리의 신체적·물리적 경험을 바탕으로 형성되는 구조로서, 가장 기본적인 신체적·물리적 경험은 우리의 몸이다. 임지룡(2017: 90)에 따르면, "영상도식의 일차적 근원은 사람의 몸이다. 우리는 신체를 통하여 '그릇', '연결', '중심-주변', '부분-전체', '균형', '경로', '원근', '방향'을 지각하며, 이 원초적 경험을 바탕으로 긍정과 부정의 가치를 부여한다." 그리

---

1   신체가 영상도식을 구성하는 데 참여하기 때문에 영상도식은 신체화된 도식(embodied schema)이나 운동감각적 도식(kinaesthetic schema)이라고도 한다.
2   나머지 하나는 기본층위 구조(basic-level structure)이다. 기본층위 구조는 가장 현저한 분류법의 층위이고, 실체가 가장 잘 명명될 것 같은 층위이다. chair, hammer, dog는 기본층위 용어이다. furniture, tool, animal, artifact, creature는 기본층위에 대한 상위어이다. upholstered chair, claw hammer, Scottish Terrier는 기본층위에 종속된 하위어이다.

고 Mandler(2004)는 영상도식이 개념 형성을 선행하는 인간 발달의 초기 단계에서 감각 경험으로부터 발생한다고 주장한다.

둘째, 영상도식은 내적으로 복합적이다. 즉, 영상도식은 따로따로 분석할 수 있는 복합적 양상들로 이루어져 있다. 이것은 영상도식이 우리의 경험과 인지에서 일관적이며, 의미심장하며, 통일된 전체라는 게슈탈트 구조의 본성을 가지고 있음을 뜻한다. 게슈탈트 구조라는 것은 반복되는 패턴과 구조를 명시하는 우리의 경험과 이해 속에 있는 조직적인 통일된 전체를 말한다. Lakoff(1987: 284)에 따르면, "게슈탈트 구조에서 요소들은 전체와 독립적으로 존재하는 것이 아니며, 전체의 의미는 부분의 의미 및 부분들의 결합 방식에서 예측할 수 있는 것이 아니다." 영상도식의 토대가 되는 게슈탈트 구조는 분석하고 쪼갤 수는 있지만, 그러한 환원은 게슈탈트 구조의 통합성이 파괴된다. 즉, 모든 영상도식은 환원될 수 없는 게슈탈트인 것이다.

셋째, 영상도식은 신체화된 경험에서 도출되기 때문에, 우리가 세계와 상호작용하는 방식에서 도출된다. 예컨대, 힘 도식은 우리가 다른 실체에 영향을 미치거나 영향을 받아서 이동 에너지의 전달을 유발하는 경험에서 발생한다. Johnson(1987: 43)은 힘 도식의 상호작용적 유도(interactional derivation)에 대해 다음과 같이 말한다. "힘은 항상 상호작용을 통해 경험된다. 힘이 우리에게 영향을 미치거나 우리의 지각장 안에 있는 사물에 영향을 미칠 때에야 비로소 힘을 인식할 수 있다. 낯설고 어두운 방에서 탁자 모서리에 부딪힐 때 우리는 힘의 상호작용적 특징을 경험하게 된다. 음식을 너무 많이 먹을 때 섭취한 음식물은 우리의 팽팽한 위를 밖으로 압박한다. 상호작용이나 잠재적 상호작용을 수반하지 않는 힘의 도식은 없다."

넷째, 영상도식은 조직화 활동의 연속적 구조(continuous structure of

an organizing activity)이다. 즉, 영상도식은 고정되고 정적인 패턴이 아니라 동적인 패턴이다. 영상도식은 두 가지 면에서 동적이다. 먼저, 영상도식은 우리의 경험을 조직화하는 활동 구조이다. 영상도식은 경험이 담겨 있는 수동적인 그릇이 아니라 우리에게 질서를 구성하게 하는 핵심 수단이다. 다음으로, 영상도식은 다양한 문맥에서 상세한 실례들을 명시화할 수 있다는 점에서 유연하다. 이러한 유연성 때문에 영상도식은 유사한 많은 상황에 어울리게 변형될 수 있다. 따라서 영상도식은 다양한 범위의 다른 경험을 접속시키는 동적인 패턴이다. 영상도식의 이러한 역동성과 유연성 때문에 단어의 다의성은 자연스럽게 설명된다. Lakoff(1987: 440)는 "영상도식들 사이에 매우 자연스러운 관계가 있으며, 그 관계가 다의성에 동기를 부여한다"라고 말한다. 즉, 다의성이 가능한 것은 동일한 영상도식을 바탕으로 물리적 영역이 추상적 영역으로 은유적 확장[3]을 겪기 때문이다. 동일한 단어의 여러 의미가 서로 관련되는 이유는 그 의미들이 동일한 영상도식을 공유하고, 그 영상도식이 은유적으로 사상되기 때문이다.

다섯째, 영상도식은 은유적 사상(metaphorical mapping)의 근원이 된다. Lakoff (1987: 435)는 "은유는 영상도식을 근원영역으로 사용한다. 수많은 은유적 모형은 공간 영역을 근원영역으로 사용한다"라고 말한다. 즉, 영상도식은 은유적 사상을 통해 확장되고 정교화된다. Lakoff (1987: 283)의 말을 빌리면, "은유적 사상은 영상도식에 의해 이해된다." 영상도식은 많은 다른 물리적 운동과 지각적 상호작용을 구조화하고, 은유적으로 정교화될 때 많은 추상적 영역을 구조화할 수 있다. 영상도식은 먼저 신체적인 상호작용의 구조로서 나타나지만 비유적으로 확장될 수 있다. 이러한 비유적 확장과 정교화는 구체적 영역에서 추상적 영역으로 은유적 사상의

---

[3] 은유적 확장은 은유적 전이(metaphorical transfer)라고도 한다.

형태를 취한다. 즉, 은유적 사상은 구체적 의미에서 추상적 의미로 진행되며 그 역은 성립하지 않는다는 점에서 일방향적이다. 추상적 의미는 우리의 신체적·물리적 경험에서 도출된 영상도식에 의존한다.

여섯째, 영상도식은 추상적이다. 이에 대해 Langacker(1993: 3)는 "영상도식이 자신에게 부여된 일을 하려면, 즉 은유적 확장에서 불변성을 포착하려면 은유의 근원영역과 목표영역에 공통적이어야 한다. 따라서 추상적이어야 한다"라고 말한다. 영상도식은 은유적 사상에서도 변하지 않는다면 상당히 추상적이어야 하는 것이다.

일곱째, 영상도식은 변형될 수 있다. 영상도식은 신체화된 경험에서 발생하기 때문에 한 영상도식에서 또 다른 영상도식으로 변형을 겪을 수 있다. 예컨대, 동일한 사물들의 집합에 대해, 셀 수 있는 개별 실체들의 무리와 관련된 가산 도식과 내적으로 동질적인 것으로 지각되는 질량 도식 사이에 변형이 있다. 이 두 영상도식은 명사의 문법적 행동에서 반영되는데, 이것은 가산명사와 질량명사의 구분과 관련 있다. 가산명사는 질량명사로 변형될 수 있고 그 역도 마찬가지이다. 이는 가산-질량 도식 변형에 대한 언어적 증거이다. (1a)의 tomato 같은 가산명사가 질량명사로 생각된다면, 그것은 (1b)에서 볼 수 있듯이 질량명사의 문법적 특성을 취하게 된다.

(1) a. I have a tomato.(나는 토마토를 가지고 있다.)
　　b. After my fall there was tomato all over my face.(넘어진 뒤에 내 얼굴 전체에 토마토가 묻었다.)

가산명사에서 질량명사로의 문법적 변형인 탈한정화(debounding)와 질량명사에서 가산명사로의 변형인 발췌화(exerpting)는 가산명사나 질량명사에 의해 실체를 문법적으로 부호화할 수 있는 우리의 능력을 뒷받침하는 영상도식 변형으로부터 동기부여된다.

이 장에서는 영상도식의 이 마지막 특징인 영상도식 변형(image-schema transformation)에 환유가 어떻게 작용하는지를 다룰 것이다. Lakoff(1987: 440-444; 1989: 120-123)는 영상도식 변형을 개념적 구조의 방사 구조(radial structure)를 형성하는 본질적 기제로 연구했다. 영상도식 변형은 다의성을 동기화하는 영상도식들 간의 매우 자연스러운 관계이다. 이 장의 목표는 **경로** 영상도식 변형에 환유와 은유가 기초가 되는 방식을 기술하고, 환유와 은유 과정이 영상도식 변형에 기초한 개념적·언어적 구조에 영향을 미치는 방식을 조사하는 것이다. 이런 목적을 위해 은유와 환유의 개념적 이론에 대한 루이스 데 멘도자와 동료들의 연구를 활용할 것이다(Ruiz de Mendoza 2000, 2005; Ruiz de Mendoza & Pérez 2001; Ruiz de Mendoza & Santibáñez 2003; Ruiz de Mendoza & Peña 2005 참조).

1.2. 은유

레이코프와 동료들이 창안한 개념적 은유 이론(conceptual metaphor theory)에서 은유는 근원영역에서 목표영역으로의 영역 외적 사상(또는 대응)으로 설명된다(Lakoff & Johnson 1980, 1999; Lakoff & Turner 1989; Lakoff 1987, 1993 참조). 예컨대, **사랑은 여행이다**라는 은유에서 연인은 여행자이고, 사랑 관계는 차량이며, 연인들의 공동 목표는 여행의 목적지이고, 관계의 난관은 여행의 장애물이다. 따라서 We are going nowhere(우리는 아무 성과를 못 보고 있다)와 같은 표현은 목표에 도달하기 위해 무엇을 해야 할지 결정할 때 연인들이 겪는 문제에 초점을 둔다.

개념적 은유 이론에서 한 가지 관심사는 은유적 사상에 적절한 제약을 설명하는 것이었다. 즉, 사상 드는 대응이 무작위로 일어나서는 안 된다는 것이다. 이와 관련해 Lakoff(1990, 1993)는 불변성 원리(Invariance Principle)로 포착되는 은유의 보편적인 특성이 있다고 제안하는데, 이 원리는 은유적 사상이 근원영역에 있는 영상도식적 구조와 일치하는 방식으로 목표영역의 영상도식적 구조를 보존한다는 것이다. 따라서 만약 사자의 갈기를 사람의 머리카락으로 사상한다면, 사자 갈기의 길이, 두께와 같은 특징이 그에 상응하는 사람의 머리카락으로 사상된다. 사람을 의인화에서처럼 나무로 사상한다면, 나무의 꼭대기는 사람의 머리로 간주되고, 잎은 머리카락, 가지는 팔과 손가락으로 간주된다. 그리고 머리를 가지로 사상하거나 팔을 잎으로 사상하지는 않는다. 하지만 Ruiz de Mendoza (1998)가 말하듯이, 근원영역과 목표영역 간의 일관성은 영상도식적 형상을 초월해서 총칭 층위의 구조에도 적용된다. 예컨대, 사람은 동물이다에서 동물의 행동은 종종 그에 상응하는 사람의 행동이나 가치관으로 사상된다. 가령, 용기는 사자와 연상되고, 교활함은 여우와 연상된다. 그러나 동물의 행동을 사람의 물리적 특징으로 사상하거나, 동물의 물리적 특징을 사람의 행동으로 사상하지는 않는다. Ruiz de Mendoza(1998)는 이것을 확장된 불변성 원리(Extended Invariance Principle)라고 부른다. 즉, 은유적 사상은 영상도식적 구조뿐만 아니라 모든 종류의 총칭 층위의 구조를 보존한다는 것이다.

은유 과정에는 또 다른 원리가 있는데, Ruiz de Mendoza & Santibáñez(2003)는 이것을 상관성 원리(Correlation Principle)라고 부른다. 이 원리에 따르면, 근원영역의 항목이 목표영역의 상관물로서 자격을 갖기 위해서는 그 항목이 목표영역 요소의 모든 적절한 함축 구조를 공유해야 한다. 누군가가 열띤 정치적 토론이 결국 격렬한 논쟁으로 끝나는 것을 보고는 과장해서 It was not a debate; it was nuclear war(그것은 논쟁이 아니라 핵전쟁이었다)라고 말한다고 상상해 보자. 여기에서는 **논쟁은 전쟁이다** 은유가 사용된다. 이 은유에서 토론자는 전쟁 중인 적이고, 무기는 토론자들이 사용하는 논리로 사상되며, 전쟁의 효과는 논쟁의 결과로 사상된다. 토론의 강도는 과장법으로 포착되며, 이것은 올바른 근원영역을 찾는 것에 기초한다. 소규모 전쟁과 같은 다른 근원영역 항목으로는 의도한 의미가 포착되지 않는데, 왜냐하면 그것은 비슷한 의미 효과를 목표영역과 공유하지 않기 때문이다. 따라서 이 은유는 상관성 원리를 준수하는 것이다.

1.3. 환유

레이코프와 동료들은 환유는 지배적으로 지시적(referential) 역할을 한다고 제안했다. 하지만 Ruiz de Mendoza(2000)는 두 가지 점에서 이들의 주장에 의문을 제기한다. 첫째로 은유도 지시적으로 사용될 수 있고(가령, There goes the damned rat that betrayed me(저기에 나를 배신한 빌어먹을 쥐새끼 같은 놈이 간다)), 둘째로 많은 환유는 지시적이지 않다(가령, Be fast는 '빨리 걷다'를 의미한다)는 것이다. 루이스 데 멘도자는 또한 다음 그림에서처럼 환유를 목표 속 근원 환유(source-in-target metonymy)와 근원 속 목표 환유(target-in-source metonymy)라는 두 가지 종류의 환유로 구분한다.

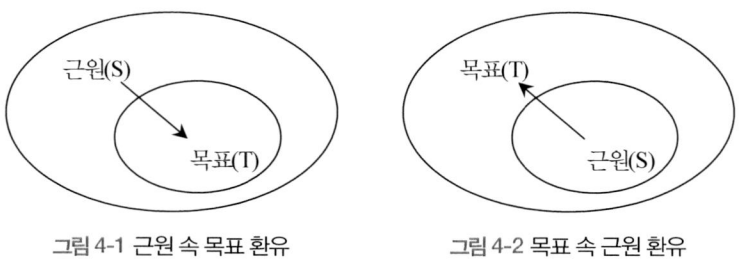

그림 4-1 근원 속 목표 환유   그림 4-2 목표 속 근원 환유

목표 속 근원 환유는 완전히 발달한 참조 영역인 모체영역(matrix domain)으로 접근 지점을 확장함으로써 작동하고, 근원 속 목표 환유는 모체영역인 근원의 하위 영역을 부각함으로써 작동한다. 다음 예를 고려해 보자.

(2) The *fur* coat has left without paying.(모피코트는 돈을 내지 않고 나가버렸다.)
(3) He is pouring out his *soul* for the whole world.(그는 온 세상을 위해 자신의 **영혼**을 쏟아 내고 있다.)

문장 (2)는 식당 틀 내에서 해석되어야 한다. 모피코트를 입은 여성이 음식을 주문해서 먹고는 계산을 하지 않고 식당에서 나갔다. 식당 종업원은 문맥상 현저한 옷을 언급해서 이 여자를 가리킨다. 이것은 목표 속 근원 환유의 경우로서, 손님이 입고 있는 '옷'(근원)은 음식을 주문한 '손님'(목표)을 가리킨다. 이때 목표인 '손님' 속에 근원인 그녀가 입고 있는 '옷'이 있는 것이다. 따라서 이 환유에서는 손님이 입고 있는 '옷'이라는 작은 영역에서 그 옷을 입고 있는 '손님'이라는 큰 영역으로의 확장이 수반되어, 이것은 영역 확장의 경우이다. 이것은 그림 4-3으로 나타낼 수 있다.

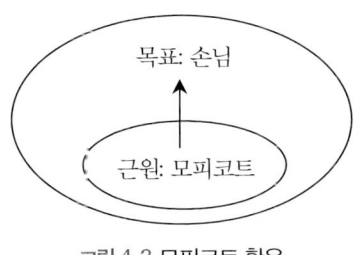

그림 4-3 모피코트 환유

예 (3)에서는 근원 속 목표 환유를 발견할 수 있다. '영혼'(근원)은 다양한 성질 중에서 '감정'(목표)을 가리킨다. 이때 근원인 '영혼' 속에 목표인 그것의 한 속성인 '감정'이 있는 것이다. 따라서 이 환유에서는 '영혼'이라는 큰 영역에서 그것의 하위 속성인 '감정'이라는 작은 영역으로의 축소가 수반되어, 이것은 영역 확장의 경우이고 또는 영혼 중에서 감정을 부각한다고 말할 수도 있다. 이 환유는 **몸은 감정을 담는 그릇이다** 은유의 목표영역으로 통합된다. 그리고 이 은유는 더 나아가 **감정은 액체이다**와 결합된다. 몸은 그릇으로 개념화되고, 영혼이라는 그 내용물은 감정이다. 이것은 그림 4-4로 나타낼 수 있다(Peña & Ruiz de Mendoza 2009: 343 참조).

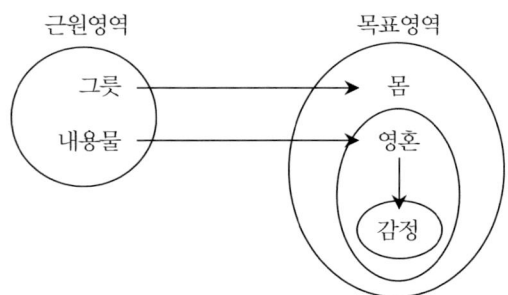

그림 4-4 **영혼은 감정을 대표한다** 환유

예 (3)에서 표현 pouring out his soul은 가시적인 것은 알려진 것이다 은유에 의해 한층 더 풍부해진다. 왜냐하면 감정을 비유적으로 '밖으로 쏟음'으로써 주체는 감정을 다른 사람에게 보이고 알려지게 만들기 때문이다.

환유의 인지언어학 연구에서 한 가지 주된 관심은 환유를 분류하는 것이었다(가령, Dirven 1993, 2003; Kövecses & Radden 1998; Radden & Kövecses 1999 참조). 루이스 데 멘도자의 목표 속 근원 환유와 근원 속의 환유의 구분은 근원과 목표 사이에서 유지되는 영역-하위 영역 관계에 기초한다. Kövecses & Radden(1998)과 Radden & Kövecses(1999)의 환유 분류법에는 또 다른 기준이 있다. 이들은 환유가 총칭성의 다양한 층위들에서 작용한다고 주장한다. 따라서 환유마다 근원과 목표의 서로 다른 추상의 층위로부터 초래된다고 주장할 수 있다. 주문 음식은 손님을 대표한다와 같은 하위 층위의 환유는 비총칭적인 인지모형을 활용하지만, **잠재성은 실제성을 대표한다, 결과는 원인을 대표한다, 과정은 행동을 대표한다** 같은 상위 층위의 환유는 총칭적 인지모형을 수반하기 때문에 더 높은 추상의 층위에서 작동한다. 언어 분석을 위해 상위 층위의 환유적 작용을 가정하는 것이 적절하다는 것을 예증하기 위해 다음 예를 고려해 보자.

(4) Don't worry; be happy.(걱정하지 마세요; 행복하세요!)
(5) John walked the dog.(존은 개를 산책시켰다.)

Panther & Thornburg(2000)에서는 상태 술어가 사용된 명령문의 의미적 내용을 상위 층위의 환유 **결과는 행동을 대표한다**에 의해 논의한다. 명령문은 전형적으로 행동 술어를 요구하기 때문에, 상태 술어가 명령문에서 사용될 수 있는 유일한 방법은 행동의 결과가 행동 자체를 대표하는 환유 과정을 통하는 것뿐이다. 이에 비추어 예 (4)는 개략 '결과적으로 당신이 행복해지는 방식으로 행동하라(act in such a way that, as a result, you will be happy)'로 의역된다. Ruiz de Mendoza & Pérez(2001: 329)에 따르면, 상태 술어가 사용된 명령문 구문은 이른바 문법적 환유(grammatical metonymy)의 경우이다. 이것은 절 요소들의 문법적 재배열에 의해 결과를 유발하는 상위 층위의 환유적 사상을 말한다. 능격(ergative) 패턴인 예 (5)도 논항구조의 관점에서 결합가 확장(valency extension)의 예이다. 자동사 walk가 추가 논항을 넣어서 타동사로 사용된다. 이 과정은 **활동은**

초래된 사건을 대표한다라는 문법적 환유에 의해 인가된다. 구체적으로 말해, 예 (5)는 '걷다'를 '걷게 하다'로 환유적으로 정교화한다. 이 과정의 문법적 결과는 규범적인 1논항 구조를 2논항 구조로 전환하는 것이다. 루이스 데 멘도자와 페레즈는 문법적 환유가 문법의 많은 분야에도 영향을 미친다고 말한다. 따라서 명사의 하위 범주 전환(가령, There were three Johns at the party(파티에 세 명의 존이 있었다); 이름은 사람을 대표한다), 형용사의 재범주화(가령, blacks(흑인), nobles(귀족); 특성은 사람을 대표한다), 동사의 재범주화(가령, a deep cut(깊이 베인 상처), a bad scratch(심한 긁은 자국); 행동은 결과를 대표한다)와 같은 현상은 환유적으로 동기화된다. 다음 절에서는 **행동은 결과를 대표한다**라는 문법적 환유가 영상도식 변형을 해석하고 개념화하는 기초가 된다는 것을 보여 줄 것이다.

(6)과 (7) 간의 대조는 마지막 환유 분류의 기준을 예증해 준다.

(6) All hands on deck.(전원 갑판 위에 집합.)
(7) He had his tongue in his cheek when he said that!(그는 반 놀림 투로 그렇게 말했다.)

예 (6)은 목표 속 근원 환유 손은 **사람을 대표한다**의 예로서, 근원 '손'은 목표 '사람'의 하위 영역이다. (7)에서 누군가가 혀로 한쪽 뺨을 밀고 있다는 상황의 한 부분이 그가 유머러스하게 이야기하고 있는 전체 상황을 대표한다. 이 두 예 모두 하위 층위의 목표 속 근원 환유의 경우이지만, 그 영역의 존재론적 본질에서는 차이가 있다. 즉, (6)에서는 한 실체가 또 다른 실체를 대표하지만, (7)에서는 상황의 한 부분이 상황 전체를 대표한다. Ruiz de Mendoza & Díez(2003: 193-196)는 (6)과 같은 환유를 명제적 환유(propositional metonymy)라고 부르고, (7)과 같은 환유를 상황적 환유(situational metonymy)라고 부른다. 영상도식 변형에서 환유적 동기화를 분석할 때 모든 예는 명제적 환유에 속한다.

2. 경로 영상도식과 환유

Lakoff(1987: 442)에 따르면, 경로 영상도식 변형은 이동하는 한 사물이 정지할 때까지 경로를 따르고 그것이 있는 곳에 집중하는 일반적인 경험에 기초한다. 이런 영상도식 변형은 래내커가 말하는 활성역/윤곽 불일치(active zone/profile discrepancy)에 의해 부분적으로 설명될 수 있다. 활성역은 한 영역이나 관계에서 의미의 적절한 양상을 말한다. 활성역은 기본 영역을 배경으로 윤곽부여되는 실체와 일치할 수도 있고 일치하지 않을 수도 있다. 따라서 문장 I saw the trumpet(나는 트럼펫을 보았다)과 I heard the trumpet(나는 트럼펫을 들었다)에서 단어 trumpet은 동일한 실체에 윤곽부여하지만 서로 다른 활성역에 의해 해석된다. 즉, 전자에서는 물리적 실체가 활성역이고, 후자에서는 트럼펫이 내는 소리가 활성역이다. 래내커가 말하듯이, 윤곽과 활성역이 일치하지 않는 경우에 활성역/영역 불일치가 있는데, 이것은 우리의 참조점 능력(reference point ability), 즉 한 실체를 사용해서 또 다른 실체에 정신적 접근을 하게 하는 우리의 능력이 있다. 가령, '트럼펫'은 '트럼펫 소리'에 접근을 제공할 수 있다. 이와 동일한 방식으로, 경로 영상도식 변형은 초점 전이를 수반하는데, 이것은 공간과 이동의 영역을 배경으로 윤곽부여되는 구성물인 '경로'와 '경로 끝' 간의 불일치를 유발한다. 따라서 경로 끝은 경로 영상도식에서 활성역으로 해석될 수 있다. 이 영상도식 변형에서 '경로'가 '경로 끝'에 대한 접근을 할 수 있게 하기 때문에, 그것은 초점 전이를 할 수 있는 언어 사용자의 참조점 능력을 요구한다. 이 경우에 수반되는 참조점 능력은 상위 층위 환유의 형태를 취한다. 따라서 영상도식 변형이 초점 전이 또는 활성역/윤곽 불일치라고 말하는 것으로는 이 가정에 수반된 모든 인지적 활동과 그것의 완전히 의미 효과를 설명하기에 불충분하다. 그래서 상위 층위의 환유가 **경로** 영상도식 변형의 경우에 활성역/윤곽 불일치에서 결정적인 동기화 요인이다.

2.1. 문자적 경로 영상도식 변형

경로 영상도식은 많은 언어 표현을 개념화하는 기초이다. 다른 영상도식들처럼 이 영상도식은 구조적 요소와 내적 논리로 구성되어 있다. 이 영상도식의 구조적 요소에 관해, 경로는 한 위치에서 또 다른 위치로 이동하는 수단이기 때문에, 출발지와 목적지, 그 둘을 연결하는 경로, 경로의 방향성으로 이루어져 있다. 다른 영상도식처럼, **경로** 도식도 체험적 게슈탈트를 구성한다. 즉, 이 영상도식은 내적 구조를 가지고 있지만 일관성이 있는 전체로 발생한다. 이것은 다음과 같이 나타낼 수 있다(Evans & Green 2006: 185).

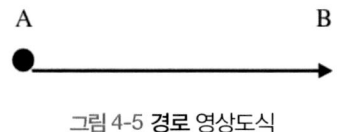

그림 4-5 **경로** 영상도식

경로 영상도식의 내적 논리에 관해, 출발점에서 목적지로 가면, 경로를 따라 있는 모든 중간 지점을 통과해야 하고, 출발점에서 더 멀리에 있을수록, 출발 이후로 더 많은 시간이 지나간다. 환유와 같은 인지 과정은 영역과 하위 영역 간에 개념적 관계를 확립하게 해 준다. 이와 관련해 **경로** 영상도식을 각 구조적 요소가 하위 영역인 개념적 영역으로 간주하면, 전체 도식을 구조적 요소로 사상하거나 구조적 요소를 전체 도식으로 사상하는 것이 가능하다. Lakoff(1987: 120)는 (8a)와 (8b)를 관련시키는 영상도식 변형이 경로 영상도식의 한 구조적 요소인 목적지를 초점화함으로써 초래된다고 말한다.

(8) a. She walked over the bridge.(그녀는 다리 위를 걸었다.)
  b. She lived over the bridge.(그녀는 다리 건너편에 살았다.)

(8)의 영상도식적 구조는 다음과 같다.

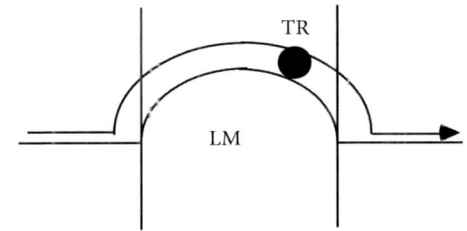

그림 4-6 She walked over the bridge의 영상도식

레이코프의 설명을 더 잘 이해하기 위해 먼저 다음 예를 고려해 보자.

(9) The plane flew over.(비행기가 날았다.)
(10) The bird flew over the yard.(새가 마당 위를 날았다.)

Lakoff(1987: 419)에 따르면, over의 중심 의미는 '상위'와 '횡단'의 양상으로 구성되어 있다. 예컨대, (9)에서 비행기는 가상의 경로를 따라 이동하는 탄도체로 간주된다. 지표는 명시되지 않고 있지만, 비행기가 위로 날아가고 있는 곳과 동일시된다. 탄도체와 지표 간에 접촉이 있을 수도 있고 없을 수도 있다. 이것은 over의 '상위-횡단' 의미의 중심 의미이다. 또한 이런 중심 의미에서 발생하는 다른 특별한 경우들도 존재하는데, 이런 경우들은 지표의 본질에 대해 추가 정보를 제공하거나, 접촉 여부를 명시함으로써 얻을 수 있다. 이와 관련해, (10)에서 탄도체(새)는 지표(마당)의 한쪽 면에 있는 경계에서 다른 쪽 면으로 이동한다. 이 경우에는 탄도체와 지표 간에 접촉이 없다. 탄도체는 그것이 이동하는 경로를 기술한다. (9)에서처럼 **경로** 영상도식은 over의 이 의미와 상호작용한다. 출발지와 목적지는 언어적으로 부호화되지 않는다. 하지만 그 둘이 지표의 끝단 경계라는 것을 알 수 있다. (10)에서 마당의 시작과 끝은 각각 출발지와 목적지로 간주된다. 방향성은 새로 사상되는 탄도체가 추적해 간다. 마당이 표면이기 때문에 **표면** 도식도 이 예에서 존재한다. over의 이 의미는 **접촉** 도식과 상호작용할 수 없는데, 왜냐하면 탄도체와 지표가 멀리 떨어져 있고, 탄도체가 지표의 한쪽으로 이동해 가는 것에 초점을 두기 때문이다. (10)과 같은 경우에, 지표는 확장적이고, 탄도체와 지표 간에 접촉이 없다. 하지만 탄도체와 지표 간의 접촉이 가능은 하다. (8a)의 경우에, **경로**, **표면**, **접촉** 도식은 상호작용한다. (10)의 해석은 (8a)에도 적용된다. 차이는 (8a)의 경우에 탄도체가 은유적 경로를 따라 이동할 때, 지표의 다른 지점들이 탄도체와 접촉한다는 것이다. (10)과 (8a) 모두는 동적인 사태에 대한 예이다. 따라서 **경로** 영상도식이 그 해석의 기초가 되는 것은 놀라운 일이 아니다. 이런 경우에 지표는 확장되지만 탄도체와 지표 간에 접촉이 있다. (8b)와 같은 예를 분석할 때 문제가 발생한다. 이 예는 비동적인 사태를 가리키지만 부분적으로 **상위**의 의미를 통합한다. 여기에서 레이코프는 간단히 초점 전이 또는 여기서 말하는 영상도식 변형을 가정한다. 하지만, (8b)에서 끝점인 다리의 초점화는 환유적 사상의 결과이다. 즉, 전체 **경로** 영상도식인 모체영역을 언급함으로써 목적지라는 한 가지 하위 영역을 가리킨다.

(8b)에서 live와 over의 결합은 어떤 비양립성을 창조하는데, 이것은 이 표현에서 암시되는 의미를 플어 놓는다면 해결할 수 있다. 그것은 'She lives at the end of the path which runs over the bridge(그녀가 다리 위를 뻗어 있는 길 끝에 산다)'로 재형식화될 수 있다. (8b)는 (8a)와 (8b) 사이에서 작용하는 영상도식 변형의 결과이고, 근원 속 목표 환유의 작용에 의해 인가된다. 행동 자체가 아닌 행동의 결과에 초점이 있다. 다시 말해, 부각되는 것은 지표의 한쪽에서 다른 쪽으로 이동하는 행동이 부각되는 것이 아니라, 지표의 다른 쪽에 있는 상태가 부각되는 것이다. 경로 영상도식이 구조적 요소 중 하나를 초점화하는 것에 의해 존재하긴 하지만, 예 (8b)에는 이동이 없다.

경로 영상도식 변형은 다음에서 입증되듯이 영어에 풍부하다.

(11) a. Harry walked through that doorway.(허리는 그 출입구를 통해 걸어 갔다.)
b. The passport office is through that doorway.(여권 사무소는 출입구를 통해 있다.)
(12) a. Sam walked around the corner.(샘은 모퉁이 주변을 걸었다.)
b. Sam lives around the corner.(샘은 모퉁이 주변에 산다.)
(13) a. Harriet walked across the street.(해리엇은 길을 가로질러 걸었다.)
b. Harriet lives across the street.(해리엇은 길 건너에 산다.)
(14) a. Mary walked down the road.(메리는 길 아래로 걸었다.)
b. Mary lives down the road.(메리는 길 아래에 산다.)
(15) a. Sam walked past the post office.(샘은 우체국을 지나서 걸었다.)
b. Sam lives past the post office.(샘은 우체국을 지나서 산다.)

모든 (b)는 행동은 결과를 대표한다라는 근원 속 목표 환유에 의해 인가된다. (11a)는 행위자인 해리엇이 출입구를 통해 걷는다는 행동을 수행하는 사태를 기술하고, (11b)에서는 언어 표현이 그 결과에 초점을 두면서 그 행동은 암시적으로 남아 있다. 나머지 예들도 비슷하게 분석된다. **행동은 결과를 대표한다**는 전체 경로가 그것의 부분을 대표하는 더욱 기본적인 환유에서 발달한 것임에 주목해야 한다. **행동은 결과를 대표한다** 환유는 '경로를 따른 이동'이라는 개념을 통합하고, (b) 예들에서 존재하는 결과 성분을 명시한다.

2.2. 비유적 경로 영상도식 변형

지금까지 논의한 예들은 모두 공간에서의 이동과 위치를 포함한다. 하지만 **경로 영상도식 변형**은 은유 표현에도 적용된다. 다음 예를 보자.

(16) a. He got over the flu.(그는 독감을 극복했다.)
　　 b. I'm glad you are over the flu.(나는 당신이 독감을 극복해서 기쁘다.)

(16a)와 (16b)에서 독감은 경로 위에 있는 장애물로 간주되고, 장애물을 '넘어가는 것'은 독감을 극복하는 것으로 간주된다. 이것은 모두 은유적 사상에 따른 것이다. (16a)의 비이동적 상관 표현인 (16b)는 상위 층위의 환유 **행동은 결과를 대표한다**의 결과이다. 행위자가 비유적 경로의 끝으로 사전에 이동했다는 것이 암시된다. 그림 4-6은 상위 층위의 환유적 전이가 발생하고 난 이후 (16b)의 은유적 대응을 나타낸 것이다(Peña & Ruiz de Mendoza 2009: 349 참조).

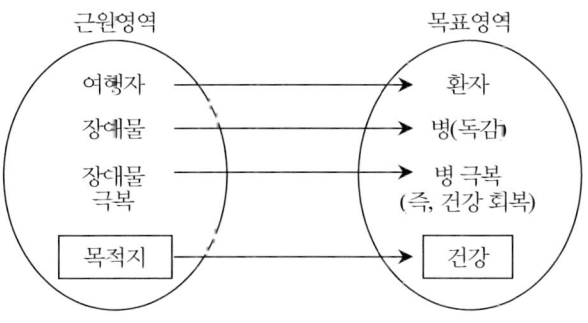

그림 4-7 over the flu에 대한 은유적 대응

(16)으로 예증한 상황과 예 (8b)와 (11)~(15)의 (b) 예로 예증한 상황을 비교해 보자. 문자적 영상도식 변형은 실제 경로가 아니라 주체가 화자의 마음을 따라 이동하는 비유적 경로를 포함한다. 원근법은 주어(탄도체)의 것이 아니라 개념화자(화자)의 것이다. 이와 관련해 Langacker(1991: 326-330)는 정신적 주사(mental scanning)라는 용어를 사용한다. 여기에서 경로상의 이동은 개념화자가 참조점과 관련해 어딘가에 탄도체를 위치시키기 위해 그 경로를 정신적으로 추적한다는 의미에서 주관적이다. 그리고 이런 예에서 어느 누구도 실제로 이동하지 않기 때문에 이동은 주관적이다. 예컨대, 누군가가 Harriet lives across the street이라고 말할 때, 이것은 화자가 발화에서 암시되는 관찰 지점으로부터 거리를 가로질러 해리엇의 집으로 걸어갔다는 것을 의미하지 않는다. 문자적 영상도식 변형과 비유적 영상도식 변형을 서로 비교해 보는 것은 도움이 될 수 있는데, 이는 후자의 은유적 위상 때문이 아니라 그것의 개념적 구조에서 결정적인 차이 때문이기도 하다. 만약 You are over the flu라고 말한다면, 당신이 그것을 넘어갔다거나 그것을 이전에 갖고 있었다는 것이 전제된다. 이런 전제 구조가 She lives over the bridge와 같은 예에서의 전제 구조와는 다르다. 이런 후자의 문장은 주인공이 집에 도착하기 위해 다리를 넘어 이동하거

나 걸어간다는 것을 전제하지 않는다. 그것은 단지 가설적 상황이다. 다시 말해, (16b)에서 은유의 근원영역은 실제 이동을 포함한다. 그것은 정신적 주사의 경우가 아니다. (16b)에서 묘사되는 사태는 경로에 대한 개념화자의 정신적 투사가 아니라 실제 이동으로부터 초래된다.

이와 대조적으로, 환유적 과정은 영상도식 변형이 문자적이든 비문자적이든 본질적으로 동일하다. 따라서 **행동은 결과를 대표한다** 환유를 적용함으로써 우리는 한 영역의 한 양상이나 요소를 부각하고 싶기 때문에 그것에 집중한다. 그러나 전체 모체영역은 또한 해당 표현의 해석에 적절하다. 예컨대, She lives over the bridge에서 경로 끝이 아니라 전체 **경로** 영상도식이 해석과 관계가 있다. 동일한 방식으로 (11)~(15)의 모든 (b) 예도 사건의 결과 상태에 초점을 둔다.

2.3. 기타 경로 영상도식 변형

레이코프는 한 표현이 경로의 목적지에 초점을 두는 역할을 할 가능성만 고려했지만, 경로 영상도식에 속하는 다른 요소들도 윤곽부여될 수 있다 (Dewell 1994: 355 참조). 다음 예를 보자.

(17) The plane flew over the hill.(비행기는 언덕 위를 날았다.)
(18) The bird flew over the yard.(새는 마당 위를 날았다.)

이 예들에서 전경화된 요소는 각각 비행기와 새라는 탄도체의 이동에 의해 만들어진 경로의 중심 지역이다. 이것은 그림 4-8로 나타낼 수 있다 (Dewell 1994: 355).

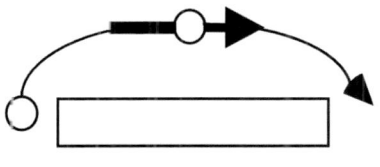

그림 4-8 윤곽부여된 중심 지역

궤도의 나머지인 상향과 하향 부분은 배경화되어 있다. 모체영역이 경로 영상도식으로 구성되어 있는 근원 속 목표 환유가 존재한다고 가정할 수 있다. 여기에서 이 영상도식 전체는 궤도의 중심 지역이라는 한 하위 영역을 대표한다.

(19)는 하향 궤도에 윤곽부여하고(그림 4-9 참조), (20)은 상향 이동에 윤곽부여한다(그림 4-10 참조).

(19) Sam fell over the cliff.(샘은 절벽에서 떨어졌다.)
(20) The sun came up over the mountains.(태양은 산 위로 뚫고 나왔다.)

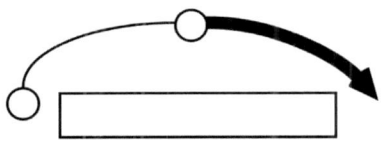

그림 4-9 윤곽부여된 하향 궤도

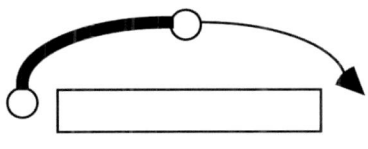

그림 4-10 윤곽부여된 상향 궤도

(19)에서 샘은 궤도를 기술하는 이동하는 실체 또는 탄도체이고, 지표는

절벽이다. 동사의 의미적 형상을 통해 샘의 하향 이동만이 초점을 받는 것으로 생각된다. 하지만, 이 언어 표현은 하향 궤도라는 한 부분을 환기시키기 위해 전체 영상도식을 가리킨다. 다른 한편으로, (20)에서는 전경화된 요소는 태양의 상향 궤도이다. 물론 언어 표현은 윤곽부여된 양상을 **경로** 영상도식으로 오인시킬 수 있다.

이런 근원 속 목표 환유의 주된 기능은 주어진 요소나 상황을 부각하는 것이다. 더욱이 이런 환유의 또 다른 기능은 인지적 경제성의 원리와 관련이 있다. 앞서 지적했듯이 표현 She lives over the bridge는 'She lives at the end of the path which runs over the bridge'를 의미한다. 그 환유 표현은 비환유 표현보다 훨씬 더 간단하다. 압축된 언어 표현은 개념적 물질의 더 큰 양에 접근할 수 있게 하기 때문에, 그런 영상도식 변형은 처리 비용 측면에서 매우 효과적이다. 따라서 이 영상도식 변형이 영어에서 매우 생산적인 것은 자연스럽다.

이 장에서는 **경로** 영상도식의 변형에 대한 환유적·은유적 기초를 명확히 하려 했다. 우리는 **경로** 영상도식 변형에는 근원 속 목표 환유가 기초로 작용한다는 것을 보았다. 이 환유의 주된 기능은 모체영역을 언급함으로써 한 가지 하위 영역을 부각하는 것이다.

제5장

환유와 LCCM 이론

1. LCCM 이론의 본질

1.1. 인지의 유형

어휘개념과 인지모형 이론(Theory of Lexical Concepts and Cognitive Models; LCCM 이론)은 개념적 은유 이론 및 개념적 혼성 이론과 관련이 있지만, 이 두 이론을 보충하는 어휘의미론으로 Evans(2009)가 제시한 이론이다. 개념적 은유 이론은 언어의 은유 이해에 관한 이론이라기보다는, 근원영역의 관점에서 목표영역을 구조화하는 인지모형의 본질에 관심이 있다. 그리고 개념적 혼성 이론은 의미구성에서 가장 중요하고 흥미로운 양상이 언어가 아닌 개념적 층위에 있다고 보고, 의미구성 과정을 뒷무대 인지(backstage cognition)라고 부른다. 따라서 개념적 혼성 이론에서는 의미구성에서 언어의 역할이 빈약한 촉진제를 제공하는 것으로 축소된다. 그 반면, LCCM 이론은 의미구성 과정에서 단어의 역할에 초점을 두고, 어휘개념이 언어 이해에 어떤 역할을 하는지 규명하고자 한다. 이 이론은 뒷무대 인지 이론과 대조되는 앞무대 인지(frontstage cognition) 이론으로 간주된다. 에반스는 앞무대 인지 이론인 LCCM 이론이 뒷무대 인지 이론과 대립하는 것이 아니라 그것과 상호작용하는 것으로 본다. 따라서 LCCM 이론은 뒷무대 인지 이론을 보충하는 의미구성 이론이라 하겠다.

Evans(2009: 54-55)는 앞무대 인지 이론과 뒷무대 인지 이론 간의 분업을 다음과 같이 기술한다. LCCM 이론이라는 앞무대 인지 이론은 어휘 형태와 의미적 구조의 관계, 언어적 체계 속의 의미적 구조와 개념적 체계 속의 개념적 구조 간 관계의 본질, 어휘개념을 통합하고 개념적 구조의 선택적 활성화를 촉진하는 어휘적 합성의 원리, 상황에서의 의사소통 의도를 전달하는 언어의 상호작용적 본질과 목표 지향적 본질을 포함하는 문맥의 역할을 설명하는 것에 집중한다. 이에 반해, 개념적 은유 이론, 정신공간 이론, 개념적 혼성 이론 같은 뒷무대 인지의 이론은 언어로 촉진되는 구조의 개념적 통합을 촉진하는 비언어적 원리, 정교하고 새로운 개념적 구조를 구성하는 데 사용되는 프레임처럼 배경이 되는 비언어적 지식 구조들의 통합, 개념화의 동적 해석을 설명하고자 한다.

앞무대 인지 이론과 뒷무대 인지 이론의 궁극적 목표는 담화 의미의 모형을 달성하는 것이다. 담화 의미의 모형이란 상황적 의사소통의 발현적·진화적 특성인 개념적 공간에서 표상되고 분할되며, 부분적으로 언어로 중재되는 동적이고 임시적인 관념의 집합을 말한다. 앞무대 인지 이론과 뒷무대 인지 이론의 상호작용은 다음과 같이 나타낼 수 있다(Evans 2009: 55).

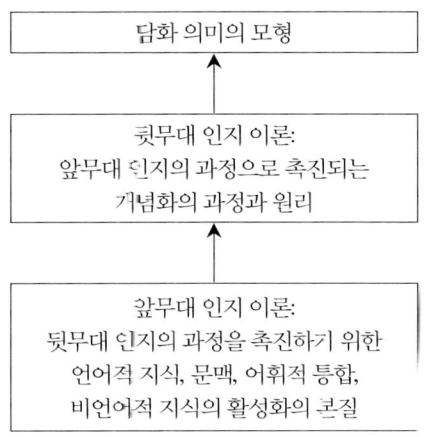

그림 5-1 앞무대 인지 이론과 뒷무대 인지 이론의 상호작용

이 절에서는 앞무대 인지 이론을 대표하는 인지어휘의미론인 에반스의 LCCM 이론을 다룰 것이다. 특히 이 이론의 특징을 비롯해 어휘개념과 인지모형이라는 이론적 구성물을 소개하고, 어휘개념 선택과 어휘개념 통합이라는 이 이론의 의미구성 과정을 살펴볼 것이다. 그 다음 절에서는 이 이론이 문자 언어와 비유 언어의 의미구성, 더 나아가 비유 언어에서 은유와 환유의 의미구성 방식을 어떻게 설명하는지 검토할 것이다.

1.2. LCCM 이론의 구조

LCCM 이론에서는 단어로 부호화되는 언어적 지식인 언어적 체계와 단어로 접근할 수 있는 비언어적 지식인 개념적 체계를 구분하고 이를 각각 어휘개념(lexical concept)과 인지모형(cognitive model)이라고 부른다. 즉, 언어적 체계에 내재한 의미적 구조와 개념적 체계에 내재한 개념적 구조를 구분한다. 이러한 관점은 단어의 의미적 구조가 개념적 구조라는 래내커의 의견, 그리고 언어가 개념적 구조를 반영한다는 레이코프의 입장과 차이를 보인다. 에반스의 LCCM 이론에서는 언어적 표상이 개념적 체계와 상호작용하는 수단은 제공하지만, 그것과 동일하지 않으며 그것을 직접적으로 반영하지도 않는다고 본다.

　LCCM 이론은 어휘적 표상(lexical representation)에 대한 설명과 의미적 합성(semantic composition)에 대한 설명으로 이루어져 있다. 단어로 부호화되는 언어적 지식인 언어적 체계와 단어로 접근할 수 있는 비언어적 지식인 개념적 체계가 원칙상 구분된다. 언어적 지식은 상징 단위(symbolic unit)와 인지모형(cognitive model)으로 구성되어 있다. 상징 단위는 다시 음운 매체(phonological vehicle)와 어휘개념(lexical concept)의 양극 조합으로 이루어져 있다. 어휘개념을 통해 접근할 수 있는 인지모형의 집합은 인지모형 윤곽이라고 부른다. 개별 인지모형은 속성(attribute)과 속성들 간의 관계인 구조 불변식(structural invariant)으로 이루어져 있다.

　의미적 합성은 어휘개념 선택(lexical concept selection)과 융합(fusion)이라는 두 가지 과정을 포함한다. 융합은 어휘개념 통합(lexical concept integration)과 해석(interpretation)이라는 또 다른 두 가지 과정으로 구성되어 있다. 통합은 어휘개념의 유도를 받아 큰 어휘적 실체를 구성하는 과정이다. 그런 다음에 어휘개념 단위(lexical conceptual unit)라는 큰 어휘 단위가 해석된다. 즉, 이런 큰 단위는 정보적 특징화(informational characterization)를 받는다. 지금까지 LCCM 이론에 대한 설명은 다음과 같은 구조로 나타낼 수 있다(Evans 2009: 75).

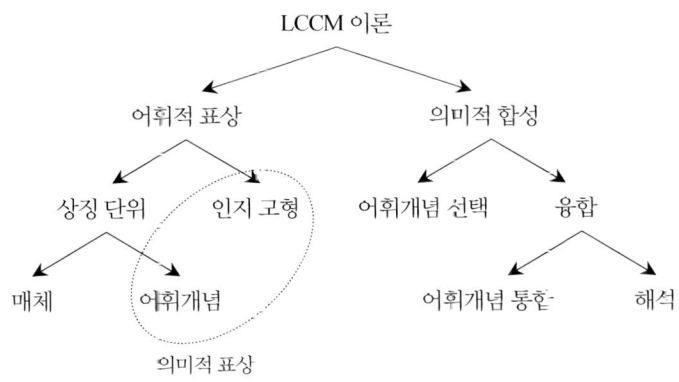

그림 5-2 LCCM 이론의 구조

1.3. LCCM 이론의 이론적 구성물

이 절에서는 LCCM 이론에서 중요한 어휘개념과 인지모형이라는 두 가지 이론적 구성물의 특징을 살펴볼 것이다.

1.3.1. 어휘개념

어휘개념의 특징은 다음과 같다. 첫째, 어휘개념은 정신문법의 요소로서, 언어 사용에서 발생하는 것이 아니라, 발화로부터 추상되는 언어적 지식의 단위이다. 어휘개념을 음운론의 음소에 견주어 보면, 음소처럼 어휘개념도 언어 사용의 다중 실례들에서 추상한 것이다.

둘째, 어휘개념은 언어 사용의 실례를 인가한다. 특정 발화에서 언어 표현이라는 매체의 의미적 기여(semantic contribution)는 어휘개념에 의해 인가되지만, 언어 표현과 연상되는 의미적 기여의 본질은 항상 득특한 문맥에 달려 있다.[1] 다시 말해, 특정 매체의 용법은 어휘개념의 독특한 실례

---

[1] Evans(2009: 71-72)는 어휘개념과 의미적 기여 간의 관계를 음운론에서 말하는

로 간주되므로, 특정한 문맥 때문에 의미적 합성 과정의 지배를 받는다. 이런 특정 문맥은 부분적으로 어휘개념의 의미적 기여를 결정한다.

셋째, 어휘개념은 매체 특정적이다. 가령, 매체 cat과 car는 서로 다른 어휘개념과 연상되고, 매체 sing과 sang도 서로 다른 어휘개념과 연상된다. 형태의 차이는 어휘개념의 차이를 가져오기 때문에, LCCM 이론에서 sing과 sang은 서로 다른 어휘개념들과 연상되고, 이 어휘개념들은 비슷한 인지모형 윤곽에 대한 접근을 촉진하지만, 서로 다른 언어적 내용의 다발을 부호화한다.

넷째, 어휘개념은 언어 특정적이다. 영어와 한국어는 외관상 동일한 공간적 관계를 부호화하는 방식에서 서로 차이를 보인다. 다음 표를 참조해 보자(Evans 2009: 131).

표 5-1 한국어와 영어의 어휘개념 차이

한국어의 어휘개념	영어의 어휘개념
놓다 [수평 표면 위에 놓기]	put cup on table [한 실체를 다른 실체 위에 놓기]
붙이다 [표면들을 나란히 놓기]	put magnet on refrigerator [한 실체를 다른 실체 위에 놓기]
쓰다 [머리 위에 장식 놓기]	put hat on [한 실체를 다른 실체 위에 놓기]
끼다 [두 실체를 꽉 맞추기]	put ring on finger [한 실체를 다른 실체 위에 놓기]

음소와 이음 간의 관계에 비추어 설명한다. 음소처럼, 정신적 표상으로서의 어휘개념도 결코 실제로 지각되지 않는다. 음소와 비슷한 심층의 어휘개념, 즉 저장된 정신적 도식의 존재를 추론하기 위해 이음과 비슷한 해당 단어의 상황적인 의미적 기여를 활용해야 한다. 어휘개념은 표면화되는 의미적 기여를 부분적으로 인가한다. 따라서 어휘개념은 심층의 의미적 구조를 가리키고, 의미적 기여는 어휘개념의 상황적 실례를 가리킨다.

영어의 경우에는 네 가지 상황에 대해 동일한 어휘개념을 사용하지만, 한국어의 경우에는 상황마다 서로 다른 어휘개념을 사용한다.

다섯째, 매체는 어휘개념 특정적이지 않다. 한 가지 매체는 다양한 어휘개념과 관련될 수 있다. 다음의 발화에서 매체 flying은 네 가지 어휘개념과 관련되고, 이 어휘개념들은 서로 구분되지만 밀접하게 관련된 인지모형 윤곽에 대한 접근을 촉진한다.

(1) a. The bird is flying in the sky.   [자체 추진식 공기 역학적 이동]
    (새가 하늘에서 날고 있다.)
   b. The pilot is flying the plane.   [공기 역학적 이동을 가능케 하는
    (조종사가 비행기를 조종하고   실체의 조작]
    있다.)
   c. The child is flying the kite.   [행위자의 가벼운 실체 통제]
    (아이가 연을 날리고 있다.)
   d. The flag is flying in the breeze. [가벼운 실체의 매달림]
    (깃발이 바람에 나부끼고 있다.)

여섯째, 어휘개념은 다양한 매체 유형과 관련된다. 예컨대, 어휘개념은 cat과 같은 음성상 명시적인 매체나 John baked Mary a cake(존은 메리에게 케이크를 구워주었다)가 예인 '주어 동사 목적어1 목적어2'라는 이중타동 매체와 같은 음성상 암시적인 매체와 관련될 수 있다.

일곱째, 어휘개념은 양자 구조를 하고 있다. 즉, 어휘개념은 양자 조직을 가진 의미적 구조의 단위이다. 먼저, 어휘개념은 언어적 내용을 부호화하고, 개념적 구조에 대한 접근을 촉진한다. 그리고 어휘개념의 한 하위집합은 개념적 구조에 대한 접근 위치의 역할을 한다.

여덟째, 어휘개념에는 캡슐화 기능(encapsulation function)이 있다. 이는 개방부류 어휘개념이 복잡하고 정보상 산만한 개념적 지식에 접근 위

치(access site)를 제공하기 때문이다. 캡슐화 기능의 예는 다른 언어로 표현되기 어려운 한국어의 문화 특정적 예인 **눈치**²로 부호화되는 어휘개념이다. 이 어휘개념은 집에 찾아온 손님이 배가 고플 것으로 판단하여, 손님에게 미리 음식을 대접해야 한다는 생각과 관련이 있다. 따라서 어휘개념은 복잡한 일군의 개념적 내용에 대한 특이한 접근 위치를 제공하기 때문에 캡슐화 기능을 제공한다.

아홉째, 어휘개념은 어휘적 윤곽을 갖는다. 어휘적 윤곽은 한 특정 어휘개념이 규칙적으로 함께 발생하는 다른 어휘개념들이나 매체들과 관련된 지식이다. 이것은 사용 잠재력(use potential)이라고 부른다. 한 어휘개념이 함께 발생하고 그것의 어휘적 윤곽을 구성하는 다른 종류의 어휘개념들과 매체들은 선택 경향(selectional tendency)이라고 부른다. 어휘적 윤곽의 선택 경향은 제약적(restricted)이거나 비제약적(non-restricted)이다. 평범한 제약적 선택 경향은 연어(collocation)와 관련이 있다. 예컨대, 식품에 적용되는 stale, rotten, sour, rancid 등의 매체와 관련된 어휘개념은 선택 경향에 관해 다음의 제약을 보여 준다.

   (2) a. stale bread/cake/cheese(신선하지 않은 빵/케이크/치즈)
        b. rotten fruit/eggs/vegetables(썩은 과일/달걀/채소)
        c. sour milk/yogurt(시큼한 우유/요거트)
        d. rancid butter/oil(맛이 고약한 버터/오일)

매체 stale, rotten, sour, rancid와 관련된 어휘개념은 매우 독특한 선택 경향을 보인다. 따라서 이 매체들과 연상되는 패턴은 제약된다.

열 번째, 어휘개념들은 결합될 수 있다. 어휘개념들이 한 어휘적 윤곽을

---

² 이 매체는 영어로 'eye-measure'로 번역된다.

언어적 지식 다발의 부분으로 부호화하기 때문에, 어휘개념들은 결합될 수 있다. 어휘적 윤곽은 도식적 경향을 표현하지만, 어휘개념 결합은 특정한 어휘개념들의 실례들을 통합하는데, 이때 어휘개념어 의해 부호화되는 언어적 내용과 각각의 개방부류 어휘개념이 접근을 촉진하는 인지모형 윤곽의 하위 집합 모두를 결합한다.[3]

열한 번째, 어휘개념은 비언어적 표상에 상대적인 영향을 미친다. 어휘개념들의 통합과 해석은 부분적으로 시뮬레이션에 기여한다. 왜냐하면 의미적 표상은 언어적 체계와 개념적 체계에서 나온 표상을 포함하기 때문이다. 발생하는 시뮬레이션은 다시 개념적 구조를 동적으로 업데이트한다. 즉, 언어는 개념적 구조를 수정하는 데 기여할 수 있다. 어휘개념은 언어 특정적이기 때문에, 각 언어는 언어 특정적인 방식으로 개념적 구조의 수정에 영향을 미친다. 즉, 언어적 체계와 개념적 체계를 분리한 결과는 언어마다 비언어적 표상, 즉 개념적 구조에 서로 다르게 영향을 미친다. 따라서 언어가 비언어적 인지에 상대적으로 영향을 미칠 것으로 예상된다.

1.3.2. 인지모형

LCCM 이론에서 말하는 인지모형이란 한 프레임이나 여러 관련된 프레임들로 구성된 일관된 지식, 그리고 이런 지식으로부터 발생하는 시뮬레이션에 대한 잠재력을 말한다. 그리고 이런 인지모형은 개념적 체계 속에 있다. 인지모형들이 유형에서 차이가 나는 것은 인지도형에 그것의 조직 구조를 제공하는 프레임들이 서로 다르기 때문이다. 따라서 이 절에서는 Barsalou(1991, 1992)에 기초하여 프레임의 유형을 식별할 것이다.

두 가지 유형의 프레임이 있는데, 사물을 표상하는 프레임과 사건을 표

---

[3] 언어적 내용과 개념적 내용 모두를 결합하는 일반적인 과정은 융합(fusion)이라고 부른다.

상하는 프레임이 그것이다. 사물의 프레임은 삽화적 개체(individual)와 총칭적 유형(type)으로 나뉜다. 사건의 프레임은 상황들로 구성되는데, 삽화적 상황(episodic situation)과 총칭적 상황(generic situation)이라는 두 가지 유형의 상황이 있다. 인지모형의 유형은 다음과 같이 나타낼 수 있다(Evans 2009: 200).

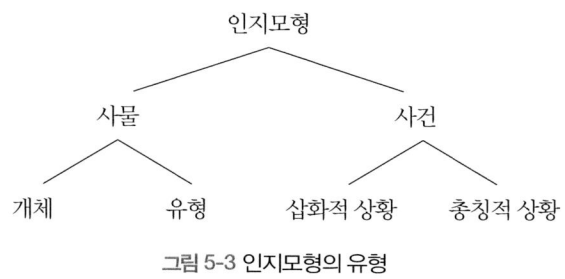

그림 5-3 인지모형의 유형

아래에서는 사물의 프레임과 사건의 프레임을 차례로 검토할 것이다.

1.3.2.1. 사물의 프레임

사물의 프레임은 지식 표상의 이론에 대한 존재론을 제공하기 위해 Barsalou(1991)가 제안한 세상사 모형(world model)에 비추어 설명할 수 있다. 세상사 모형은 세계의 현 사태에 대한 신념들로 구성되어 있다. 이러한 신념들은 개인, 그의 현 상태, 그가 위치하는 장소와 관련이 있다. 사람들은 위계적으로 배열된 공간적 프레임의 핵심을 이용한다. 즉, 사람들은 세계와 그 내용을 공간적 방식으로 표상한다. 더욱이 세상사 모형에서 사람들은 다른 사람들의 상호작용과 움직임을 표상하여 그 모형을 계속 업데이트한다.

세상사 모형에서는 사물과 관련된 두 가지 유형의 프레임, 즉 개체와 유형을 구분할 수 있다. 개체는 환경에서 지속적으로 존속하는 유생물 및 무생물과 관련된 프레임이다. 개체는 해당 실체에 대해 비교적 안정된 정보를 제공한다. 이런 정보는 시간이 지나도 안정적일 뿐만 아니라 삽화적 정보도 통합한다. 따라서 해당 실체에 대한 새로운 정보가 프레임에 더해져 그것을 계속 업데이트한다. 개체는 그것이 표상하는 실체와의 만남에 기초하여 업데이트된다. 예컨대, '나의 자동차'에 대한 프레임에는 지난번에 자동차에 탔을 때 내부가 지저분했으니 세차를 해야 한다는 사실이 포함될 수 있다. 이런 정보는 업데이트된 표상을 제공하기 위해 프레임에 통합된다.

세상사 모형에서 사물과 관련된 두 번째 프레임인 유형은 개체에 대한 여러 프레임으로부터 추상한 것이다. 유형은 그에 상응하는 세계의 실체를 가진 것으로 개념화되지 않는다. 예컨대, 세상사 모형에서 '나의 자동차'에 대한 개체는 세계에 있는 내 자동차에 대응하지만, '자동차'에 대한 프레임은 유형이고, 일련의 개체들로부터 추상된 개체의 유형과 관련된다. 따라서 유형에 대한 여러 프레임은 결정적으로 세계 자체가 아니라 세상사 모형에만 내재해 있다.

1.3.2.2. 사건의 프레임

개체와 유형 외에 인간은 부가적으로 상황을 표상하는데, 삽화적 상황과 총칭적 상황이라는 두 가지 유형의 상황이 있다. 삽화적 상황과 총칭적 상황 간의 구분은 개체와 유형 간의 구분과 관련이 있다. 사건은 상황들로 구성되므로, 상황은 큰 사건의 부분이며, 영상들로 구성된다. 상황의 경우처럼, 사건과 영상도 정신적 표상이다. 사건, 상황, 영상은 지각적 상징으로 구성되어 본래 지각적이고 신체화된 개념이다.

영상이라는 정신적 표상은 정적인 공간적 장면이다. 영상은 특정한 관점에서 바라본 개체와 유형에 대한 프레임으로 구성되며, 그것들 간에는 특정한 기하학적·위상적·기능적 관계가 있다. 결정적으로 영상은 수많은 지각적 상징들로 구성되어 있다.

상황은 여러 영상으로 구성되어 있다. 따라서 영상의 경우처럼, 상황도 비교적 안정된 여러 개체와 유형으로 구성될 수 있다. 그 차이는 상황이 비교적 일정한 공간의 지역을 차지하지만 동적이라는 것이다. 동적이라 함은 실체들이 상호작용하고 주위로 움직이며 시간이 지나면서 변한다는 의미이다.

사건은 일관된 방식으로 서로 관련된 둘 또는 그 이상의 상황들로 구성되어 있다. 사건과 상황의 주된 차이는 사건이 의미심장한 결과를 포함한다는 것이다. 이런 결과는 사건에 수반되는 공간의 지역, 개체, 유형에서의 변화를 포함한다.

삽화적 상황과 총칭적 상황 모두와 관련된 다양한 종류의 프레임이 있다. 삽화적 상황은 세계에서 상황을 지각함으로써 발생하고, 프레임으로서의 상황은 지각되는 상황의 정신적 표상을 구성한다. 더욱이 사람들은 상황이 발생하는 세상사 모형에서의 위치에서 상황을 표상한다. 예컨대, 소파 위에 그림을 거는 상황의 예에서, 삽화적 상황에 대한 프레임은 개념화자의 응접실에 대한 프레임에 연결된다. 이 설명에서 삽화적 상황이 전적으로 삽화적인 것은 아니다. 그것은 잠재적으로 많은 총칭적 정보도 포함할 수 있다. 총칭적 지식은 관련 프레임들 사이에서 공유될 수 있다. 이와 대조적으로, 총칭적 상황에 대한 프레임은 삽화적 정보를 포함하지 않는다. 오히려 이런 프레임은 삽화적 상황에 의해 다양한 프레임에 남아 있는 공통점을 뽑아내기 위해 차이점들을 추상하면서 발생한다. 둘 또는 그 이상의 삽화적 상황이 많은 공통점을 공유할 때, 총칭적 상황에 대한 프레임이 형성된다.

2. LCCM 이론과 환유

LCCM 이론에서는 문자 언어(literal language)와 비유 언어(figurative language)가 동일한 의미구성의 과정으로부터 발생하고, 의미구성의 연속체에 놓여 있는 지점으로 간주된다. 이와 마찬가지로, 은유와 환유도 비슷한 의미구성 과정으로부터 발생하고, 의미구성 방식에서만 차이가 난다.

2.1. 문자 언어와 비유 언어의 의미구성

문자적 개념작용(literal conception)[4]과 비유적 개념작용(figurative conception)의 구분은 개념작용의 구성 중에 해석 과정 동안 활성화되는 의미적 잠재력의 부분과 관련이 있다. 문자적 개념작용은 일차적 인지모형 윤곽 내의 인지모형을 활성화하는 해석을 유발하지만, 이차적 인지모형 윤곽에서 인지모형이 활성화될 때는 비유적 개념작용이 발생한다. 더욱이 접근 경로 길이가 길면 길수록 개념작용은 더 비유적이다.

    LCCM 이론에서 단정하는 의미구성의 기제에 관해 문자적 개념작용과 비유적 개념작용의 차이는 해석에서 일치를 겪는 동일한 어휘개념 단위에서 어휘개념들의 일차적 인지모형 윤곽 중 하나에서 일어나는 충돌과 관계가 있다. 언어 이해 과정이 문자적 개념작용과 비유적 개념작용을 유발하는 방식은 다음과 같이 나타낼 수 있다(Evans 2009: 286).

---

[4] LCCM 이론에서 말하는 개념작용이란 발화의 의미, 즉 발화로부터 발생하는 의미를 말한다.

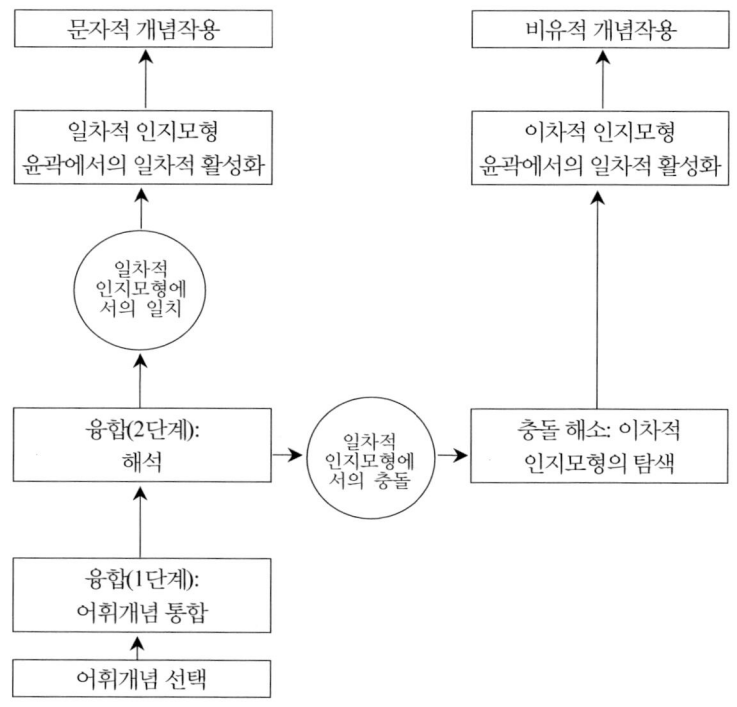

그림 5-4 문자적 개념작용 대 비유적 개념작용을 유발하는 LCCM 이론의 의미구성 과정

이 그림은 일차적 인지모형에서 먼저 일치를 겪어야 한다는 것을 보여준다. 일치가 있다면, 하나 또는 그 이상의 일차적 인지모형의 일차적 활성화가 발생한다. 일치가 없다면, 적절한 어휘개념들의 일차적 인지모형 윤곽에 충돌이 있을 것이다. 충돌을 피하기 위해 이차적 인지모형 윤곽에서 탐색을 시작해야 한다.

이차적 인지모형 윤곽은 특정한 어휘개념과 직접 연상되지 않는 지식과 관련이 있다. 그 이유는 그것이 어휘개념의 접근 위치 부분을 형성하지 않기 때문이다. 그 자체로 이차적 인지모형 윤곽은 탐색에서 이용 가능한 매우 많은 의미적 잠재력으로 간주된다.

다음의 두 가지 발화를 보자.

(3) a. France is a country of outstanding natural beauty.(프랑스는 자연의 미가 뛰어난 나라이다.)
   b. France voted against the EU constitution in the 2005 referendum.(프랑스는 2005년 국민투표에서 유럽연합 규약에 반대투표를 했다.)

이 예들에서 France의 의미는 조금씩 다르다. LCCM 이론에서는 이런 의미 차이가 France와 연상되는 어휘개념을 통해 접근할 수 있는 인지모형 윤곽이 서로 다르게 활성화되기 때문이라고 본다.

어휘개념은 꺾쇠괄호 속에서 고딕체로 표시한다. 따라서 (3)의 예에서 형태 France의 어휘개념은 [프랑스]이다. 이 어휘개념이 (3a)에서는 대륙으로서의 프랑스로 해석되고, (3b)에서는 프랑스 유권자로서 프랑스로 정보가 특징지어진다. 이런 갖가지 해석을 제공하기 위해, 이 어휘개념은 다음 그림에서 암시되는 정보를 포함하는 인지모형 윤곽을 위한 접근 위치의 역할을 해야 한다(Evans 2009: 78).[5]

그림 5-5에서 어휘개념 [프랑스]를 통해 잠재적으로 많은 지식 구조에 접근할 수 있다. 각각의 인지모형이 다른 종류의 지식에 접근하기 위한 수단이 되는 복잡하고 구조화된 지식으로 구성되어 있기 때문에, 어휘개념을 통해 직접적으로 접근할 수 있는 인지모형과 간접적으로 접근할 수 있는 인지모형을 구분할 수 있다. 전자는 일차적 인지모형(primary cognitive model)이고 후자는 이차적 인지모형(secondary cognitive model)이다.

---

5 이 그림에 제시된 인지모형 윤곽은 어휘개념 [프랑스]를 통해 접근할 수 있는 구조화된 지식의 목록, 즉 의미적 잠재력으로 간주된다. 각각의 인지모형은 네모상자 안에 고딕체로 표시한다.

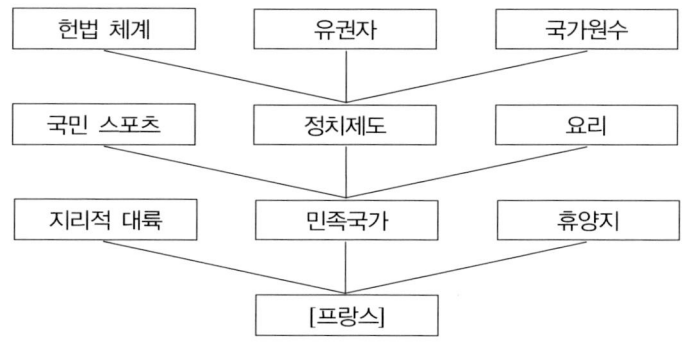

그림 5-5 [**프랑스**]에 대한 인지모형 윤곽

어휘개념 [프랑스]를 통해 접근할 수 있는 일차적 인지모형 윤곽은 **지리적 대륙, 민족국가, 휴양지**라는 인지모형들로 구성되어 있다. 이 인지모형들을 통해 다른 인지모형에 접근할 수 있다. **민족국가** 인지모형을 통해 접근할 수 있는 다양한 이차적 인지모형이 있는데, **국민 스포츠, 정치제도, 요리**가 그것이다. **정치제도**라는 이차적 인지모형을 통해 접근할 수 있는 **헌법 체계, 유권자, 국가원수**라는 또 다른 이차적 인지모형이 있다. 이처럼 이차적 인지모형에는 또 다른 이차적 인지모형이 있을 수 있고, 이것은 계속 반복될 수도 있다.

(3)의 예에서 France의 다양한 해석은 서로 다른 인지모형의 활성화에 따른 결과이다. (3a)에서 France의 해석은 **지리적 대륙** 인지모형을 활성화해서 도출되어 문자적이고, (3b)에서는 **유권자** 인지모형이 활성화되어 비유적, 특히 환유적이다. 어휘개념을 통해 인지모형 윤곽의 한 특정 지점의 구조화된 지식에 접근할 수 있기 때문에, 문자 언어 이해 대 비유 언어 이해 간의 직관적 구분은 활성화되는 인지모형과 관련될 수 있다. (3a)와 연상되는 의미는 일차적 인지모형 윤곽의 부분을 형성하는 [프랑스]로 접근할 수 있는 인지모형의 활성화를 수반한다. 환유로 느껴지는 (3b)의 예에서, 활성화는 어휘개념 [프랑스]를 통해 간접적으로 접근할 수 있는 인지

모형을 포함한다. (3b)에서, 해석은 발화 속의 다른 언어적 형태와 관련된 어휘개념들과 일치하는 방식으로, 어휘개념 [프랑스]로 접근할 수 있는 인지모형 윤곽을 통해 접근 경로를 확립할 것을 요구한다. 이 예에서 [프랑스]는 다음 그림에서 굵은 글씨의 인지모형을 활성화함으로써 해석된다 (Evans 2009: 80).

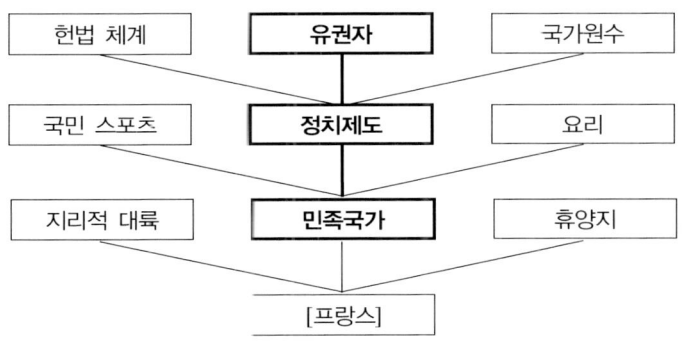

그림 5-6 France voted against the EU constitution에서 [**프랑스**]의 해석으로 확립되는 접근 경로

요컨대, 문자적 개념작용의 특징은 적절한 어휘개념들의 일차적 인지모형 윤곽에서 일치가 발생한다는 것이다. 비유적 개념작용의 특징은 충돌을 회피해야 하는 적절한 어휘개념들의 일차적 인지모형 윤곽에서의 충돌과 적절한 어휘개념 중 하나 또는 그 이상의 이차적 인지모형 윤곽에서의 일차적 활성화이다.

2.2. 환유의 의미구성

환유와 은유의 경우에 담화·문맥의 주제인 비유적 목표와 그것을 이해하기 위한 수단이 되는 비유적 매체가 있다. 비유 언어의 경우에 일차적 인지모형에서 충돌이 일어날 때, 비유적 매체가 충돌 해소 자리가 된다는 점은 환유와 은유의 공통점이다. 하지만 환유의 경우에는 동일한 인지모형에서 비유적 목표와 비유적 매체가 정렬(alignment)을 보인다는 점이 다르다. 환유적 개념작용은 동일한 어휘개념과 인지모형 윤곽에서 비유적 매체와 목표의 정렬로 인해 비유적 매체가 비유적 목표에 대한 직접적 접근을 촉진하기 때문에 발생한다. 이와 대조적으로, 은유적 개념작용은 서로 다른 두 어휘개념에서 비유적 매체와 목표 간의 차이 때문에 발생한다.

다음 예를 보자.

(4) The ham sandwich has asked for the bill.(그 햄샌드위치는 계산서를 요청했다.)

환유적 개념작용과 은유적 개념작용 간의 구분을 설명하기 위해 (4)의 예를 검토해 보자. 이 발화에서, 개념적 내용에 접근하도록 하는 적절한 요소는 어휘개념 [햄샌드위치]와 어휘개념 [요청하다] 및 [계산서]이다. [요청하다]와 [계산서]는 통합의 원리에 의해 전체 발화보다 더 간단한 어휘개념 단위를 형성하기 때문에, 이 둘은 해석을 겪어서 정보적 묘사를 발생시킨다. 그런 다음 어휘개념 [햄샌드위치]는 정보적 묘사 '계산서를 요청했다'와 관련된 해석을 겪는다. 그렇지만 이 정보적 묘사와 [햄샌드위치]의 일차적 인지모형 윤곽 간에 충돌이 있다. 햄샌드위치는 계산서를 요청하는 유정물이 아닌 것이다.

햄샌드위치를 주문한 손님은 비유적 목표로 식별되고, 햄샌드위치는 비유적 매체로 식별된다. 따라서 어휘개념 [햄샌드위치]와 연상되는 인지모형 윤곽은 충돌 해소를 위한 자리가 된다. [햄샌드위치]를 위한 부분적 인지모형 윤곽은 다음과 같다(Evans 2009: 296).

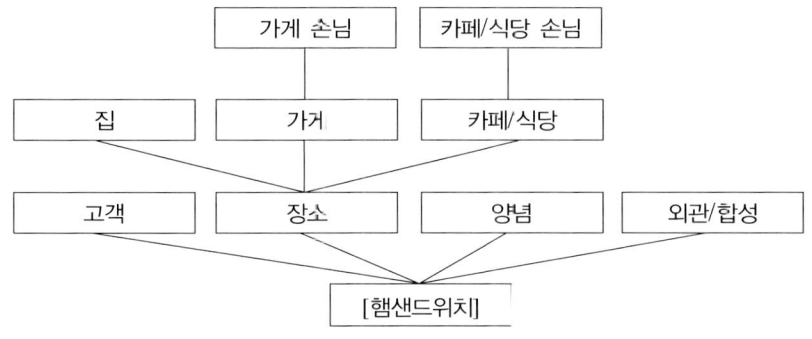

그림 5-7 [햄샌드위치]에 대한 일차적 인지모형 윤곽

이 예에서 탐색이 [햄샌드위치]의 이차적 인지모형 윤곽에서 발생하면서 충돌 해소가 달성된다. 일차적 활성화를 달성하는 인지모형은 식당 손님이다.

이 예에서 '손님'은 비유적 목표이고, 비유적 매체는 '햄샌드위치'이다. 그렇지만 비유적 목표와 비유적 매체는 모두 [햄샌드위치]라는 한 어휘개념과 연상되는 인지모형 윤곽을 통해 접근할 수 있다. 다시 말해, 한 인지모형 윤곽에서 비유적 목표와 매체가 정렬되어 있다는 것이다. 따라서 충돌 해소의 자리는 '손님'이라는 비유적 목표에 대한 접근 경로와 대응한다.

2.3. 은유의 의미구성

LCCM 이론으로 은유적 개념작용을 발생시키는 의미구성 과정을 살펴볼 것이다. 먼저, 다음의 은유 표현을 보자.

(5) a. My boss is a pussycat.(우리 사장님은 고양이/호인이다.)
　　b. The student's grades went up.(학생의 성적이 올랐다.)

(5a)가 비유적인 것은 my boss가 가리키는 실체가 실제로는 고양이의 부

류에 속하지 않기 때문이다. 이 발화가 발생시키는 은유적 개념작용은 고양이는 매우 유순하고 인정이 많으므로 무섭거나 위협적이지 않다는 고양이의 특성으로부터 도출된다. 이 발화에서, 사장은 고양이가 아니라, 유순하고 매우 친절하며 무섭지 않고 다루기 쉽다는 등의 고양이의 특성과 행동을 보이는 것으로 이해되어야 한다.

이제 은유적 개념작용이 어떻게 발생하는지 고려해 보자. (5a)에서 해석의 과정은 [사장]과 [고양이]의 일차적 인지모형 윤곽들에서 충돌을 유발한다. [사장]에 대한 일차적 인지모형 윤곽은 다음과 같다(Evans 2009: 291).

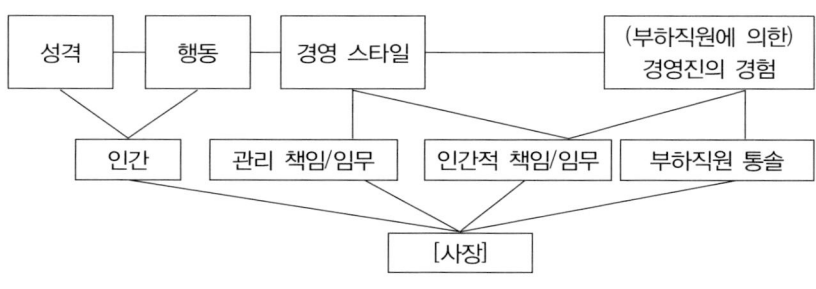

그림 5-8 [**사장**]에 대한 부분적인 일차적 인지모형 윤곽

[사장]에 대한 일차적 인지모형 윤곽은 사장은 전형적으로 사람이라는 사실과 사람에 관한 우리의 지식, 사장은 부하직원들에 관해 특정한 인간적인 책임뿐만 아니라, 부하직원과 사장이 일하는 특정 회사에 관해서는 관리 책임과 임무를 맡는다는 사실과 관련된 인지모형을 포함한다. 게다가 이들이 각각 연상되는 이차적 인지모형이 많다. 몇 가지만 살펴보면, 사장은 사람이므로 특정한 성격을 가지고, 다양한 상황에서 그런 성격에 따라 행동한다. 더욱이 사장은 부하직원들에게 특정한 경영 스타일을 보여 준다. 예컨대, 사장은 부하직원에게 공격적이거나 유순할 수 있다.

어휘개념 [사장]이 그것을 통해 잠재적으로 접근할 수 있는 복잡한 인지 모형 윤곽을 갖는 것처럼, 어휘개념 [고양이]를 통해서도 많은 지식 구조에 접근할 수 있다. [고양이]이어 대한 부분적 인지모형 윤곽은 다음과 같다 (Evans 2009: 292).

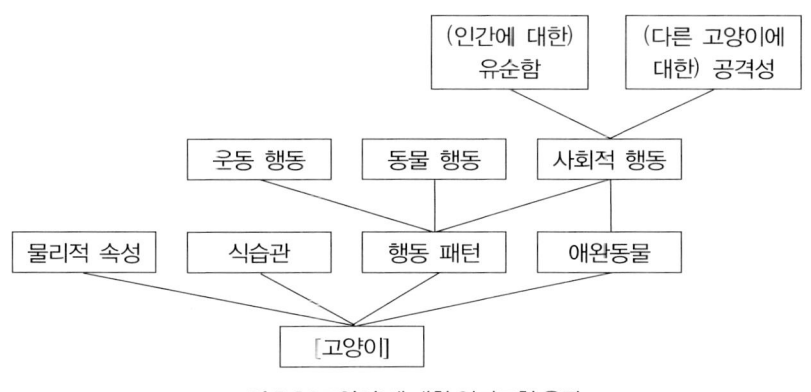

그림 5-9 [**고양이**]에 대한 인지모형 윤곽

어휘개념 [고양이]는 체형과 크기 같은 **물리적 속성, 식습관, 행동 패턴, 애완동물**이라는 고양이의 위상에 관한 지식과 관련된 인지모형과 관계가 있다. 이차적 인지고형에 관해서는 고양이의 행동과 연상되는 지식과 관련된 것이 많다. 예컨대, 고양이는 특정한 이동 방식 등의 특정한 운동 행동과 사냥, 번식 등의 동물적 행동을 보인다. 그리고 고양이는 다른 고양이에 대한 행동과 사람에 대한 행동 등의 사회적 행동도 보여 준다. 따라서 사회적 행등은 행동 패턴과 애완동물이라는 최소한 두 개의 일차적 인지모형과 관련된 인지모형이다.

(5a)에서 [사장]과 [고양이]와 연상되는 일차적 인지모형 윤곽에서 일치를 확립하지 못하기 때문에 비유적 개념작용이 발생한다. 이 둘은 해석을 위해 적절한 두 가지 어휘개념이다. 따라서 층돌이 발생하여 이차적 인지

모형 윤곽에서 탐색을 유발한다. LCCM 이론에서 충돌 해소와 이차적 인지모형 윤곽에서 일차적 활성화를 위해 선택되는 특정한 어휘개념은 문맥에 의해 결정된다.

(5a)의 발화에서는 화자가 자기 사장을 논의하던 담화 문맥을 가정하고 있다. 그런 문맥에서, 비유적 목표는 사장이다. 왜냐하면 이것은 그 발화의 주제이기 때문이다. 비유적 매체는 고양이이다. 목표가 아니라 [고양이]인 매체의 이차적 인지모형 윤곽이 충돌 해소를 촉진하기 위해 탐색을 겪는다. 즉, 비유적 매체인 [고양이]에 대한 인지모형 윤곽은 충돌 해소 자리이다. 그리고 이차적 인지모형의 일차적 활성화가 여기에서 발생한다.

다음으로 (5b)와 연상되는 은유적 개념작용을 고려해 보자. 이 발화와 연상되는 은유적 개념작용은 학생의 성적 향상과 관련이 있다. 의사소통적 의도가 학생의 성적에 특정 성질을 할당하려는 것임을 가정하면, 어휘개념 [올라가다]가 의미구성 과정에서 비유적 매체로 지시되고, 이차적 인지모형 윤곽에서 탐색 작용을 겪는다. went up에 대한 부분적 인지모형 윤곽은 다음과 같다(Evans 2009: 294).

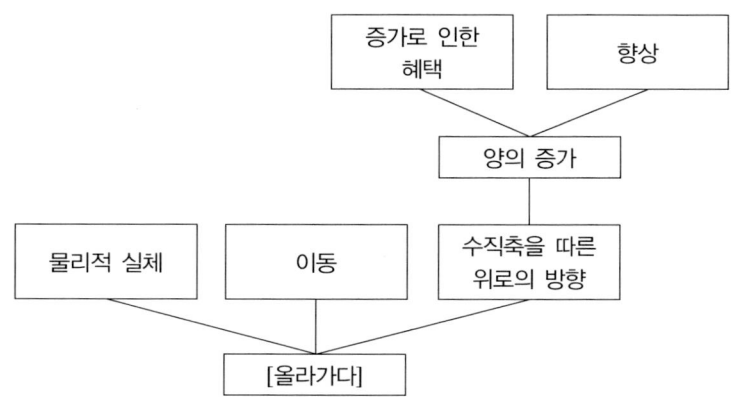

그림 5-10 [**올라가다**]에 대한 일차적 인지모형 윤곽

[올라가다]를 통해 이동 가능한 물리적 실체와 관련된 지식에 접근할 수 있고, 이동은 수직축에서 중력에 반하는 방향을 하고 있다. 이것은 [올라가다]를 통해 접근할 수 있는 세 가지 일차적 인지모형을 나타낸다. 이차적 인지모형도 몇 가지 있다. 첫 번째는 양의 증가와 관련이 있다. 환경과 일상적으로 상호작용하는 많은 경우에서, 높이의 증가는 양의 증가와 상관성을 이룬다. 예컨대, 유리잔 속의 물 높이가 더 높을수록 더 많은 물이 있다. 또 다른 이차적 인지모형은 더 많은 양에 의해 자연스럽게 혜택이 생긴다는 것이다. 예컨대, 더 높은 더미의 오렌지는 더 많은 오렌지와 상관성을 이루고, 더 많은 오렌지는 더 많은 음식과 그에 따라 영양에 대한 더 큰 기회와 상관성을 이룬다. 유리잔 속 액체의 양이 더 많다는 것은 원기회복을 받을 가능성이 더 크다는 것과 관계가 있다. 게다가 양의 증가로부터 도출되는 향상의 이차적 인지모형도 있다. 향상은 시간이 지나면서 긍정적인 것으로 평가되는 변화와 관련이 있는데, 이 예에서는 양의 증가이다. 즉, 한 시점에서의 양은 나중 시점에서 증가한 양을 배경으로 측정된다.

향상의 이차적 인지모형이 일차적 활성화를 달성하면서 충돌 해소가 달성된다. 이것은 [학생의 성적]과 연상되는 정보적 묘사와 [올라가다]를 통해 접근할 수 있는 이차적 인지모형 윤곽 간의 일치를 제공한다. 이 예는 비유적 개념작용을 제공한다. 왜냐하면 그것은 이차적 인지모형 윤곽에서 충돌 해소를 암시하기 때문이다.

지금까지 에반스의 LCCM 이론으로 환유 현상을 살펴보았다. 이 이론은 '어휘개념'과 '인지모형'이라는 개념을 통해 언어가 의미해석에 어떤 기여를 하는지, 의미해석이 어떻게 이루어지는지를 시각적으로 보여주었다는 데서 의의를 찾을 수 있다. 즉, 단어 의미가 다양한 사용 문맥에서 전이하는 방식을 설명하고 언어 사용자들이 접근하는 언어적 지식의 본질을 모형화하려고 하였다.

　LCCM 이론에서 가장 잘 활용될 수 있는 부분은 어휘개념이 인지모형의 접근 자리가 되고, 인지모형을 통해 문자적 의미와 비유적 의미가 연속적으로 해석될 수 있음을 보여준 부분이다. 또한 인지모형을 시각화함으로써 의미 해석이 어떻게 일어나는지를 보여 준 점 또한 의의가 있다. 그러나 다음과 같은 부분은 보완될 여지가 있어 보인다. 첫째, 인지모형에 어떤 것이 포함될 수 있는지는 프레임의 개념을 이용하여 잘 설명하고 있다. 그러나 실제 단어의 의미구성에서 인지모형을 보일 때 단어의 의미를 해석할 때 프레임과 관련하여 어떤 부분이 인지모형 윤곽으로 설정되어야 하는지는 여전히 모호하다. 둘째, 어휘개념에 대해 상당비중을 두어 설명하고 있지만 이 개념이 의미해석에서 어떤 역할을 하는지 불분명하다.

제6장

환유와 개념적 혼성 이론

개념적 혼성 이론(conceptual blending theory)은 유추, 은유, 반사실문을 비롯해 많은 의미적·화용적 현상에서 작용하는 의미구성의 일반 원리를 제공하는 인지언어학 이론이다. 그리고 개념적 혼성 이론은 환유 전용 이론이 아니다.[1] Fauconnier & Turner(1998, 2002)에서 주창된 개념적 혼성은 정신공간의 연결망에서 동적인 인지모형들을 결합하는 작용을 수반한다. 특히, 개념적 혼성 이론에서는 최소한 두 개의 입력공간을 설정하고, 그 입력공간에서 사상과 투사가 작용해 의미가 구성되는 것으로 간주한다. 이런 개념적 혼성은 은유를 비롯해 비유적이지 않은 언어 현상도 설명할 수 있는 강력한 인지 과정이다. 지금까지 이런 강력한 개념적 혼성 이론에서도 환유 현상은 들어갈 공간이 없었다. 왜냐하면 환유는

---

[1] Littlemore(2015: 43-53)는 환유 전용 이론으로 Warren(1999, 2003)의 지시적 환유와 명제적 환유의 모형, Panther & Thornburg(1998)의 지시적 환유와 서술적 환유의 모형, 발화수반적 환유의 모형, Ruiz de Mendoza & Diez(2002)의 목표 속 근원 환유와 근원 속 목표 환유의 모형, Peirsman & Geeraerts(2006)의 인접성의 다양한 강도 모형을 제시한다.

하나의 영역 내에서 작용하는 인지 과정이기 때문이다. 하지만 이 장에서는 환유가 개념적 혼성에 작용하는 방식을 보여 줌으로써, 개념적 혼성 이론이 환유까지 설명할 수 있다는 것을 입증하고자 한다.

개념적 혼성이 환유 현상을 설명할 수 있음은 물론이고, 환유 자체가 혼성에 큰 역할을 한다는 것도 부인할 수 없는 사실이다. 일반적인 추론 과정으로서 환유는 개념적 혼성 과정의 토대에 속한다. Fauconnier & Turner(1998: 170-171)는 환유적 긴축(metonymic tightening)을 하나의 최적성 원리로 언급한다. 즉, 혼성공간에 환유적 관계를 맺고 있는 요소가 포함되어 있다면, 그것들 간의 환유적 거리는 압축에 의해 단축되어야 한다. 예는 Grim Reaper(냉혹한 수확자)이다. 실제로 사람의 죽음과 부패 후에 남는 해골 간의 시간적 거리는 매우 길다. 하지만 혼성공간에서 원인과 결과의 관계는 직접적인 관계이다. 여기에서 해골은 죽음이다. 비슷한 방식으로, 환유는 Fauconnier & Turner(2002: 92-102)에서 단정하는 중추적 관계에서 역할을 한다. 개념적 통합으로 인해 압축되는 것은 특히 부분-전체 관계와 원인-결과 관계이다. 이 두 관계는 환유적 추론의 잘 알려진 유형인 것이다.

다음 두 개의 절에서는 환유가 개념적 혼성에서 담당하는 역할이 아닌, 환유가 개념적 현상에 의해 설명되는 방식을 보여 주고자 한다. 이런 목적을 위해 개념적 혼성 이론을 약술하고, 환유가 개념적 혼성에서 작용하는 방식을 보여줄 것이다.

1. 개념적 혼성의 본질

1.1. 개념적 혼성의 구성 원리

Fauconnier & Turner(2002: 310)에서는 공간횡단 사상, 혼성공간으로의 선택적 투사, 혼성공간에서 발현구조의 발전 같은 개념적 혼성의 구조적·동적 원리를 개념적 혼성의 구성 원리(constitutive principle)라고 부른다. 이런 구성 원리는 개념적 혼성의 결과로 발생하는 개념적 통합 연결망의 기초가 된다.

Coulson(2001: 115)에 따르면, "개념적 혼성은 일련의 비합성적인 개념적 통합의 과정으로서, 그 과정 속에서 발현구조를 생산하기 위해 의미구성을 위한 상상의 능력이 환기된다." 더 구체적으로 말하면, 개념적 혼성은 입력공간[2]의 구축을 포함해서, 입력공간들 간의 공간횡단 사상 및 입력공간에서부터 혼성공간으로의 투사를 포함하는 강력한[3] 인지 과정이다.

Fauconnier(1997: 149-151)는 개념적 혼성이 발생할 때 충족되어야 하는 몇 가지 조건을 제시한다. 첫째는 공간횡단 사상(cross-space mapping)이다. 공간횡단 사상이란 입력공간들 사이의 체계적인 대응(correspondence)을 말한다.[4] 이것을 그림으로 나타내면 다음과 같다(Fauconnier 1997: 150).

---

[2] Turner(2001: 16)는 입력공간을 영어로 conceptual influences, contributors, contributing spaces, inputs, parents라고 부르기도 한다고 말한다.

[3] 개념적 혼성이 강력한 인지 과정이라 함은 그것으로 다양한 유형의 언어 현상을 설명할 수 있다는 것을 뜻한다. 김중현(2000: 5-6)을 인용해서 몇 가지만 언급하자면, 형태론과 통사론(Turner & Fauconnier 1995, Fauconnier & Turner 1996), 조건문(Dancygier & Sweetser 1997), 은유(Coulson 1995, Turner & Fauconnier 1998), 수어(Liddell 1998), 문학(Oakley 1998, Turner 1996, Cook 2010, Dancygier 2012), 음악(Zbikowski 2002), 유머(Coulson 1997), 영화(Veale 1996) 등을 들 수 있다.

[4] 개념적 혼성 이론에서 사상은 전체적일 수도 있고 부분적일 수도 있다. 사상이 전체적이라 함은 입력공간에 있는 모든 요소가 입력공간에 있는 모든 대응요소

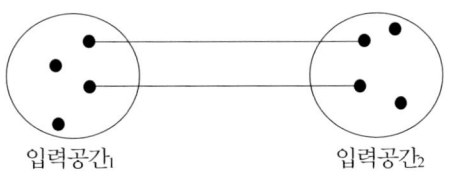

그림 6-1 공간횡단 사상[5]

그림 6-1에서 실선은 대응요소의 연결을 나타낸다. 대응요소의 연결에는 많은 종류가 있는데, 은유적 연결(metaphorical link)[6]이 대표적이다. 각 입력공간 속에 있는 검은 점들은 입력공간을 구축하는 요소들이다. 요소는 크게 세 가지 종류로 나뉘는데, 실체, 실체의 속성, 실체들 간의 관계가 그것이다.[7] 입력공간이 이렇게 세 가지 유형의 요소들로 이루어져 있다는

와 일대일로 사상된다는 것을 말한다. 사상이 부분적이라 함은 대응되지 않는 요소가 입력공간에 있을 수 있음을 말한다.

[5] 이 그림은 부분적인 공간횡단 사상을 보여 준다.

[6] 사상에 의한 대응은 크게 두 가지 종류로 나뉜다. 첫 번째는 근원영역에 있는 사람 및 사물과 같은 실체, 행동, 상태가 목표영역에 있는 그 대응요소로 사상되는 존재론적 대응(ontological correspondence)이다. 두 번째는 근원영역에 있는 특정한 상황이 목표영역에 있는 상황과 대응하는 인식론적 대응(epistemic correspondence)이다. Lakoff & Johnson(1980) 및 Lakoff(1987)에서 제시된 사랑은 여행이다 은유에 의해 생성되고 이해되는 다음 은유 표현을 보자.

(1) a. Look how far we've come.(우리가 얼마나 멀리 왔는지 보라.)
    b. Our relationship is off the track.(우리의 관계가 잘못되었다.)
    c. We've spinning our wheels.(우리는 헛바퀴만 돌리고 있다.)

(1)에서 연인은 여행자와 대응되며, 사랑 관계는 여행 차량과 대응되며, 연인의 공통 목표는 여행의 공통 목적지와 대응되며, 사랑의 어려움은 여행의 방해물과 대응된다. 이런 대응은 존재론적 대응이다. 그리고 차량이 어딘가에 빠져 여행자가 다시 차량을 움직이게 하고자 하는 여행 상황은 사랑 관계가 만족스럽지 못해 연인들이 다시 그것을 만족스럽게 하고자 노력하는 사랑 상황과 대응한다. 이것은 인식론적 대응의 예이다.

[7] 이 책에서는 세 가지 유형의 요소인 실체, 속성, 관계를 구별하지 않고 일상 언어로 표기하고자 한다.

것은 특정한 상황이나 사건을 구조화해서 입력공간이 구축된다는 것을 암시한다.

둘째는 총칭공간(generic space)이다. 총칭공간은 입력공간들이 공유하는 추상적인 구조와 조직을 반영하는 포괄적인 구조이다. 더욱이 총칭공간은 입력공간들 사이의 공간횡단 사상을 한정해 준다. 총칭공간은 각 입력공간과 사상된다. 즉, 총칭공간에 있는 각 요소는 입력공간들에서 쌍을 이룬 대응요소에 사상된다. 이것을 그림으로 나타내면 다음과 같다(Fauconnier 1997: 150).

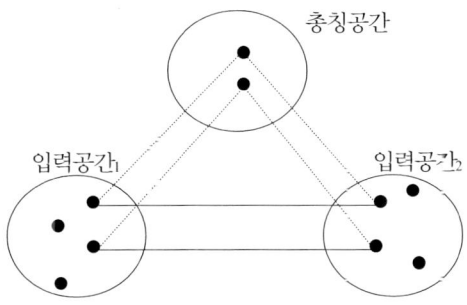

그림 6-2 총칭공간 설정

셋째는 혼성공간(blended space)이다. 혼성공간은 입력공간$_1$과 입력공간$_2$가 선택적으로 투사되어 형성되는 공간이다. 혼성공간에는 총칭공간에서 포착되는 총칭적인 구조뿐만 아니라 총칭공간보다 더 특이한 구조가 들어 있고, 입력공간에 없는 구조가 형성될 수도 있다.[8] 이것을 그림으로 나타내면 다음과 같다(Fauconnier 1997: 150).

---

[8] 입력공간에 근거하여 혼성공간이 만들어진다고 해서 개념적 혼성이 합성적인 연산 과정이라고 말할 수 없으며, 혼성공간이 전적으로 입력공간들로 예측되는 것도 아니다. 오히려, 혼성공간은 독립적으로 이용 가능한 배경 및 문맥적 구조와 조화를 이루어 입력공간에 의해 동기를 부여받아 형성되는 정신공간이다.

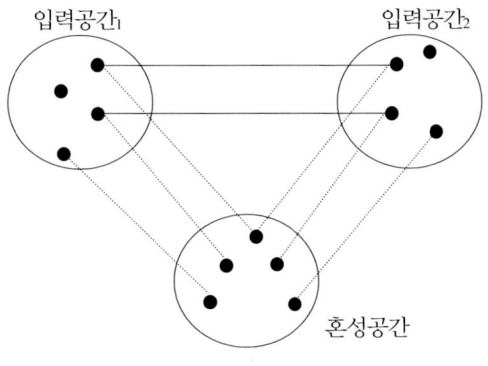

그림 6-3 혼성공간 설정

넷째는 발현구조(emergent structure)이다. 혼성공간에는 입력공간에 없는 발현구조가 생성되는데, 이것은 세 가지 방식으로 가능하다. 합성(composition), 완성(completion), 정교화(elaboration)가 그것이다. Grady, Oakley & Coulson(1999: 107)에 따르면, "가장 직접적인 과정인 합성은 각 입력공간의 내용물을 혼성공간으로 투사하는 것을 가리킨다." 즉, 합성은 결국 투사이다. "완성은 입력공간들에서 투사된 구조가 장기기억에 들어 있는 정보와 조화를 이룰 때 환기되는 특정 패턴을 혼성공간에서 채운다." "정교화는 혼성공간에서 사건에 대한 가장된 정신적 수행이며, 우리는 이것을 무한히 계속할 수도 있다."

개념적 혼성 이론에서 가장 두드러진 공간은 발현구조가 창조되는 혼성공간[9]이다. 혼성공간은 입력공간의 요소들이 선택적으로 투사되어 만들어

---

9 혼성공간은 입력공간에서 몇 가지 요소 및 그 의미들을 계승한다는 점에서 입력공간의 개념적 후손(conceptual descendent)인데, 이것은 마치 아이가 부모의 생물학적·문화적 후손인 것과 유사하다. 아이들이 비록 부모에게서 태어나도 그 자체의 주체성 혹은 독자성을 가지고 있는 것처럼, 혼성공간은 입력공간의 단순한 복사가 아니라 그 자체의 독자성을 가지고 있다. 혼성공간이 가지고 있는 그 자체의 독자성은 발현구조로 실현된다.

진다. 그리고 선택적 투사(selective projection)는 입력공간들 사이의 공간 횡단 사상에 의해 가능하고, 공간횡단 사상은 다시 총칭공간 때문에 가능하다. 즉, 총칭공간은 공간횡단 사상의 전제조건이 되고, 공간횡단 사상은 선택적 투사의 전제조건이 된다. 이처럼 입력공간, 혼성공간, 총칭공간[10]은 밀접하게 연결된 망을 형성하는데, 그것을 개념적 통합 연결망(conceptual integration network)[11]이라고 한다. 이것은 다음과 같이 나타낼 수 있다(Fauconnier 1997: 151).

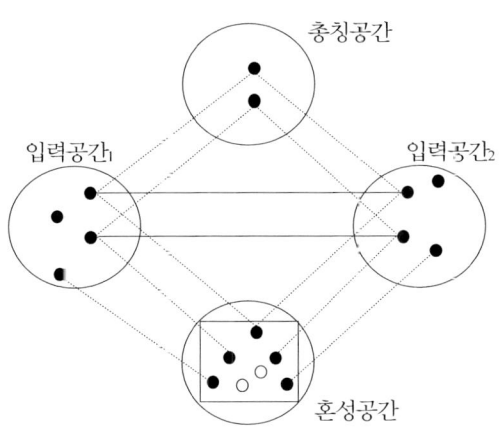

그림 6-4 개념적 통합 연결망

입력공간$_1$과 입력공간$_2$ 사이의 공간횡단 사상은 실선으로 표시되고,[12]

---

[10] 개념적 혼성 이론에서 혼성공간과 총칭공간은 중간공간(middle space)으로 명명된다. 기존의 두-영역 모형(two-domain model)에는 근원영역과 목표영역이라는 두 영역만 설정되었으며, 거기에 새로운 두 공간이 설정되었다는 점에서 개념적 혼성 이론의 네-공간 모형(four-space model)은 개념적 은유 이론의 두 영역 모형의 확장된 모형이라고 할 수 있다.

[11] Coulson(1997: 168)에 따르면, "개념적 통합 연결망은 화자가 문맥적 정보와 배경지식에서 구성한 프레임들로 구조화된 정신공간들의 망이다."

[12] Fauconnier & Turner(2002: 92-102)는 개념적 통합 연결망에 있는 입력공간들은

각 입력공간의 요소들 모두가 사상되는 것은 아니라는 점에서 사상은 부분적(partial)이다. 입력공간들 사이의 공간횡단 사상은 입력공간에 공통된 총칭공간에 의해 가능하다. 공간횡단 사상에 의해 연결된 요소들은 다시 혼성공간으로 투사되는데, 투사는 점선으로 표시된다. 입력공간의 요소들 모두가 혼성공간으로 투사되는 것은 아니라는 점에서 투사는 선택적이다. 더욱이 입력공간의 요소들이 혼성공간에서 융합되기도 하고 융합되지 않기도 한다. 마지막으로, 혼성공간에는 입력공간에서 투사되지 않는 새로운 요소들이 형성되어 발현구조가 창조되는데, 이것은 네모상자로 표시된다. 네모상자 안의 흰색 점은 혼성공간에서 창조된 요소를 나타낸다.

개념적 혼성은 결국 발현구조를 만들기 위한 인지 과정이다. 발현구조에는 주어진 표현의 의미를 구성하는 실마리가 들어 있다. 개념적 혼성이 발현구조를 창조하는 방식은 다음과 같다.

(1) 입력공간 구축→입력공간의 연결→혼성공간 형성→발현구조 창조

입력공간 구축은 언어 표현이 실마리가 되어 인지모형과 문맥의 상호작용을 바탕으로 이루어진다. 다음으로 입력공간들 사이의 대응요소의 연결은 공간횡단 사상 때문에 가능하고, 혼성공간은 선택적 투사의 결과이며, 발현구조의 창조는 합성, 완성, 정교화에 따른 결과이다. 그렇다면 개념적 혼성은 다음과 같은 세 가지 인지 과정의 합이나 세 가지 인지 과정이 차례로 작용하는 과정이라고 말할 수 있다.

(2) 개념적 혼성 = 입력공간 구축 + 공간횡단 사상 + 투사[13]

중추적 관계(vital relation)라 불리는 본질적인 관계에 의해 연결된다고 주장한다.
[13] 개념적 혼성 이론의 문헌에서는 개념적 혼성이 부분적 사상과 선택적 투사만을

1.2. 은유와 단일범위 연결망

개념적 혼성 이론은 기존의 개념적 은유 이론을 통합한다. 이 절에서는 환유와 개념적 혼성을 연결 짓기 전에, 개념적 혼성에서는 은유 현상을 어떻게 설명하는지 먼저 검토할 것이다. 개념적 혼성은 개념적 통합이라고도 부르는 강력한 인지 고정으로서, 기존 은유 과정의 범위를 초월하여 은유 외의 다른 언어 현상들도 설명할 수 있다. 이런 점에서 앞서 제시한 개념적 통합 연결망 중에서 은유를 설명하는 별도의 연결망이 존재한다는 것을 알 수 있다.

은유 과정은 일반적으로 두 영역 모형으로서, 근원영역에서 목표영역으로의 투사로 인해 근원영역에 비추어 목표영역을 이해하는 데 그 역할을 한다. 이에 반해, 개념적 혼성은 입력공간, 총칭공간, 혼성공간으로 이루어진 다공간 모형이다. 개념적 혼성은 크게 사상과 투사로 이루어졌다는 점에서 은유 과정보다 더 복잡하다. 이런 복잡성으로 인해, 개념적 혼성의 결과로 나오는 개념적 통합 연결망도 그 종류가 다양할 수밖에 없다. 은유 현상은 결국 다양한 개념적 통합 연결망 중의 하나에 해당하므로, 개념적 혼성의 설명력은 개념적 은유 이론의 설명력을 넘어서는 것이다.

Fauconnier & Turner(2002)는 개념적 통합 연결망을 몇 가지 유형으로 나눈다. 개념적 통합 연결망을 분류하는 데에는 '개념적 통합 연결망의 정신공간들이 하나의 프레임을 공유하는가?', '모든 입력공간이 혼성공간

포함하는 것으로 간주된다. Coulson & Oakley(2000: 178)의 개념적 혼성에 대한 입장은 다음과 같다. "혼성은 망을 구성하는 서로 다른 공간 속의 인지모형들 사이의 선택적 사상의 구축과 한 공간의 개념적 구조의 또 다른 공간으로의 투사를 포함한다." 반면에 Coulson(2001)은 개념적 혼성이 세 가지 하위 작용으로 구성된 것으로 본다. Coulson(2001: 204)에 따르면, "사람들은 다른 영역으로부터 부분적인 구조를 이용하고, 다른 입력공간에서 환기된 구조들 사이의 사상을 설립하고, 개념적 혼성이라는 창의적인 기제를 통해서 정보를 통합한다."

의 발현구조를 만드는 데 참여하는가?'라는 두 가지 차원이 필요하다. 이 두 가지 차원에 기초하여 단순 연결망(simplex network), 거울 연결망(mirror network), 단일범위 연결망(single-scope network), 이중범위 연결망(double-scope network), 다중범위 연결망(multiple-scope network)이라는 다섯 가지 유형의 개념적 통합 연결망을 식별할 수 있다. 단순 연결망은 하나의 입력공간에만 조직 프레임(organizing frame)[14]이 있고 다른 입력공간에는 특정한 요소들만 있는 개념적 통합 연결망이다. 거울 연결망은 모든 정신공간이 하나의 조직 프레임을 공유하는 개념적 통합 연결망을 말한다. 단일범위 연결망은 입력공간들이 서로 다른 조직 프레임을 가지며, 하나의 입력공간만 혼성공간을 조직하기 위해 투사되는 개념적 통합 연결망이다. 이중범위 연결망은 입력공간들이 서로 다른 조직 프레임에 의해 조직되고, 그런 입력공간들이 혼성공간을 조직하기 위해 투사되는 개념적 통합 연결망이다. 다중범위 연결망은 이중범위 연결망의 확장으로서, 다중 입력공간이 서로 다른 조직 프레임에 의해 조직되고, 그것들이 혼성공간을 조직하기 위해 투사되는 개념적 통합 연결망이다.

이 다섯 가지 개념적 통합 연결망 중에서 은유는 그 성격상 단일범위 연결망으로 설명된다. 단일범위 연결망에서 입력공간들이 서로 다른 조직 프레임을 가지고, 그중 한 입력공간의 조직 프레임만이 혼성공간으로 투사된다고 할 때, 투사되는 입력공간은 구체적인 입력공간[15]으로서, 이는

---

[14] 조직 프레임은 그것이 조직하는 정신공간에 대한 위상을 제공한다. 즉, 조직 프레임은 정신공간의 요소들 사이의 조직 관계를 제공한다. 두 정신공간이 동일한 조직 프레임을 공유할 때, 그에 상응하는 위상을 공유하고 쉽게 대응하여 공간횡단 사상이 가능하다. 각 정신공간에는 조직 프레임이 있는데, 그것은 적절한 활동, 사건 및 참여자의 본성을 상술하는 프레임이다. 예컨대, '사람이 산길을 따라 걸어가는 것', '배가 항로를 따라 항해하는 것', '권투선수들이 링에서 싸우는 것' 등이 조직 프레임의 예이다.

[15] 단일범위 연결망에서 혼성공간으로 투사되는 망이 구체적인 입력공간이라고 했

틀부여 입력공간(framing input)이라고 부른다. 단일범위 연결망이라는 명칭은 혼성공간의 구조가 한 입력공간에서 도출된다는 개념으로부터 나온다. 두 개의 입력공간은 개념적 은유 이론에서 말하는 근원영역과 목표영역에 해당한다. 개념적 혼성 이론에서는 근원 입력공간이 대체로 혼성공간을 구조화한다. 이에 대한 예로 다음 문장을 고려해 보라.

(3) Murdoch knocked Iacocca out.(머독은 아이아코카를 쓰러뜨렸다.)

이 문장은 **사업은 권투**다라는 은유에 기초한다. 이 예는 다음과 같은 방식으로 개념적 혼성의 경우로 간주될 수 있다. 즉, 두 개의 입력공간(권투와 사업), 총칭공간, 혼성공간이 있다는 것이다. 근원 입력공간의 요소와 목표 입력공간의 요소 간에는 체계적인 대응이 있다.

권투선수₁   →   머독
권투선수₂   →   아이아코카
누군가를 쓰러뜨리기 →   (사업에서) 누군가를 이기기

권투와 사업은 두 사람 또는 기관이 서로 경쟁하는 형태이기 때문에, 총칭공간에는 '경쟁'이라는 일반적인 정보가 들어 있다. 마지막으로, 혼성공간에는 사업계에서 머독이 아이아코카를 쓰러뜨리는 권투 프레임이 있다.

(3)은 두 사업 경쟁자를 권투선수로 묘사하고 있다. (3)의 의미구성을 위한 개념적 통합 연결망은 단일범위 연결망으로서, 총칭공간에는 두 행

는데, 이 공간은 전통적인 개념적 은유 이론의 두 영역 모형에서 말하는 근원영역이다.

위자 사이의 적대적인 경쟁이라는 추상적인 관계가 있으며, 입력공간$_1$의 권투 프레임이 혼성공간으로 투사된다. 여기서의 공간횡단 사상은 은유적이라서 입력공간$_1$은 근원공간(source space)이고, 입력공간$_2$는 목표공간(target space)이라고 할 수 있다.

    은유적 혼성에서, 한 입력공간의 조직 프레임이 혼성공간으로 투사된다는 점에서 투사는 비대칭적이다. 그래서 혼성공간으로 투사되는 권투의 입력공간이 근원공간 역할을 한다. 근원공간에서 혼성공간으로 투사될 때 근원공간의 조직 프레임을 환기시키는 데 사용되는 언어 표현이 혼성공간으로 전달된다. (3)의 의미구성을 위한 개념적 통합 연결망은 다음과 같다.

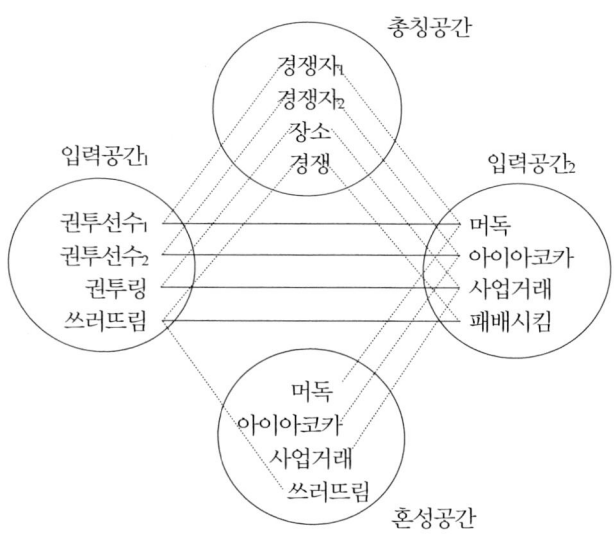

그림 6-5 Murdoch knocked Iacocca out의 개념적 통합 연결망

    먼저, 권투 프레임과 사업 프레임에 입각해서 입력공간들이 구축되고, 공간횡단 사상에 의해 입력공간$_1$의 [권투선수$_1$], [권투선수$_2$], [권투링], [쓰러뜨림]과 입력공간$_2$의 [머독], [아이아코카], [사업거래], [패배시킴] 사이

에 일대일 대응관계가 형성된다. 사상이 가능한 것은 입력공간에 공통된 총칭공간 때문이다. 총칭공간은 참여자 요소인 [경쟁자₁], [경쟁자₂], 두 참여자가 행동하는 [장소], 참여자들 사이의 관계 요소인 [경쟁]으로 구성된다. 그 다음으로 선택적 투사에 의해 입력공간₁로부터는 관계 요소 [쓰러뜨림]이 혼성공간으로 투사되어 혼성공간에 권투 프레임을 제공한다. 입력공간₂로부터는 사업거래어 참여하는 요소인 [머독], [아이아코카], [사업거래]가 혼성공간으로 투사되어 권투 프레임에 참여하는 두 사람과 행동이 발생하는 장소의 역할을 채우게 된다. 개념적 혼성의 결과로 '머독이 사업거래에서 아이아코카를 쓰러뜨린다'는 의미가 구성되는 것이다. 혼성공간에는 사업계에서 머독이 아이아코카를 쓰러뜨리는 권투 프레임이 있다. 여기서 중요한 것은, 혼성공간이 한 특정 입력공간(권투)의 프레임을 가지고, 이 프레임의 역할은 다른 입력공간(사업)의 요소들로 채워진다는 것이다. 머독과 아이아코카는 목표 입력공간으로부터 나오는 데 반해, 누군가를 쓰러뜨리는 행동은 근원 입력공간으로부터 나온다. 이 문장을 이해할 수 있게 해 주는 것은 근원 입력공간과 목표 입력공간 사이에 관습적 대응이다. 즉, 권투선수는 사업가에 대응하고, 누군가를 쓰러뜨리는 행위는 사업계에서 누군가를 이긴다는 것에 대응하는 것이다.

단일범위 연결망의 중요한 기능은 틀부여 입력공간(framing input)(입력공간₁)의 이미 존재하고 있던 압축을 사용하여 초점 입력공간(focus input)(입력공간₂)의 불분명한 구조를 조직하는 것이다. 틀부여 입력공간에는 이미 존재하고 있는 많은 내부공간 관계가 포함되어 있다. 이런 내부공간 관계는 특히 시간, 공간, 동일성에 대한 압축을 포함하는데, 이것은 권투 프레임으로 압축된다. 이미 존재하고 있는 이 정신공간은 단일범위 연결망에 대한 틀부여 입력공간 기능을 하는데, 입력공간₁은 단단히 압축된 내부공간 관계를 포함하며, 이 내부공간 관계는 두 명의 참여자, 권투링,

3분 10라운드라는 제한된 시간, 특정한 활동을 포함하고 있다. 이런 내부 공간 관계가 혼성공간으로 투사될 때 구조를 제공하며, 초점 입력공간에 있는 산만한 활동이 이 구조로 투사될 수 있다. 이 구조는 머독과 아이아코카 사이의 사업 경쟁과 관련이 있다. 혼성공간은 틀부여 입력공간의 특성의 결과로 사업 경쟁의 산만한 본질을 압축한다. 특히 단일범위 연결망의 이런 기능은 산만한 것을 압축한다는 것이다. 이것은 다음과 같이 나타낼 수 있다(Faucinner & Turner 2002: 130).

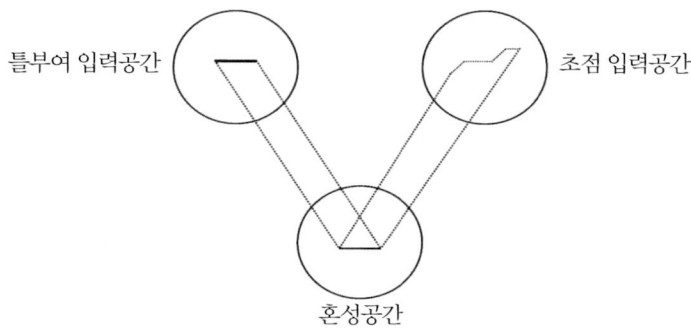

그림 6-6 틀부여 입력공간의 투사

개념적 은유의 근원영역은 혼성공간에 그 구조를 부여한다. 근원 프레임 속의 역할을 목표 프레임 속의 값들이 채우거나 실례화함으로써, 새로운 혼성공간이 형성된다. 혼성공간이 새로운 것은 목표 입력공간 속의 개인(머독과 아이아코카)이 권투 프레임에서 권투선수로 참여한다는 사실에 기인한다. 이것은 단일범위 연결망의 경우에 일반적인 현상이고, 새로운 비유적 사고를 생산하는 방식이다.

2. 개념적 혼성에서 환유의 작용

환유가 개념적 혼성에 작용하는 방식은 크게 두 가지로 나누어볼 수 있다. 첫 번째는 한 입력공간 내에서 환유가 작용하는 방식이고, 두 번째는 두 입력공간 사이에서 환유가 작용하는 방식이다.

2.1. 정신공간 내 환유의 작용

개념적 혼성 이론에서 첫 번째 작용은 입력공간을 구축하는 것이다. 입력공간이란 혼성공간을 구축하기 위한 기초가 되는 정신공간을 말한다. 정신공간은 다음과 같이 정의된다. "정신공간은 언어 구조와 구별되지만 언어 표현이 제공하는 지침에 따라 임의의 담화에서 설정되는 구성체이다"(Fauconnier 1994: 1). "정신공간은 담화와 지식 구조의 정교한 분할을 허용하면서, 우리가 생각하고 말을 할 때 만들어지는 부분적인 구조이다"(Fauconnier 1997: 11). "정신공간은 국부적인 이해와 행위를 위해, 우리가 생각하고 말할 때 구성되는 작은 개념적 꾸러미이다"(Fauconnier & Turner 1996: 113). 정신공간은 일종의 시나리오나 틀과 같은 정신적 구성물로서, 그 속에는 실체들 및 실체들 간의 관계가 그 요소로 포함되어 있다. 이때 한 정신공간 내의 요소들이 환유로 연결될 수 있다는 점에서, 정신공간 내에서 환유가 작용한다고 말할 수 있다.

먼저, 개념적 혼성은 환유적 연결(metonymic connection)[16]에 입각해서 입력공간의 비대응요소들을 결합할 수 있다. 이에 대한 예는 화는 열이다라는 화 은유이다. Kövecses(1986)와 Lakoff(1987)는 열의 통속도형과 화의 통속모형 간의 사상을 통해 이 은유를 이해할 수 있다고 보지만, 더

---

[16] 환유적 연결이란 전체가 그것을 구성하는 부분들과 인접적으로 결합해 연결되어 있음을 뜻한다.

나아가 화에는 체열 증가, 혈압 증가, 흥분, 얼굴의 붉어짐과 같은 생리적 효과가 있다고 지적한다. 감정과 이런 생리적 효과를 연결하는 환유로 인해 He gets hot under the collar(그는 목덜미가 뜨거워졌다), She was red with anger(그녀는 화가 나서 붉어졌다), I almost burst a blood vessel(나는 혈관이 거의 터질 뻔했다)과 같은 표현이 동기화된다.

화는 열이다 은유는 한 가지 대응 집합을 제공하고, 감정과 생리적 효과를 연결하는 환유는 또 다른 대응 집합을 제공한다. 이를 결합하면 다음과 같은 대응 체계가 생성된다(Fauconnier & Turner 1999: 81).

표 6-1 화에 대한 열 은유와 생리적 효과 환유에서 개념적 대응

근원영역	목표영역	
'물리적 사건'	'감정'	'생리현상'
그릇	사람	사람
열	화	체열
증기	화의 신호	발한, 붉어짐
폭발	극단적인 화 표출	극심한 떨림, 생리적 통제 소실
끓는점	감정의 가장 높은 정도	

이런 대응 체계는 다양하게 정교화될 수 있다. 다음 예를 고려해 보자.

(4) He was red-hot with anger; I could see the smoke coming out of his ears.(그는 화가 나서 몹시 흥분했다. 나는 그의 귀에서 연기가 나오는 것을 볼 수 있었다.)

귀는 근원영역에 있는 그릇의 구멍으로 사상된다. 이 예에서 감정의 기술은 개인의 생리적 반응으로 제시된다. 연기가 귀에서 나오는 것처럼 몸에서 어떤 일이 발생하고 있는 것이다. 그러나 이런 생리적 반응의 '내용물'

은 목표영역에서 환유를 통해 달성되는 것이 아니라 근원영역으로부터 나온다.

(4)는 그가 상당히 화가 나서 귀에서 연기가 나고 있는 상황을 묘사하고 있는데, 사실 사람 귀에서 연기가 나는 것은 현실적으로 불가능하다. 문제는 smoke coming out of his ears에서, [연기]는 그릇에서 물이 끓는 상황에 기초해서 구축된 입력공간₁의 요소이고, [귀]는 누군가가 화가 난 상황에 기초해서 구축된 입력공간₂의 요소이기 때문에, 어느 입력공간에서도 사람 귀에서 연기가 나는 상황이 묘사되지 않는다. 이와 같은 객관적인 비논리성을 적절하게 처리할 수 있는 공간이 바로 혼성공간이다. 즉, 입력공간₁의 열 공간에서는 [연기]가 선택되고, 입력공간₂의 화 공간에서는 [귀]가 선택되어 새로운 정신공간인 혼성공간으로 투사된다. 입력공간₁에 [귀]가 없고 입력공간₂에는 [연기]가 없지만, 혼성공간에는 이 두 요소가 들어 있으며, 이 두 요소는 상호작용한다. 지금까지의 설명은 다음과 같은 개념적 통합 연결망으로 나타낼 수 있다.

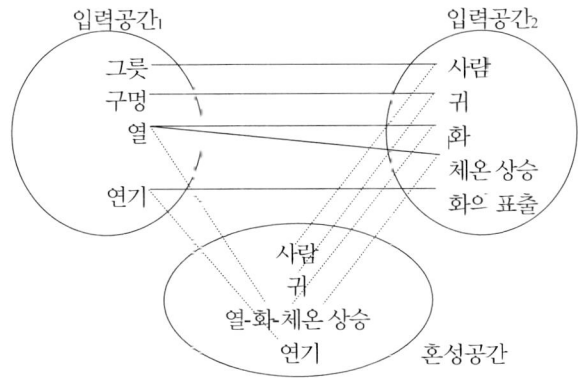

그림 6-7 I could see the smoke coming out of his ears의 개념적 통합 연결망[17]

---

[17] 이 그림에서 입력공간₂에서 [화]와 [체온 상승]을 연결하고 있는 기호 'ㅣ'는 그

위의 개념적 통합 연결망에서 볼 수 있듯이, 입력공간₁의 [열]과 입력공간₂의 [화]는 서로 대응요소이다. 더욱이 [화]는 [체온 상승]과 같은 생리적 반응과 환유적으로 연결된다. 혼성공간에 있는 [열]은 입력공간₁의 그릇의 [열], 입력공간₂의 [화] 및 [체온 상승]과 결합되는데, 사실 입력공간₁에 있는 그릇의 [열]과 입력공간₂에 있는 [체온 상승]은 서로 대응요소가 아니지만 서로 사상되고 있다. 이런 분석에서 반드시 [화]와 환유적으로 연결되는 [체온 상승]이 존재해야 하는가 하는 질문을 제기할 수 있다. 정답은 존재해야 한다는 것이다. [열]과 [화]만 가지고서는 귀에서 연기가 나오는 상황이 설명되지 않기 때문이다. 즉, 귀에서 연기가 난다는 것은 열과 화가 어느 정도 올라가서 뜨거워져야 한다는 것을 암시한다. 우리가 화가 날 때는 다양한 생리적·행동적 양상을 보인다. 임지룡(2000)에서는 화와 환유적으로 연결되는 생리적 행동적 양상들로 '체온 상승', '혈압 상승', '호흡이 빨라짐', '몸이 떨림', '분비물이 나옴', '목소리의 변화', '지각상의 장애', '신체 장기에 이상이 생김'을 제시한다. 이런 화에 대한 환유적 양상 중에서 몸/그릇에서 연기를 유발하기 위해 필요한 것은 '체온 상승'인 것이다. 즉, '체온 상승'이라는 화에 대한 환유적 양상은 연기 발생을 동기화해주는 필수적인 요소인 것이다.

혼성공간은 한층 더 발전되어 정교화될 수도 있다. 예컨대, 다음과 같이 말할 수 있다.

(5) God, was he ever mad. I could see smoke coming out of his ears—I thought his hat would catch fire!(맙소사, 그는 너무 화가 났다. 나는 그의 귀에서 연기가 나오는 것을 볼 수 있었다—나는 그의 모자에 불이 붙을 것 같다는 생각이 들었다!)

둘 사이의 관계가 환유적임을 뜻한다.

이와 같은 혼성공간의 정교화에서도 환유가 작용하는 모습을 볼 수 있다. 이 문장을 이해하기 위해서는 사람의 귀에서 연기가 나오는 프레임과 연결망에서 강렬함이 어떻게 개념화되는지에 기초한 지식이 필요하다. **감정의 강렬함은 열의 정도이다**라는 **화는 열이다**의 하위 사상이다. 이 은유의 한 가지 함의는 열이 높으면 불을 초래할 수 있다는 것이다. 그렇다면 모자가 어떻게 혼성공간으로 들어가는가 하는 문제가 발생한다. 모자가 혼성공간으로 들어간다는 사실은 혼성공간의 창의성을 보여 준다. 이전의 혼성공간에 의존하는 새로운 개념화를 일으키면서 혼성공간을 한층 더 발전시키고, 체계적인 인지 과정의 적용을 발전시키면 이것이 가능하게 된다. 즉, 이런 특별한 경우에, '귀에서 나오는 연기'를 가진 이전 혼성공간을 운용하게 되면 '모자'가 발생한다. 귀가 있는 머리라는 그릇은 환유적으로 머리에 쓰는 모자를 환기시키는 것이다. 이렇게 환유적으로 환기된 모자에 불이 붙는 것은 '높은 열은 불을 초래할 수 있다'라는 **감정의 강렬함은 열의 정도이다**라는 은유의 작용이다. 이것은 화의 강도가 전면적으로 증가함을 암시한다. 이것은 다음과 같은 그림으로 나타낼 수 있다(Kövecses 2006: 234).

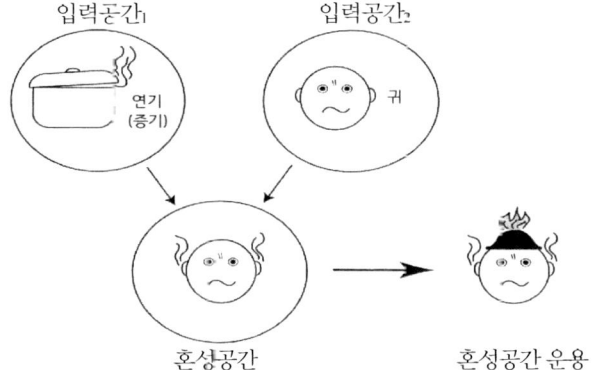

그림 6-8 Smoke was coming out of his ears의 혼성공간 운용

지금까지 smoke coming out of his ears의 의미가 구성되는 방식을 개념적 혼성으로 설명할 때 환유가 한 정신공간 내에서 작용하는 방식을 보았다. 하지만 Fauconnier & Turner(1996: 82)에서는 이 경우에 환유가 두 입력공간 사이에서 작용하는 것으로 분석한다. 그들이 제시한 개념적 통합 연결망을 도표로 제시하면 다음과 같다.

표 6-2 smoke coming out of his ears에서 환유의 작용 방식

근원영역 입력공간₁ '물리적 사건'	혼성공간	목표영역	
		입력공간₂ '감정'	입력공간₃ '생리현상'
그릇	사람/그릇	사람	사람
구멍	귀/구멍		귀
열	열/화	화	체열
증기/연기	증기/연기	화의 신호	발한, 붉어짐
폭발	폭발	극단적인 화 표출	극심한 떨림, 생리적 통제 소실
끓는점	끓는점/감정의 가장 높은 정도	감정의 가장 높은 정도	

즉, 위의 표에서는 입력공간₂와 입력공간₃에서 환유가 작용하고 있다.

지금까지는 한 정신공간 내에서 한 요소와 그것과 연상되는 또 다른 요소 사이에 환유적 연결이 있어서 그 정신공간 자체에 환유가 작용하는 현상을 보여 준다. 다음으로 수식어나 머리어가 환유인 합성어에서도 정신공간 내에서 환유가 작용하는 현상을 볼 수 있다. 이미영·임성출(2014)에서는 환유가 수식어에서 작용하는 합성어를 분석한다. 이런 합성어의 의미는 수식어의 환유적 의미와 머리어의 문자적 의미가 결합되어 생성된 것이다. 이런 합성어에서 수식어는 동일한 ICM 내에서 그 수식어가 의미하는 목표에 도달할 수 있는 참조점 역할을 한다. 이런 합성어의 대표적인

예는 cow college(농과대학)이다. 농과대학이란 농업에 관한 전문적인 학술과 기예를 연구하고 교육하는 단과대학을 말한다. 농과대학에는 농작물 재배, 낙농, 축산, 원예, 농화학, 농생물학 등에 관한 학과가 있다. 이 합성어에서 수식어 cow는 농과대학의 학과 중에서 낙농 또는 축산학과와 관련이 있다. '낙농 또는 축산'에는 소뿐만 아니라 다른 동물들도 수반되기 마련이다. 하지만 cow라는 농업의 한 특성이 '농업'이라는 범주를 대표하는 환유가 이 합성어에 작동하고 있다.

　이 합성어의 의미 구조를 개념적 혼성 이론으로 분석하기 위해서는 이 합성어의 수식어와 머리어에 기초해서 두 개의 입력공간을 구축해야 한다. 입력공간₁은 '농업'에 관한 것이다. 농업은 농부가 땅을 이용하여 인간 생활에 필요한 식물을 가꾸거나 유용한 동물을 기르는 직업이다. 농업에 관한 이런 백과사전적 지식에 기초해서 입력공간₁이 구축된다. 입력공간₂는 '대학'에 관한 것이다. 대학은 국가와 인류 사회 발전에 필요한 학술이론과 응용방법을 교육하고 연구하는 기관을 말한다. 대학에는 인문학, 자연과학, 공학, 농학 등의 단과대학들로 이루어져 있다. 대학에는 여러 건물이 있고, 교수가 해당 학과의 학생들을 교육하며, 또한 행정기관이 있다. 이런 사실에 입각해서 입력공간₂가 구축된다. 이렇게 구축된 두 개의 입력공간에 사상과 투사로 이루어진 개념적 혼성이 작용해 그림 6-9와 같은 개념적 통합 연결망이 형성된다.

　'농과대학'을 뜻하는 cow college에서 수식어 cow는 '소'이며 '동물'의 한 범주인데, 이 범주가 이 합성어에서는 '땅을 일구어 동·식물을 재배하는 농업'의 결정적 특징으로 이해된다. 즉, 이 합성어의 수식어는 **결정적 특성은 범주를 대표한다**라는 개념적 환유에 의해 실현되는 것이다.

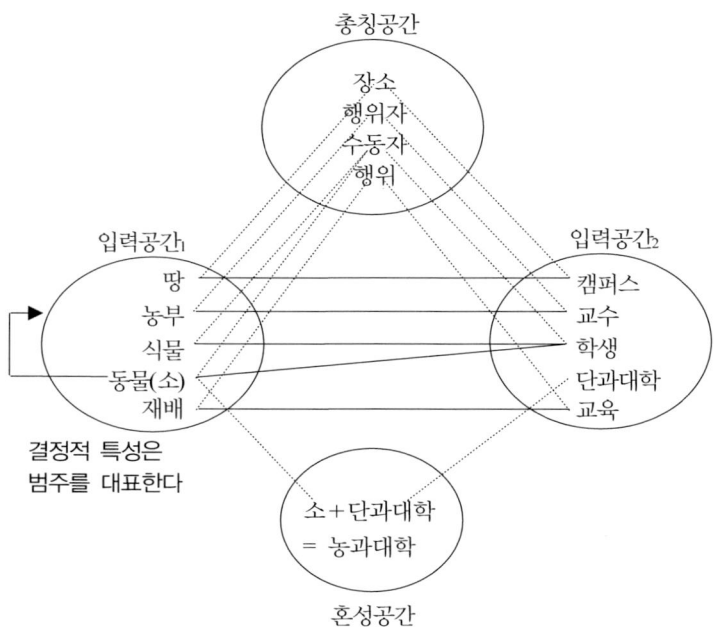

그림 6-9 cow college의 개념적 혼성 분석

2.2. 정신공간 간 환유의 작용

이 절에서는 두 정신공간 사이에서 환유가 작용하는 현상을 논의할 것이다. 특히 개념적 혼성 이론에서 처음으로 환유의 작용을 논의한 Coulson & Oakley(2003)의 논의와 환유를 신경 층위에서 논의하면서 그 현상을 개념적 혼성의 개념에 연관 지은 Bierwiaczonek(2013)의 논의를 차례로 제시할 것이다.

2.2.1. Coulson & Oakley(2003)의 접근법

이 절에서는 Panther & Thornburg(2003)가 엮은 *Metonymy and Pragmatic Inferencing*에 수록된 Coulson & Oakley(2003)의 논문 Metonymy and conceptual blending(환유와 개념적 혼성)에서 환유와 개념적 혼성을 어떻게 관련지어 설명하는지 검토할 것이다. 먼저, 그들이 제시한 다음 예를 고려해 보자.

(6) Coke Flows Past Forecasts: Soft drink company posts gains.(콜라는 예상치를 지나 흐른다: 청량음료 회사는 수익을 기록한다.)

이 예는 *USA TODAY*에 실린 한 기사의 헤드라인이다. 이 헤드라인은 코카콜라 회사와 이 회사의 주력상품인 콜라 간의 환유뿐만 아니라, 코카콜라 회사의 수익에 대한 은유적 해석도 포함한다. 이 예에서 flows past forecasts는 코카콜라 회사의 수익에 대한 은유적 표현임과 동시에 코카콜라 회사의 주력상품에 대한 문자적 표현이기도 하다. 그래서 (6)에서 Coke이 주로 회사로 해석되지만, 이 회사가 생산하는 음료의 특정한 특성도 갖는 것처럼 보인다.

다음은 이 예의 의미구성을 나타내는 개념적 통합 연결망을 나타낸 것이다.

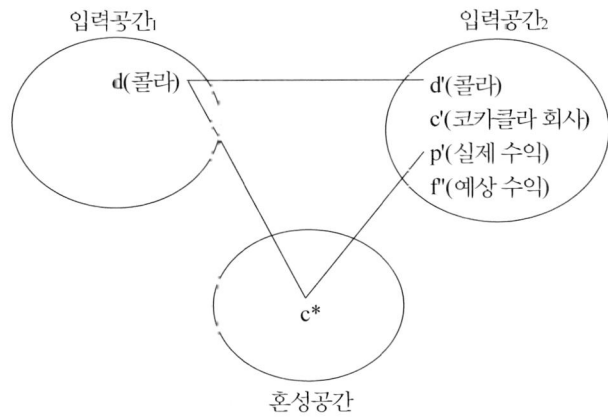

그림 6-10 (6)의 의미구성에 대한 개념적 통합 연결망

이 개념적 통합 연결망은 두 개의 입력공간을 수반한다. 하나는 콜라 공간이고, 다른 하나는 코카콜라 회사 공간이다. 콜라 공간에는 '콜라'를 가리키는 요소 d가 들어 있고, 이것은 음료에 대한 틀에 의해 구조화된다. 회사 공간에서 c'는 콜라를 생산하는 코카콜라 회사를 나타낸다. 콜라와 콜라를 만드는 회사가 매우 다른 특성을 갖고 있지만, 요소 d'와 c'는 회사가 그 회사의 제품으로 식별되도록 해 주는 환유에 의해 연결된다. 회사 공간에는 이 회사의 수익을 나타내는 요소 p'와 예상 수익을 나타내는 f'라는 요소도 있다.

이 연결망에서 혼성공간에는 c*가 들어 있는데, 이것은 음료 공간에 있는 d와의 동일성에 의해 연결되고, 회사 공간에 있는 p'와의 환유에 의해 연결되는 요소이다. 두 입력공간의 개념적 구조가 음료와 회사의 영역으로부터 나오지만, 혼성공간은 각 입력공간에서 나온 부분적 구조뿐만 아니라 그 자체의 발현구조도 포함한다. 결과적으로 요소 c*는 액체라는 코카콜라의 특성과 코카콜라 회사의 2001년 1사분기 수익이라는 특성을 갖는다.

(6)에는 코카콜라의 실제 수익과 예상 수익 간의 관계를 해석하게 하는 동사 flowed가 있다. 이 동사는 이동을 기술한다. 여기에서의 이동은 가상 이동(fictive motion)(추상적 이동(abstract motion) 또는 주관적 이동(subjective motion))이다. Fauconnier(1997)는 가상 이동 구문이 추상적 이동 시나리오와 둘 또는 그 이상의 사물들 간의 관계에 대한 정적인 표상 간의 혼성공간을 수반한다고 지적했다. 다음의 예를 보자.

(7) The blackboard goes all the way to the wall.(칠판이 벽에까지 뻗치어 있다.)

이 예는 칠판의 공간적 범위에 대한 정적인 해석(공간 입력공간)과 지표에 상대적으로 이동하는 탄도체에 대한 추상적 이해(이동 입력공간)의 혼성공간을 수반한다. 칠판과 탄도체 간에 사상이 있고, 이 두 요소는 혼성공간에서 융합된다. 이와 마찬가지로, 벽과 지표 간에도 사상이 있고, 이 두 요소는 혼성공간에서 융합된다. 이동 입력공간에서 탄도체의 이동은 지표에서 끝난다. 이와 마찬가지로, 혼성공간에서도 칠판/탄도체의 이동은 벽/지표에서 끝난다. 이동 경로는 칠판의 공간적 범위로 해석되는 공간 입력공간으로 사상될 수 있다. 이것을 그림으로 나타내면 다음과 같다 (Fauconnier 1997: 178).

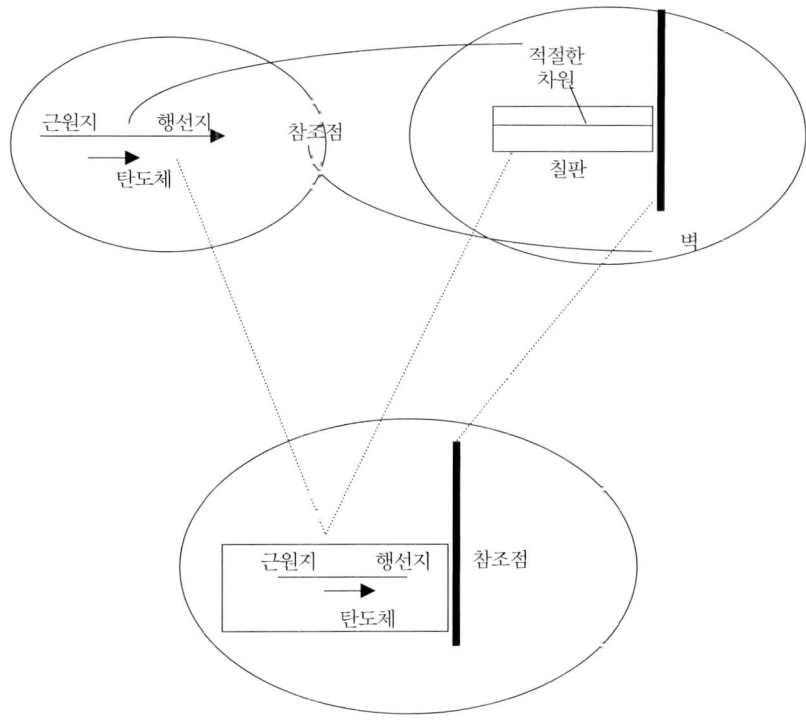

그림 6-11 가상 이동에 대한 개념적 통합 연결망

(6)에서의 가상 이동은 기존의 두 입력공간에 이동 입력공간이라는 세 번째 입력공간을 포함해서 비슷하게 분석할 수 있다. 이동 입력공간은 가상 이동의 도식적 표상에 의해 구조화되는데, 여기에서 탄도체는 지표를 가진 추상적 경로를 따라 이동한다. 이것을 그림으로 나타내면 다음과 같다.

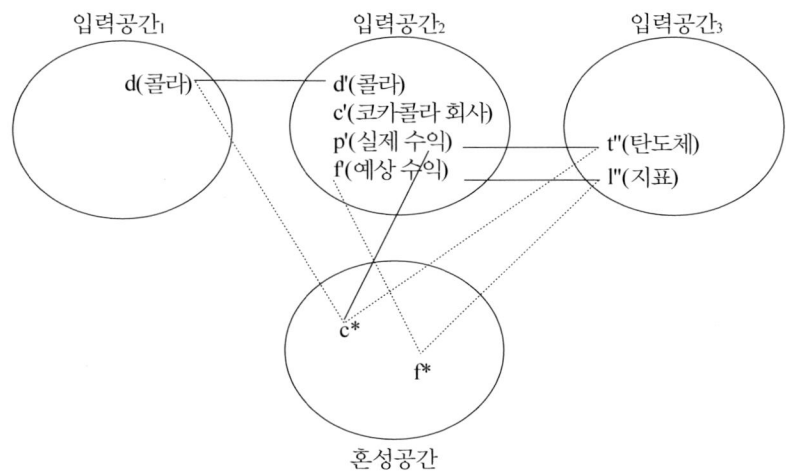

그림 6-12 (6)의 의미구성을 위한 세 입력공간의 통합

가상 이동 해석을 위해 가장 중요한 사상은 회사 입력공간 속에 있는 p'(실제 수익)와 이동 입력공간 속에 있는 t"(탄도체) 간의 사상과 회사 입력공간 속에 있는 f'(예상 수익)와 이동 입력공간 속에 있는 l"(지표) 간의 사상이다. 요소 p'(실제 수익)와 t"(탄도체)는 혼성공간에서 c*로 투사된다. 이와 비슷하게, f와 l"은 f*로 사상된다. 실제 수익과 예상 수익 간의 정적인 관계는 혼성된 예상 수익/지표 f* 요소를 지나 혼성된 음료/실제 수익/탄도체 c*의 가상 이동으로 해석된다.

혼성공간 속의 요소들 간의 공간적 관계가 회사 입력공간에 있는 그 대응물에 미치는 효과는 발전과 경로를 따른 이동 간의 은유적 사상에

뿌리를 두고 있다. 결과적으로 f*를 지나는 c*의 이동(즉, 예상 수익/지표를 지나는 콜라의 이동)은 콜라의 실제 수익이 예상 수익을 능가하는 것으로 해석될 수 있다. 정적인 수학적 관계를 이동에 의해 표현하는 것은 개념적 혼성으로부터 초래된다. 액체 영역에 의해 가상 이동을 표현하는 (6)과 같은 표현 방법은 제품과 그 제품을 생산하는 회사 간의 환유, 그리고 회사와 회사의 수익 간의 환유 때문에 가능한 것이다. 지금까지의 설명을 그림으로 나타내면 다음과 같다(Coulson & Oakley 2003: 58).

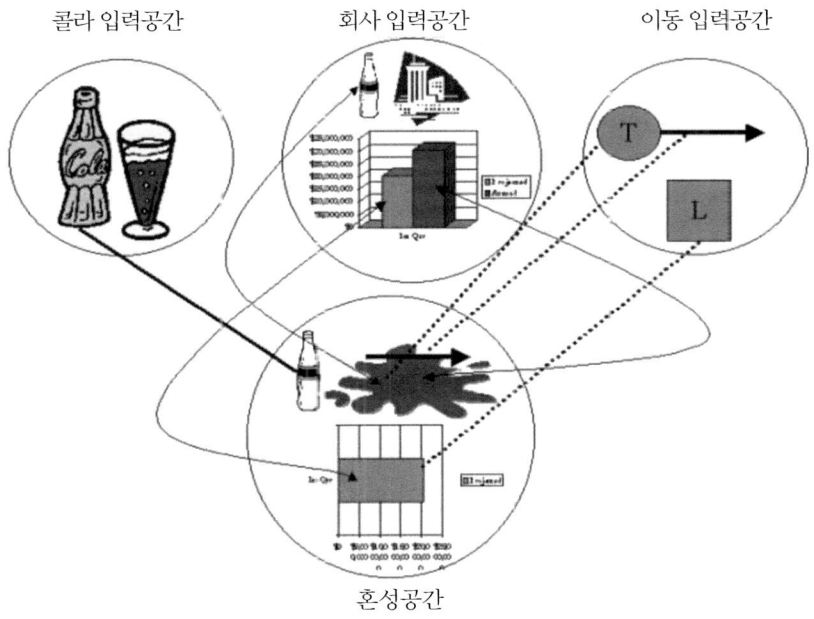

그림 6-13 (6)의 의미구성을 위한 완전한 개념적 통합 연결망

지금까지의 설명에서 개념적 혼성에서 환유가 작용하는 방식을 지적할 수 있다. 콜라 입력공간과 코카콜라 회사의 입력공간 사이에서 환유가 작용하고 있다. 물론 회사 입력공간 내에 있는 요소들은 당연히 서로 환유적

관계를 맺고 있지만, 더 나아가 회사 입력공간 전체는 콜라 입력공간과 환유적으로 연상된다. 즉, 콜라라는 한 부분이 그것을 만드는 전체 회사를 대표한다.

2.2.2. Bierwiaczonek(2013)의 접근법

이 절에서는 Bierwiaczonek(2013)의 *Metonymy in Language, Thought and Brain*에서 제시한 견해를 제시할 것이다. 특히 그는 환유와 개념적 혼성의 관계를 신경 층위에서 분석한다는 점에서 독특한 견해를 보인다. 그는 Damasio(1999)의 *The Feeling of What Happens: Body and Emotion in the Making of Consciousness*에서 등장하는 영상 공간(image space)과 기질 공간(dispositional space)을 활용하여 개념적 혼성에서 환유의 작용을 논의한다.

Damasio(1999: 219)에 따르면, 영상 공간은 "모든 감각 유형의 영상들이 명시적으로 발생하고, 분명한 정신적 내용을 포함하는 공간"이고, 기질 공간은 "기질적 기억들이 암시적 지식의 기록을 포함하는 공간으로서, 이런 기록에 기초해서 영상이 회상에서 구성될 수 있고, 운동이 생성될 수 있으며, 영상의 처리가 촉진될 수 있다." 영상 공간 속의 표상이 충분히 고착화되면 그것은 기질 공간의 요소가 될 수 있다. 그리고 영상 공간과 기질 공간이 만나서 함께 처리될 수 있는 결정적인 부위는 작동 기억(working memory)의 자리이다.

먼저, 간단한 예로 영상 공간을 설명해 보자. 환유 **부분은 전체를 대표한다**의 경우, 목표의 표상에서 가장 활성적인 부분이 환유의 매체를 제공하고, 이런 부분은 다시 영상 공간에 있는 문맥의 표상에서 활성화된다. Lakoff(1987: 84)가 환유 모형을 기술하면서 특징지었듯이, "개념 A[즉, 목표]와 또 다른 개념 B[즉, 매체] 둘 다를 포함하는 개념적 구조가 있다.

B는 A의 부분이거나 그 개념적 구조에서 그것과 밀접하게 연상된다. 전형적으로, B를 선택하면 개념적 구조에서 A가 특유하게 결정될 것이다."
Bierwiaczonek(2013: 246)는 개념 B를 구별소(distinguisher)라고 부른다.

손님마다 서로 다른 탁자코로 덮여 있는 테이블에 앉아서 서로 다른 음식을 먹고 있는 식당에 종업원이 있는 영상 공간을 나타내는 그림 6-14에서, 종업원에게는 손님을 가리키는 최소한 두 가지 방법이 있다. 왜냐하면 종업원은 음식이나 식탁보를 구별소로 사용하기 때문이다. 이 그림은 실제로 한 손님의 음식을 그 손님의 게슈탈트에서 가장 현저한 부분으로 선택하는 해석을 나타낸다. 이것은 The pork chop is waiting for his check (폭찹은 계산서를 기다리고 있다)에서 폭찹이 폭찹을 주문한 손님을 가리키는 잘 알려진 환유를 발생시킨다. 이 그림은 이 환유가 손님의 게슈탈트에서 음식의 지각적·인지적 현저성과 활성화에 의해 실제로 동기화된다는 것을 보여 준다. 그리고 이 음식은 또한 식당의 영상 공간에서 현저하고, 그 자체로 발화적 의미에서 접근되고 있다.

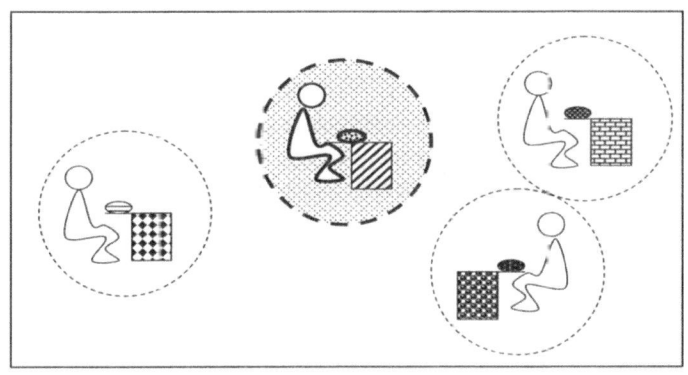

그림 6-14 식당 손님에 대한 종업원의 영상 공간의 표상

환유 **전체는 부분을 대표한다** 경우에는, 영상 공간에 있는 실체 x의 현저한 부분 PX는 범주 X의 인지적 표상을 그것의 음운적 표상과 함께 활성화하는데, 이때 x는 범주 X에 속한다. 이 과정에서는 영상 공간에서 나온 개념적 요소가 제공하는 한 입력공간이 기질 공간인 또 다른 입력공간과 통합된다. 이런 기질 공간은 영상 공간 속의 현저한 부분 PX에 의해 활성화되고, 범주 PX가 기질 공간에서 부분인 전체를 나타낸다. 물론 문맥 자체는 X의 전체의 표상에 대한 활성화를 상당히 점화할 수는 있다. 통합의 과정은 작동 기억에서 발생할 것이다.

이제 Bierwiaczonek(2013)에서 처음으로 논의한 두 가지 예를 고려해 보자. 첫 번째 예에서 두 학생은 텔레비전에서 퍼레이드 쇼를 보고 있다. 다양한 현지 기관 대표자의 소집단들이 퍼레이드에 참여하고 있으며, 그 중에는 학교 대표자의 소집단도 있다. 그래서 학교는 이미 점화된다. 갑자기 한 학생이 자기 학교의 교사 집단을 보고 That's our school!(저것은 우리 학교야!)이라고 외친다. 그는 이때 다음과 같은 일이 발생한다고 제안한다. 영상 공간에서 교사들에 대한 지각으로 인해 그들이 전체 학교의 더 큰 표상의 부분인 기질 공간에서 그들의 표상이 활성화된다. 혼성공간에서 구별소로서의 교사들은 음운적 표상과 함께 전체로 활성화되는 학교와 통합된다. 물론 발현적 의미에서 교사들만이 학교를 구성할 것이다. 따라서 기질 공간은 교사의 집단에 대한 경계와 전체 표현의 음운 형태를 제공한다. 즉, 교사들은 전체 학교를 대표함으로써 한 단위로 기능하고, 결과적으로 my school이라고 불리게 된다. 이것은 그림 6-15에서 볼 수 있다.

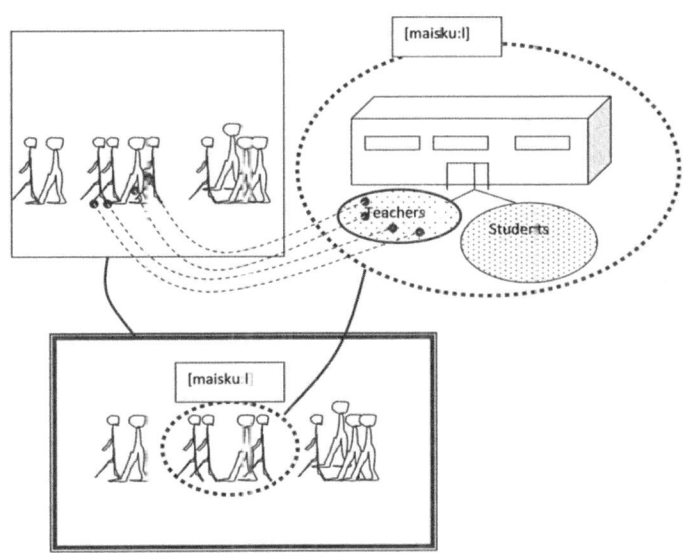

그림 6-15 퍼레이드의 영상 공간과 학교의 기질 공간에서 나온 my school의 발현적 의미

이 그림에서 퍼레이드의 영상 공간(상단 왼쪽의 직사각형)과 화자의 학교를 나타내는 기질 공간(상단 타원)이라는 두 입력공간으로 통합이 일어나 my school에 대한 발현적 의미가 구축된다.

다른 경우는 환유 작가는 작품을 대표한다의 예로서, 이 환유에서 고유명사 Patrick White는 패트릭 화이트가 집필한 소설을 대표한다. 영상 공간 속의 사물(즉, 패트릭 화이트의 책)은 패트릭 화이트 기질 공간을 활성화한다. 이 기질 공간에서 그는 몇 개의 텍스트를 집필하고 몇 권의 책을 출판한 작가이다. 개념적 연결로 인해 개념화자/화자는 패트릭 화이트의 책을 가리킬 수 있게 된다(가령, This is my Patrick White). 통합은 그림 6-16으로 나타낼 수 있다.

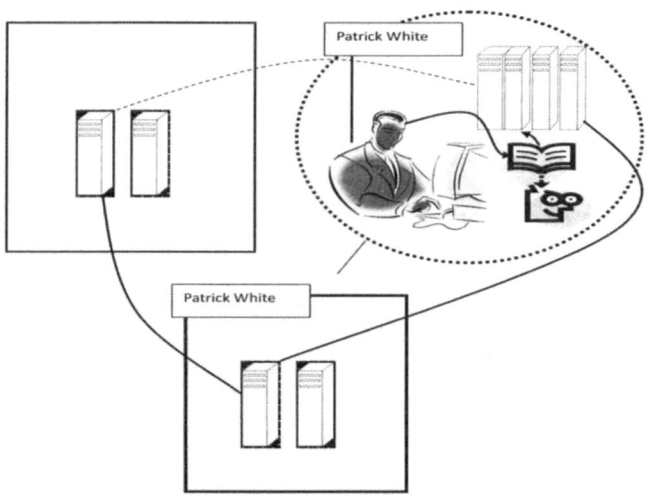

그림 6-16 책의 영상 공간과 패트릭 화이트의 기질 공간에서 나온
Patrick White의 발현적 의미

위 그림은 영상 공간 속의 패트릭 화이트의 책 표상과 패트릭 화이트의 기질 공간을 혼성하는 것을 나타낸다. 이로써 패트릭 화이트의 책을 대표하는 환유 표현 Patrick White가 생산되는 것이다.

Alač & Coulson(2004: 23-24)는 생산자를 생산품을 대표한다 환유 a Picasso를 Bierwiaczonek(2013) 분석과 다르게 분석한다. 그들이 제시한 전체 개념적 혼성 연결망은 다음과 같다.

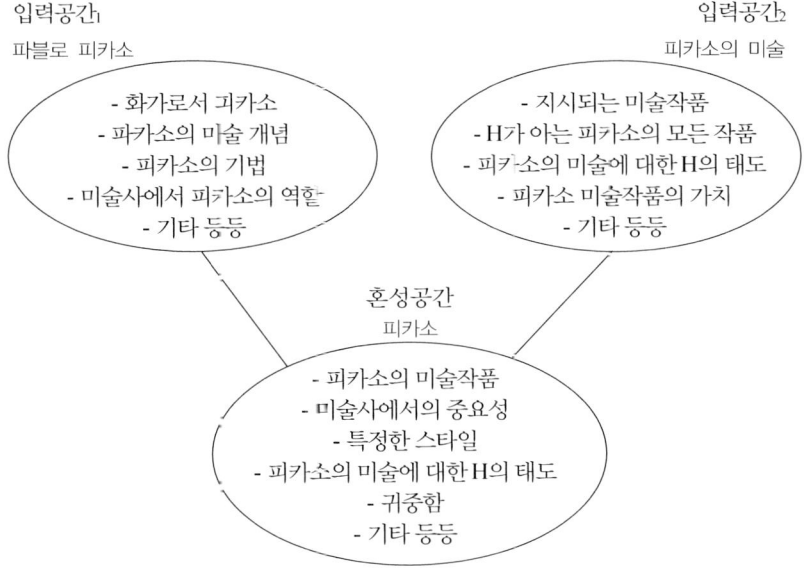

그림 6-17 Picasso 혼성공간의 발현구조(H = 청자)

개념적 통합 연결망은 **파블로 피카소** 공간과 **피카소의 미술**에 관한 생각이 들어 있는 공간처럼 두 개의 입력공간으로 구성되어 있다. **피카소** 공간에서 그 사람은 화가르 간주된다. 따라서 입력공간₁에는 '미술에 대한 그의 개념', '그의 기교', '미술사에서 그의 역할'과 같은 생각들이 들어 있다. 입력공간₂는 그의 미술작품에 관한 것이다. 청자가 알고 있는 모든 '피카소의 미술작품'이 여기에서 역할을 할 뿐만 아니라, 그것에 대한 청자의 태도와 확실히 청자가 그것을 좋아하든 아니든 그것이 '귀중하다'라는 생각도 역할을 한다. 따라서 그 표현에 대한 실제 해석을 담고 있는 혼성공간은 환유의 간단한 지시적 설명에서 예측하는 것보다 더 상세하다. 혼성공간은 입력공간들에 연결되고, 그 부분으로 언급된 많은 양상을 계승한다. 이 그림의 스타일고 중요성은 환유적 해석뿐만 아니라 그것의 가치를 통해 강조되는데, 그것은 최소한 문외한에게 가장 중요한 생각일

제6장 환유와 개념적 혼성 이론 | 201

것 같다. Alač & Coulson(2004)의 설명에서는 한 인지영역 또는 ICM에 들어갈 것 같은 '피카소'와 '피카소의 미술'이 별개의 정신공간으로 설정되어 있고, 둘 간에 아무런 관계도 암시되지 않고 있다는 문제점을 내포한다.

Bierwiaczonek(2013)이 환유를 개념적 혼성으로 설명할 때 특이한 점은 입력공간$_1$에 해당하는 영상 공간과 입력공간$_2$에 해당하는 기질 공간이 동시에 구축되는 것이 아니라, 영상 공간이 기질 공간을 활성화하여 기질 공간이 구축된다는 것이다. 이런 활성화는 영상 공간과 기질 공간 간의 환유적 연결인 것이다. 이런 설명의 장점은 두 입력공간이 환유 과정에 의해 연결된다는 암시가 있다. 즉, 영상 공간이 먼저 제시되면 그것에 따른 기질 공간이 구축되어 둘 간에 환유 관계가 설정되는 것이다.

이 장에서는 환유가 개념적 혼성 이론에서 다루어지는 방식을 보여 주었다. 이를 위해 개념적 혼성의 구성 원리, 개념적 혼성의 작용으로 구축되는 개념적 통합 연결망을 중심으로 개념적 혼성 이론의 본질을 살펴보았다. 그리고 하나의 정신공간 내에서 환유가 작용하는 방식과 정신공간들 사이에서 환유가 작용하는 방식을 기존 연구를 중심으로 검토하고, 환유 연구를 신경 층위에서 시행할 수 있는 근거를 개념적 혼성 이론에서 제시하면서 이 장을 마무리한다.

제3부

환유의 언어 현상

제7장

환유와 합성어

1. 합성어의 본질

1.1. 합성어의 정의와 특징

합성어는 일반적으로 두 단어로 이루어진 한 단어로 정의된다. 이 정의에 따르면, 합성어는 두 요소로 구성되고, 합성어를 구성하는 요소는 단어이다. 이런 기본적인 정의는 두 가지 점에서 수정이 필요하다. 첫째, 합성어를 형성할 때 수반되는 둘 이상의 단어가 있을 수도 있다. 가령, communication technology equipment(통신기술장비)는 두 개의 단어가 아닌 세 개의 단어로 이루어진 합성어이다. 둘째, 합성어를 구성하는 요소가 단어가 아닌 구일 수도 있다. 가령, over-the-fence gossip(엿듣는 뒷담화)는 첫 번째 구성소가 단어가 아니라 구이다. 따라서 합성어란 둘 또는 그 이상의 요소로 구성되며, 첫 번째 요소는 단어나 구이고, 두 번째 요소는 단어라는 것으로 수정되어야 한다.

tree house(나무집) 같은 두 단어로 구성된 합성어에서 좌측의 단어는 머리어(head)라고 부른다. 통사적 관점에서 머리어는 지배적인 구성소이므로, 합성어의 굴절 특징은 머리어에서 계승된다. 의미적 관점에서, 합성어의 머리어는 그 합성어가 가리키는 실체의 부류를 상술하는 역할을 한다. 따라서 tree house는 머리어가 명사이기 때문에 명사로 기능하고, 머리어 명사가 집을 가리키기 때문에 전체 합성어는 집을 가리키는 것이다. tree라는 좌측의 단어는 수식어(modifier)라고 부른다. 즉, tree house는 나무에 지은 집인 것이다.

합성어는 크게 내심적 합성어(endocentric compound)와 외심적 합성어(exocentric compound)로 나뉜다. 내심성과 외심성은 머리어의 통사적·의미적 성질과 관련된 개념이다. 통사적으로 볼 때 머리어를 우측의 단어로 정의하는 우측 머리어 규칙(Right-Hand Head Rule)을 따르는 것은 내심적 합성어라고 한다. 의미적 내심성은 전체 합성어가 가리키는 사물이 머리어가 가리키는 사물에 포함되는 경우를 말한다. 앞서 본 tree house는 머리어인 house가 우측에 있고, 합성어가 가리키는 사물, 즉 '나무에 지은 집'이 머리어 house가 가리키는 사물, 즉 일반적인 '나무'에 포함되기 때문에 통사적이고 의미적으로 내심적 합성어의 전형적인 예이다.

외심적 합성어는 통사적으로는 머리어가 있지만 의미적으로는 머리어가 없는 경우이다. 즉, 외심적 합성어에서 머리어가 없는 것은 통사적 자질이 아닌 의미적 자질에서 나온다. 외심적 합성어의 경우, 전체 합성어가 가리키는 사물이 머리어가 가리키는 사물에 포함되지 않는다. 대표적인 예는 belly button(배꼽)이다. 전체 합성어가 가리키는 배꼽이라는 사물이 머리어 button이 가리키는 옷의 단추에 포함되지 않는다. 이 합성어에서 머리어 button이 문자 그대로를 의미하지 않고 다른 무언가, 즉 '배꼽'을 가리킨다는 점에서 은유적이다.

이 책에서는 tree house와 같은 내심적 합성어를 문자적 합성어(literal compound)라고 부르고, belly button과 같은 외심적 합성어를 비유적 합성어(figurative compound)라고 부를 것이다. 비유적 합성어는 다시 은유적 합성어와 환유적 합성어로 나뉜다.

1.2. 합성어의 분류

명사-명사 합성어에서 앞의 명사는 수식어이고 뒤의 명사는 머리어이다. 수식어와 머리어의 성질에 따라 합성어는 크게 두 가지로 나뉜다. 첫 번째는 문자적 합성어로서, 이는 수식어와 머리어 모두 문자적인 경우를 말한다. 가령, apple tree(사과나무)의 경우에 두 명사 모두 문자적 의미이고, 이 두 의미가 합성어 전체에 기여하여 합성어 전체도 문자적 의미를 갖는다. 따라서 이 합성어는 문자적 합성어의 예가 된다. 두 번째 유형은 수식어와 머리어 중에서 어느 하나 혹은 둘 다가 비유적 의미를 갖는 비유적 합성어이다. 비유적 합성어는 다시 은유적 합성어와 환유적 합성어로 세분화된다. 은유적 합성어는 수식어와 머리어 중에서 어느 하나 혹은 둘 다가 은유적 의미를 갖는 합성어이다. 가령, land fishing(금속탐지기로 숨겨진 보물 찾기)[1]처럼 수식어 명사 land는 은유가 아니지만 머리어 명사 fishing은 은유인 합성어가 전형적인 예이다. 즉, fishing은 낚시를 가리키는 것이 아니라 황금 같은 금속을 찾는 취미활동을 가리킨다. 환유적 합성어는 수식어와 머리어 중에서 어느 하나 또는 둘 다가 환유적 의미를 갖는 합성어이다. 가령, redhead(머리카락 색깔이 붉은 사람)는 머리어 head라는 신체 부위가 전체 사람을 가리키기 때문에 환유적 합성어이다. 이 절에서는 문자적 합성어와 비유적 합성어, 특히 은유적 합성

---

[1] 롤링스톤스(Rolling Stones)의 전 베이스 기타리스트인 빌 와이먼(Bill Wyman)과의 인터뷰에서 기사가 사용한 표현이다. 와이먼이 가장 좋아하는 취미인 금속 탐지로 대화가 이어지면서 기자는 그에게 예전의 밴드 멤버들이 자신이 "land fishing"에 열정을 가진 것에 대해 어떻게 생각했는지 질문했던 것이다.

어를 간략히 소개하고, 다음 절에서 환유적 합성어의 유형 및 그 의미구성 방식을 살펴볼 것이다.

1.2.1. 문자적 합성어

이 절에서는 합성어의 수식어와 머리어가 문자적 관계를 맺고 있는 문자적 합성어의 전통적 분류법을 소개할 것이다. 가장 전통적인 첫 번째 합성어 분류법은 Bloomfield(1933)에서 제시되었다. 그는 합성어의 수식어와 머리어의 관계를 바탕으로 통사적 합성어와 비통사적 합성어를 구분한다. 통사적 합성어의 경우, 수식어와 머리어는 형용사와 명사로 이루어진 명사구의 두 단어와 문법적 관계가 동일하다. 그 예는 blackbird(지빠귀)로서, 이 합성어의 수식어와 머리어는 black bird(검은 새)라는 명사구의 구성소들과 문법적 관계가 동일하다. 비통사적 합성어의 경우, 수식어와 머리어의 관계는 명사구에서는 그 상관관계를 찾아볼 수 없는 관계를 보여준다. *door knob이라는 영어의 명사구가 없기 때문에 door-knob(문손잡이)는 비통사적 합성어이다.

두 번째 분류법은 Jespersen(1954)의 합성어 분류법이다.[2] 그는 의미론에 기초하여 합성어를 여섯 가지로 분류한다. AB 합성어에서 A가 B를 수식하는 합성어(sunrise(해돋이)), B가 A를 수식하는 합성어(tiptoe(발끝)), 계사 합성어(nation state(민족국가)), 동격 합성어(maid servant(여종)), 소유 합성어(red-coat(영국군인)),[3] 두 개의 구성소가 전치사로 연결된 합성어(son-in-law(사위))가 그것이다.

---

[2] 그는 강세와 철자법이 형식적 기준으로 고정될 수는 없기 때문에, 의미론에 의지해야 한다는 의견을 갖고 있었다.
[3] 소유 합성어의 범위를 유기물을 가리키는 합성어에만 국한하고 있다. 이런 합성어의 경우에 머리어는 옷이나 신체 부위의 이름을 가리킨다.

세 번째 분류법은 Adams(1973)의 분류법이다. 그는 통사론과 의미론에 기초하여 합성어를 아홉 가지 범주로 분류한다.[4] 주어-동사 합성어(bee sting(벌침)), 동사-목적어 합성어(drug addict(마약 중독자)), 동격 합성어 (nation state(민족국가)), 머리어가 수식어의 부분인 연상적 합성어 (lambswool(새끼양털)), 머리어가 도구나 행동의 원인을 가리키는 도구적 합성어(sleeping pill(수면제)), 머리어가 수식어의 장소/시간/상황을 기술하는 처소 합성어(living room(거실)), 수식어가 머리어의 지시물과 비슷한 것을 가리키는 닮음 합성어(piggy bank(돼지저금통)), 수식어가 구체적 자질에 관해 머리어를 상술하는 조직/형태/내용 합성어(fur coat(모피코트)), 형용사-명사 합성어(best man(최적임자))가 그것이다. 애덤스는 이 아홉 가지 부류 중에서 비유적 합성어라고 부를 수 있는 외심적 합성어에 대해서도 언급한다. 가령, 동사-목적어 합성어의 부류에 속하는 spoilsport(흥을 깨뜨리는 사람), 닮음 합성어의 부류에는 속하는 blockhead(돌대가리)와 butterfingers(서투른 사람), 형용사-명사 합성어의 부류에 속하는 bighead (우두머리)와 hunchback(곱사등) 등이 외심적 합성어이다.[5]

1.2.2. 비유적 합성어

이 절에서는 비유적 합성어 중에서 개념적 은유가 합성어에 작용하는 방식에 따른 결과인 은유적 합성어를 다룰 것이다. 은유적 합성어는 크게 네 가지로 나뉜다. 첫째는 수식어가 은유인 합성어이고, 둘째는 머리어가 은유인 합성어이며, 셋째는 수식어와 머리어 모두가 은유인 합성어이고, 넷째는 수식어와 머리어 간의 관계가 은유인 합성어이다.

---

[4] 이런 분류는 앞서 살펴본 Jespersen(1954)의 분류와 매우 닮았다.
[5] 애덤스는 이러한 외심적 합성어의 의미를 논의하지 않고 있으며, 이런 합성어를 해석하기 위해서는 백과사전적 지식이 필요하다고 생각한다.

수식어가 은유인 합성어의 전형적인 예는 puppy love(풋사랑)와 puppy fat(사춘기의 일시적 비만)이다. 이 두 합성어에서 '강아지'를 뜻하는 수식어 puppy는 '어린이'로 개념화되어 은유적이다. 이것은 개념적 은유 **사람은 개다**에 기초한다.6 이 두 합성어는 강아지에 대한 우리의 통념을 바탕으로 한다. 강아지는 사람에게 매우 다정다감하고, 사람 역시 강아지에게 다정하고 사랑스러움을 느낀다. 강아지와 인간 간의 다정함이라는 특징은 puppy love라는 은유적 합성어를 이해하는 단서가 된다. 그리고 강아지는 포동포동하지만 커가면서 점차 지방이 빠진다. 이런 특징은 puppy fat이라는 은유적 합성어를 이해하는 단서를 제공한다.

머리어가 은유인 합성어의 전형적인 예는 jailbird(죄수)이다. 이 합성어에서 수식어인 jail은 '감옥'이라는 투명한 문자적 의미를 갖지만, 머리어인 bird는 새가 아니라 사람을 가리킨다. 이것은 개념적 은유 **사람은 새다**에 기초한다. 이 은유적 합성어의 의미를 개념적 은유 이론으로 설명하기 위해서는 새장이라는 근원영역과 **감옥**이라는 목표영역을 설정해야 한다. 근원영역의 두 요소인 '죄수'와 '감옥'은 각각 목표영역의 두 요소인 '새'와 '새장'으로 사상되어, 새는 곧 죄수이고, 새장은 곧 감옥으로 이해된다. 즉, jailbird이라는 은유적 합성어는 '감옥에 수감된 죄수'를 뜻하게 된다.

수식어와 머리어 모두 은유인 합성어의 전형적인 예는 '현재는 전쟁을 옹호하지만 과거에는 군 복무를 피하기 위해 특정 조치를 취했던 사람'을 뜻하는 chicken hawk(병역 거부자)이다. 이 합성어에서 수식어 chicken은 겁쟁이라는 은유적 의미를 가지고, 머리어 hawk는 군사력 사용을 옹호하는 정치적 강경론자라는 은유적 의미를 갖는다. 일반적으로 닭은 겁을 잘 먹는 동물이므로, 수식어 chicken의 은유성은 개념적 은유 **겁쟁이는 닭이**

---

6   사람이 개로 개념화된다면, 어린이는 자연스럽게 강아지로 이해될 수 있다.

다에 기초한다. 머리어 hawk의 은유적 의미는 공격적이라는 매의 특징으로부터 나온다. chicken hawk는 닭이면서 동시에 매인 사람을 말한다. 즉, 이런 사람은 군사적 개입을 옹호하지만, 다른 사람들에 의해 겁쟁이로 간주된다.[7]

수식어와 머리어 간의 관계가 은유적인 합성어의 대표적인 예는 모양이 달과 닮은 물고기인 moon-fish(은빛의 둥그스름한 물고기)와 곤봉 모양이어서 모양이 일그러진 발을 뜻하는 clubfoot(내반족)이다.[8] 수식어와 머리어는 닮음이나 비교라는 의미 관계를 맺고 있어서, 두 구성소가 은유적 관계에 있다. 머리어가 가리키는 실체는 수식어가 가리키는 실체를 통해 은유적으로 이해된다. 이런 유형의 은유적 합성어에서 수식어는 근원영역이고 머리어는 목표영역으로, 머리어인 목표영역이 수식어인 근원영역에 비추어 이해되는 것이다. 즉, 이 두 합성어를 계사 be를 사용하여 Fish is moon과 Foot is club이라는 문장 형식의 은유로 나타낼 수 있다.

2. 환유적 합성어

이 절에서는 Benczes(2006: 제7장)에서 소개한 환유적 합성어를 소개할 것이다. 개념적 환유가 어떻게 영어의 명사-명사 합성어에 작용하는지에 초점을 둘 것이다. 환유적 합성어는 크게 다섯 가지로 나뉜다. 첫째는 수식어가 환유인 합성어이고, 둘째는 머리어가 환유인 합성어이며, 셋째는 수식어와 머리어 모두 환유인 합성어이고, 넷째는 합성어 전체가 환유인 합성어이며, 다섯째는 두 구성소의 관계가 환유인 합성어이다.

---

[7] 전체 합성어가 두 구성소의 하위어인 이런 합성어를 동격 합성어라고 부른다.
[8] 이런 은유적 합성어는 닮은 합성어와 계사 합성어라고도 부른다.

2.1. 수식어가 환유인 합성어

이 절에서는 수식어가 환유적으로 이해되는 합성어를 살펴볼 것이다. 즉, 수식어는 동일한 ICM에서 목표에 접근할 수 있는 인지적으로 현저한 참조점 역할을 한다. 다음 그림에서 볼 수 있듯이(Benczes 2006: 141), 합성어는 두 개의 상징 단위로 구성되는데, 각각에는 의미극(X와 Y)과 음운극(각각 [x]와 [y])이 있다. 수식어는 그 의미극이 ICM에 내포된 단위로 간주된다. X는 ICM의 부분이기 때문에, 개념적 환유를 통해 그것에 연결된다. 따라서 합성어의 의미는 머리어와 수식어에 대한 환유적 이해를 결합한 것이다.

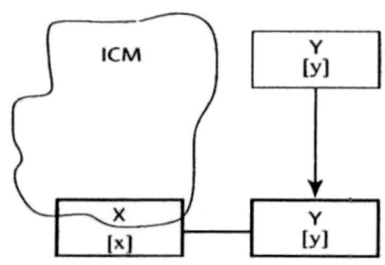

그림 7-1 수식어가 환유인 합성어의 모형

수식어가 환유인 합성어의 예 중 첫 번째는 office-park dad(교외에 사는 사무직 아빠)이다. 이 합성어의 수식어 office-park(복합 상업지구)에는 개념적 환유 결정적 특성은 범주를 대표한다가 작용한다. 수식어 office-park는 월급이 비교적 많고 주거지역 바깥의 큰 사무실 단지에 위치하는 사무직이라는 범주의 결정적 특성으로서, 그 범주 전체를 대표하는 것으로 이해된다. 이 합성어의 머리어가 father가 아니라 dad인 것은 그저 우연이 아니다. 아이가 있는 남자는 대개 아이와 함께 산다. dad는 아버지와 아이가 서로 잘 알고, 친한 관계라는 것을 암시하기 때문에, 이런 속성은 dad가 가진 가족적 함축에서 나온다. 이 합성어의 구조는 매우 규칙적인 영어의 합성 패턴을 따른다. 수식어(office-park)는 위치로 간주되고, 머리어(dad)는 수식어가 가리키는 장소에 있는 실체로서, 이것은 위치-위치물 도식을 나타낸다. 이 도식은 종종 직업을 가리키는 규칙적인 비환유적 합성어에서도 사용된다. 가령, spaceman(우주 비행사)은 우주를 탐험하는 직업을 가진 사람이다. ambulanceman(구급대원)이나 ambulancewoman(여자구급대원)은 근무시간에 구급차를 타고 있는 사람으로서, 수식어는 머리어가 가리키는 실체가 근무시간 동안 위치하는 장소를 가리킨다.

 수식어가 환유인 합성어의 예 중 두 번째는 bear jam(공원에서 곰을 보려고 멈춰선 차들 때문에 생긴 정체 현상)이다. 이 합성어는 traffic jam(교통 체증)의 도식에 바탕을 두는데, 이 합성어의 경우 머리어인 jam은 수식어가 가리키는 사물로 유발되는 '움직이기가 어려운 상황'을 의미하는 것으로 분석된다. 따라서 traffic jam은 원인-결과 관계에 의해 기술되는데, 여기에서 수식어 traffic은 드리어 jam을 유발한다. bear jam도 원인-결과 관계를 계승하는데, 여기에서 곰을 지켜봄으로써 교통 체증이 유발되는 것이다. 이 합성어의 수식어 bear는 **사물은 행동을 대표한다**라는 개념적 환유를 통해 곰을 지켜보는 행동을 환유적으로 대표한다. 이것은 **행동 ICM**에서 작동하는 **부분은 부분을 대표한다** 환유의 한 가지 실례이다. Radden & Kövecses(1999: 37-38)에 따르면, 행동 ICM은 서로 관련되거나 행동을 표현하는 술어에 관련될 수 있는 다양한 참여자를 포함한다. 이 경우에 곰을 지켜보는 운전자들은 행위자이고, 곰은 사물이다. 이런 행동 자체는 곰을 지켜보기 위해 멈추는 것인데, 이것이 교통 체증의 원인인 것이다.

 수식어가 환유인 합성어의 예 중 세 번째는 knee-mail(무릎을 꿇고 하는 기도)이다. 이 합성어는 e-mail에 유추하여 형성되는 합성어로 간주되며,

수식어는 전체 합성어가 가리키는 메일의 유형(즉, '전자메일')을 의미하는 것으로 분석된다. knee-mail의 수식어도 bear jam과 마찬가지로 **행동 ICM**을 이용한다. 여기에서는 **도구는 행동을 대표한다**라는 개념적 환유를 통해 도구(무릎)는 행동(무릎 꿇고 기도하기) 자체를 환유적으로 대표한다. knee-mail이 e-mail과 운이 맞으며, 사실 두 구성소에서 한 음소에서만 차이가 난다는 것에도 주목해야 한다. knee-mail의 정확한 의미를 철저히 조사하기 위해서는 머리어도 분석해야 한다. 이 합성어의 창의성은 **생각은 사물이다**, **언어 표현은 그릇이다**, **의사소통은 보내기이다**로 구성된 수도관 은유에 기초를 하는 mail의 은유적 본질에 있다(Lakoff & Johnson 1980: 10-13). knee-mail의 경우에, 기도는 우리가 신(수취인)에게 보내는 것(우편물)이다. 그리고 신은 우리의 메시지를 읽는다. 이 표현의 창의성은 knee-mail과 e-mail의 음운적 유사성이 둘 간의 또 다른 개념적 유사성이 있다는 것을 암시한다는 사실에 있다. 이메일은 해상 우편보다 훨씬 빠르고, 배달되지 않는 일이 거의 없다. 따라서 합성어 knee-mail은 기도가 신에게 빠르게 도달하고, 신이 그에게 전해진 기도를 반드시 듣는다는 것을 암시한다. 신은 우리의 기도를 들을 뿐만 아니라 이루어주기도 한다. knee-mail의 이런 함축은 신에게 '메시지'를 전한다는 더욱 관습적인 용어인 단어 prayer에서는 드러나지 않는다.

수식어가 환유인 합성어의 예 중 네 번째는 Lexus lane(출퇴근 혼잡시간 때 탑승자가 여러 명이면 차선 이용이 통제되고, 탑승자가 1명일 때만 요금을 내고 지날 수 있는 고속도로 차선)이다. 이 합성어의 수식어는 부유한 운전자의 ICM을 환유적으로 대표한다. 하지만 여기에는 두 가지 개념적 환유가 관여한다. **통제물은 통제자를 대표한다** 환유를 통해 Lexus(운전자가 통제하는 차량)는 운전자(차량의 통제자)를 대표한다. **범주의 구성원은 범주를 대표한다**라는 개념적 환유를 통해 Lexus는 고급 자동차의 모든 브랜드를 대표한다. 이 합성어의 구조는 목적 관계의 표상으로서, 머리어는 수식어가 가리키는 실체의 목적을 위해 창조되거나 확립되거나 생산되는 실체를 가리킨다. 이 합성어의 구성소들 간의 의미 관계는 전혀 특별한 것이 아니며, 이것은 hairbrush(머리솔), flowerbed(화단), safety belt(안전벨트) 같은 비환유적 예에서도 발견된다.

2.2. 머리어가 환유인 합성어

이 절에서는 머리어가 환유인 합성어를 검토할 것이다. 머리어는 동일한 ICM 내에서 목표에 접근할 수 있는 인지적으로 현저한 참조점 역할을 한다. 다음 그림에서 볼 수 있듯이(Benczes 2006: 154), 이런 합성어는 두 개의 상징 단위로 구성되는데, 각각은 의미극(X와 Y)과 음운극([x]와 [y])으로 구성되어 있다. 머리어는 그 의미극이 ICM에 내포되어 있는 단위이다. Y는 ICM의 부분이기 때문에, 개념적 환유를 통해 그것에 연결된다. 따라서 이런 합성어의 의미는 수식어와 머리어에 대한 환유적 이해의 결합이다.

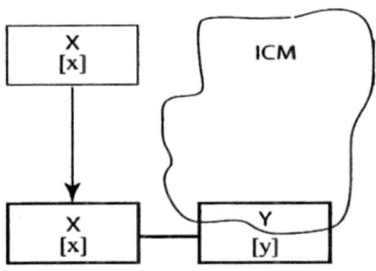

그림 7-2 머리어가 환유인 합성어의 모형

머리어가 환유인 합성어의 예 중 첫 번째는 handwriting(필적)이다. 이 합성어의 머리어인 writing은 인지적으로 현저한 참조점으로서, 이것에 의해 글쓰기의 영역 내에서 행동의 결과라는 덜 현저할 실체에 접근할 수 있다. 따라서 writing은 행동 ICM을 이용하는 행동은 결과를 대표한다라는 개념적 환유를 통해 종이 위에 적는 글의 필체를 의미한다. 수식어와 머리어 간의 의미 관계는 근원-결과의 의미 관계로서, 신체 부위는 글쓰기의 근원 역할을 한다. 이런 의미 관계가 영어 합성의 빈번한 패턴으로서, 사실 Ryder(1994)는 신체 부위-비의류 도식을 영어에서 꽤 빈번한 언어적 형판으로 언급했다. 여기에서 신체 부위가 비의류에 작동하거나, 신체 부위 위에 비의류가 사용된다. foot pedal(풋 페달), face cream(얼굴 크림), hand drill(핸드 드릴), toothbrush(칫솔)이 그 예이다.

머리어가 환유인 합성어의 예 중 두 번째는 gaslight(가스등)이다. 이 합성어는 한 참여자가 행동에 의해 창조되는 제품인 행동을 포함하는 생산 ICM을 환기시킨다. Radden & Kövecses(1999: 39)가 주장하듯이, 사물의 생산은 특별히 현저한 인과관계의 한 유형이다. Ford는 '자동차'를 대표하는 것처럼 생산자는 생산품을 대표한다라는 개념적 환유에서처럼 생산품과 생산자 간에 환유적 관계가 있지만, 이 환유가 gaslight에서는 역전된다. light는 생산품은 생산자를 대표한다라는 환유를 통해 램프라는 의도된 목표를 환기시키는 제품이다. 이 합성어의 두 가지 구성소 간의 관계는 재료-사물로서, 수식어는 재료를 상술하고, 머리어는 이 재료로 만들어지거나 그것에 의해 작동된다. 이것은 영어에서 매우 생산적인 패턴이며, 또 다른 예로는 steamboat(증기선), windmill(풍차), air rifle(공기총), water-wheel(양수차), gas stove(가스레인지) 등이 있다.

2.3. 수식어와 머리어가 환유인 합성어

이 절에서는 머리어와 수식어 모두가 환유인 합성어를 검토할 것이다. 즉, 두 구성소 모두 목표 요소에 접근하기 위한 인지적으로 현저한 참조점 역할을 한다. 다음 그림에서 볼 수 있듯이(Benczes 2006: 156), 합성어는 두 개의 상징 단위로 구성되는데, 각각은 의미극(X와 Y)과 음운극([x]와 [y])으로 구성되어 있다. 머리어는 그 의미극이 ICM에 내포되어 있는 단위이다. Y는 ICM의 부분이기 때문에, 개념적 환유를 통해 그것에 연결된다. 이와 동시에 그 의미극도 ICM에 내포되어 있는 수식어의 경우에서도 비슷한 과정이 수반된다. 의미극 X와 ICM은 개념적 환유를 통해 서로 관련된다. 따라서 합성어의 의미는 두 구성소에 대한 환유적 이해의 결합이다.

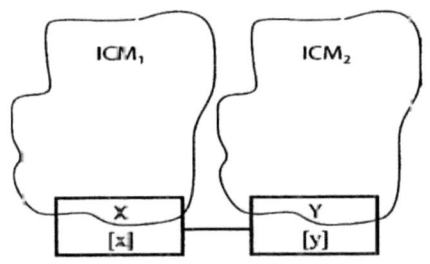

그림 7-3 수식어와 머리어가 환유인 합성어의 모형

머리어와 수식어 모두가 환유인 합성어의 예는 전자제품과 관련된 병의 표현들이다. 가령, phone neck(오랫동안 귀와 목 사이에 전화기를 끼고 있어서 생긴 목 통증), Nintendo thumb(비디오 게임을 과도하게 해서 엄지손가락이 붓는 반복적 스트레스 증후군), mouse wrist(컴퓨터 마우스를 과도하게 사용하거나 잘못 사용함으로써 얻은 손목 통증), tetwrist(테트리스 게임을 과도하게 해서 생긴 손목 통증)는 모두 핸드폰이나 컴퓨터을 너무 많이 하여 생기는 통증을 가리키는 합성어이다. 각각의 경우, 머리어의 의미극(neck, thumb, wrist)은 지각 ICM에 내포되어 있다. 예컨대, There goes my knee(무릎이 아프다)는 부분은 부분을 대표한다라는 환유의 실례인 지각물은 지각을 대표한다를 통해 '무릎이 아프다'를 의미하는 것으로 이해된다. phone neck에서 neck은 목(지각물)에서 느끼는 통증(지각)을 환유적으로 대표한다. Nintendo thumb에서 thumb은 엄지손가락에서 느끼는 통증을 대표한다. mouse wrist와 tetwrist에서 wrist는 손목에서 느끼는 통증을 대표한다.

이 합성어는 수식어도 환유이다. 이 합성어에서 수식어의 환유는 **행동 ICM**에 기초한다. 세 가지 합성어에서 수식어의 의미극은 **도구는 행동을 대표한다**라는 개념적 환유를 통해 행동의 도구를 가리킨다. 따라서 phone neck에서 phone은 전화 통화를 하는 행동을 대표하는 도구이고, Nintendo thumb에서 Nintendo는 닌텐도 게임을 하는 행동을 대표하는 도구를 가리키며, mouse wrist에서 mouse는 마우스를 사용하는 행동을 대표하는 도구이다. tetwrist는 다른 것과 동떨어진 것인데, 왜냐하면 이 경우에 tet(ris)은 행동의 사물을 가리키기 때문이다(테트리스는 컴퓨터 게임이기 때문에 도구는 컴퓨터이다). 그럼에도 불구하고, tet(ris)의 의미극도 행동 ICM에 내포되어 있으며, 이 합성어의 첫 번째 구성소의 의미는 **사물은 행동을 대표한다**라는 개념적 환유를 통해 이해된다.

두 구성소 간의 의미 관계는 네 가지 합성어 모두에서 동일하다. 수식어와 머리어는 서로 원인-결과 관계에 있다. 따라서 neck의 통증은 phone(통화)를 너무 오래한 결과이고, thumb의 통증은 Nintendo를 너무 많이 하는 것으로 유발되며, wrist의 통증은 mouse를 너무 많이 사용한 것의 결과이고, wrist의 통증은 Tetris를 너무 많이 한 것의 결과이다.

2.4. 합성어 전체가 환유인 합성어

이 절에서는 합성어 전체가 환유인 합성어를 조사할 것이다. 이는 합성어 구문 전체가 동일한 ICM의 목표 실체에 접근하기 위한 인지적으로 현저한 참조점 역할을 한다는 것을 뜻한다. 다음 그림에서 볼 수 있듯이 (Benczes 2006: 157), 이 합성어는 두 개의 상징 단위로 구성되는데, 각각은 의미극(X와 Y)과 음운극([x]와 [y])으로 구성되어 있다. 이는 합성어가 두 개의 구성소로 이루어져 있음을 뜻하는데, 이 중에서 첫 번째 명사는 수식어로 행동하고 두 번째 구성소는 머리어이다. 합성어 전체는 ICM의 부분이다. 합성어가 가리키는 실체는 인지적으로 현저한 것으로 지각되므로, 합성어는 개념적 환유를 통해 ICM에 접근하는 데 사용된다.

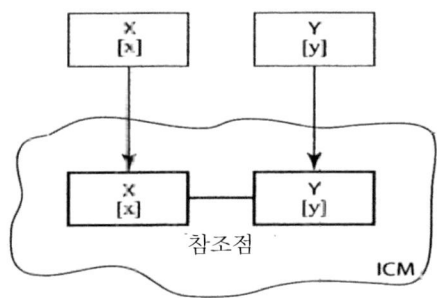

그림 7-4 전체 의미가 환유인 창의적 합성어의 도형

합성어 전체가 환유인 합성어의 예 중 첫 번째는 humpback(혹등고래)과 hunchback(곱추)이다. 이 두 합성어에서 첫 번째 명사(hump와 hunch)는 수식어로 행동하고, 두 가지 경우에서 back은 신체 부위를 가리키는 머리어이다. 따라서 두 개의 합성어는 포유동물의 약간 이상한 모양의 신체 부위를 가리킨다. humpback과 hunchback이 가리키는 실체는 인지적으로 현저한데, 왜냐하면 둘 다 시각적으로 매우 지각 가능하기 때문이다. 신체 부위가 몸 ICM의 부분이라는 것을 어렵지 않게 알 수 있다. 따라서 고래의 등은 고래 ICM의 부분이고, 사람의 등은 사람의 몸 ICM의 부분이다. 따라서 이 두 합성어가 가리키는 실체는 ICM의 부분이고, 이것들은 인지적으로 현저하기 때문에 **부분은 전체를 대표한다**라는 개념적 환유를 통해 전체 ICM에 접근하는 데 사용된다.

합성어 전체가 환유인 합성어의 예 중 두 번째는 bearskin(영국의 근위병이 쓰는 검은 털모자)이다. 이 합성어 전체는 곰 가죽 모자 ICM에 속하므로, 머리어를 만드는 재료인 곰 가죽은 전체를 이해하기 위해 인지적으로 현저한 참조점으로 선택된다. 이 모자를 만드는 재료가 현저한 참조점으로 간주되는 것은 자연스럽다. 두껍고 까만 털은 버킹엄 궁전 앞에서 줄지어 다니는 영국 근위병의 두드러진 특징 중 하나이다. 따라서 합성어 bearskin(곰 가죽)이 가리키는 실체는 곰 가죽으로 만든 모자를 대표한다. 이런 **부분은 전체를 대표한다** 개념화는 **사물을 구성하는 재료는 그 사물을 대표한다**라는 개념적 환유를 통해 달성된다. 이것은 wood가 '숲'을 대표하는 경우에서도 마찬가지이다. bearskin의 의미에서도 작용하는 이러한 개념적 환유는 **구성 ICM**에 기초하는데, 어떤 사물을 구성하는 재료나 물질은 사물 그 자체를 대표한다. 인지적으로 실체와 그것을 만드는 재료 사이에 매우 밀접한 연관성이 있기 때문이다.

합성어 전체가 환유인 합성어의 예 중 세 번째는 glue sniffing(본드 흡입)이다. 이 합성어의 의미는 **사건 ICM**에 기초한다. 우선, 수식어 glue는 sniffing이라는 머리어를 수식하는 구성소이다. 수식어는 의미상 사물을 가리키지만, 머리어는 활동을 명시한다. 합성어 전체는 본드 흡입 ICM의 복잡한 사건에 속하는데, 이것은 유독한 가스를 흡입하는 **행위자**, 가스를 흡입하는 **행위**, 흡입하는 마약(유독한 가스)인 **사물**로 구성되어 있다. 본드에서 나오는 유독한 가스를 흡입하는 것은 사건으로 해석될 수 있기 때문에, 이런 복잡한 사건 내에서 **행동은 전체 ICM**에 접근하기 위한 인지적으로 현저한 참조점으로 개념화된다. 행동을 인지적으로 현저한 참조점으로 선택하는 것은 행동이 사건 전체를 대표하는 to take drugs(마약을 복용하다)라는 표현에서도 관찰할 수 있다.

합성어 glue sniffing은 마취 상태에 도달하기 위해 본드에서 나오는 가스를 흡입하는 행동의 한 가지 단계를 가리킨다. 이 합성어는 하의 사건은 핵심 사건을 대표한다라는 개념적 환유를 통해 본드에서 나오는 가스를 흡입하는 전체 행동(본드 획득-본드를 플라스틱 가방에 넣기-본드 냄새 맡기-본드 흡입-환각)의 한 단계를 대표한다. 아마 냄새 맡는 행동은 ICM에서 가장 중심적이고 인지적으로 현저한 하위 사건이다.

2.5. 두 구성소의 의미 관계가 환유인 합성어

이 절에서는 전체-부분, 부분-전체, 부분-부분 관계가 어떻게 영어의 합성어에서 등장하는지를 설명할 것이다. 첫째, 수식어와 머리어의 의미 관계가 전체-부분 관계에 바탕을 두는 환유적 합성어의 경우에 수식어는 머리어가 그 부분인 ICM을 경시하는 역할을 한다. cuckfoot(오리발)과 spoonhandle(스푼 손잡이)이 그 예로서, 합성어 전체는 머리어(각각 foot과 handle)의 하위어이기 때문에 내심적이다. 수식어는 머리어가 가리키는 사물이 속하는 ICM을 명시한다. 따라서 duckfoot은 오리의 부분이고, spoonhandle은 스푼의 부분이다. bookcover(책 표지), doorknob(문손잡이), windowpane(창유리), TV-screen(텔레비전 스크린), shoelace(구두끈), lambskin(새끼양 가죽), party leader(당수), eyelid(눈꺼풀)도 이런 환유적 합성어의 예이다. 이런 의미적 패턴의 유형은 매우 생산적이다. Langacker(1990)는 상세성이나 도식성의 층위는 사건 허석의 한 유형이라고 주장한다. 우리 주변 세계에는 사물에 대한 위계 조직이 있으며, 우리는 이것을 통해 fingertip(손가락 끝)이나 fingernail(손톱) 같은 합성어는 형성하지만 각각 동일한 개념을 표현하는 *bodytip이나 *bodynail 같은 구조의 형성은 배제한다. 왜냐하면 이런 합성어의 수식어는 머리어의 직접 범위를 환기시키는 역할을 하기 때문이다.

둘째, 수식어와 머리어의 의미 관계가 부분-전체 관계에 바탕을 두는 환유적 합성어의 예는 pendulum clock(진자시계)이나 file cabinet(파일 캐비닛)이다. 각 합성어의 머리어(clock과 cabinet)는 합성어 전체가 속하는 실체의 집합을 명시한다. 즉, pendulum clock은 시계의 일종이고, file cabinet은 캐비닛의 일종이다. 합성어가 가리키는 실체가 속하는 ICM은 머리어로 명시된다. 수식어는 머리어가 가리키는 실체를 식별하기 위한 인지적으로 현저한 참조점 역할을 한다. 따라서 file cabinet의 경우에는 캐비닛 ICM이 있고, 이런 캐비닛의 인지적으로 현저한 참조점은 그것에 파일이 들어 있다는 것이다. 이런 특별한 특징으로 file cabinet은 glass cabinet, drinks cabinet 같은 다른 종류의 캐비닛과 구분된다. 부분과 전체의 밀접한 연상으로 인해 한 실체의 부분이 실체들을 구분하는 데 사용된다. 이런 의미적 패턴은 student group(학생군), keyboard(키보드), fibreglass(유리섬유) 등의 합성어에서도 등장한다.

둘째, 수식어와 머리어의 의미 관계가 부분-부분 관계에 바탕을 두는 환유적 합성어에서는 ICM의 부분들이 모두 전체를 대표하는 일이 발생한다. 예컨대, lamppost는 두 개의 구성소 모두 가로등 기둥 ICM의 부분인 사물들을 가리킨다. 비슷한 현상은 flagpole(깃대)에서도 관찰된다. 여기에서 깃대 ICM은 기와 막대기로 구성되어 있으며, 두 부분 모두 깃대를 flagpole이라고 부르는 데 똑같이 중요하다.

이 장에서는 개념적 환유가 합성어의 의미에 작용하는 다양한 방법을 검토하고, 언어 사용자들이 영어에서 창의적 합성어를 형성할 때 개념적 환유를 이용하는 방법에 체계성이 있다는 것을 보여 주고자 했다. 따라서 환유는 다섯 가지 주요한 방식으로 합성어에 작용한다고 주장했다. 수식어가 동일한 ICM의 목표 실체에 접근하는 인지적으로 현저한 참조점으로 사용되는 환유적 합성어(office-park dad), 머리어가 동일한 ICM의 목표 실체를 환기시키는 인지적으로 현저한 참조점으로 사용되는 환유적 합성어(gaslight), 합성어의 두 구성소 명사 모두 각각의 ICM을 환기시키는 참조점으로 사용되는 실체를 가리키는 환유적 합성어(tetwrist), 전체 합성어가 ICM에 접근할 수 있는 참조점으로 간주되는 환유적 합성어(hunchback), 합성어의 두 구성소 사이에서 환유가 작용하는 합성어(lamppost)가 그것이다.

제8장

환유와 명사화

1. 명사화의 본질

명사화(nominalization)는 학술·법률·정치 담화뿐만 아니라 다른 형식적 담화에서도 매우 생산적이다. 명사화는 다양한 학파와 이론에 종사하는 언어학자들의 연구 대상이었다. 먼저, 생성문법에서는 명사화의 분포적 특성에 초점을 두었다. 이는 명사화가 명사와 그 모든 특성을 공유하기 때문이다. 생성문법 학자들이 논의하는 또 다른 주제는 명사화를 문법의 부분으로 다루어서 변형규칙으로 설명할 수 있는지, 또는 문법에서는 무시하고 어휘부에 그것을 기재해야 하는지였다. 이것은 어휘주의 입장 대 변형주의 입장 간의 논쟁이었다.

 Matthiessen & Halliday(1997)의 체계기능문법에서는 명사화를 구 층위로 등급이 전이되는 절로 간주했다. 이런 등급 전이는 상징 단위의 외적 기능의 변화를 수반한다. 구 층위로 등급이 전이된 절은 외적으로 구로 기능한다. 따라서 그들은 파생 유형뿐만 아니라 -ing 명사화의 모든 유형과 that절을 포함하는 문장 명사화에도 초점을 둔다. Halliday(1994)에 따르면,

that절은 구 층위로 강등되지만 여전히 많은 절 특성을 보유하고 있다.

Givón(1993: 287)은 통사적 명사화와 어휘적 명사화를 구분한다. 그는 명사화의 통사적 과정에 초점을 두고, 명사화의 다양한 유형을 한정성의 척도로 제시한다. 즉, 한정적 동사 형태는 그 척도의 한쪽 끝에 있고, 그 다음에 두 가지 반한정적 형쾌(둘 다 시제-상 표지를 보유하지만 주어와의 일치는 없는 완료분사와 진행분사)가 뒤따른다. 그리고 그것들 뒤에 두 개의 부정형(to부정사와 -ing부정형)이 따른다. 이런 부정형은 촘스키의 파생 명사류에 대응하는 어휘적 명사화라는 명사화 척도의 다른 쪽 끝단과 연결된다.

인지문법에서, 명사화가 문법에 속하는지 또는 어휘부에 속하는지의 문제는 어휘소와 문법을 엄격하게 구분하지 않는 인지언어학에는 전혀 적절하지 않다. 인지문법에서는 어휘부와 문법이 "표현적 목적을 위해 개념적 내용을 구조화하는 상징 단위들의 연속체"(Langacker 1987: 35)를 이루는 것으로 간주된다.

Langacker(1991: 22)는 명사화를 개념적 구상화(conceptual reification)로 간주한다. 명사화 형태소는 유의미하고, 명사류 표현의 합성 의미를 결정하는 데 참여한다. 동사는 상태 형상의 연속체로 구성된 과정을 가리킨다. 이런 상태는 시간상에서 분포되어 있는 것으로 생각된다. 모든 개별적인 상태들 또는 형상들은 서로 다른데, 이것은 동사가 전형적으로 시간상에서의 변화를 가리킨다는 것을 뜻한다. 명사화는 모든 형상을 함께 제시한다. 즉, 개별 상태들은 하나의 복잡한 형상으로 간주된다.

Heyvaert(2003)는 영어의 -er 명사화, that절, -ing 명사화에 관한 연구에서 할리데이의 체계기능 접근법과 래내커의 인지문법을 결합한다. 범주적 재분류로서의 명사화는 본질상 기능적이다. 그것은 외적 명사류 기능을 채택할 뿐만 아니라, 내적인 명사류 기능적 조직도 획득할 수 있다. 명사화마다 도식화(schematization)와 확장(extension)에 따라 서로 다르다. 더욱이 명사화마다 서로 다른 정도의 고착화를 겪는다. 어떤 것은 어휘화되고 언어에서 고정된 표현으로 기능하지만, 또 어떤 것은 언어 체계에서 관습적 단위로 포함되지 않고 문법적 패턴 또는 도식적 단위로만 확립된다.

명사화는 상당히 다의적이다. 명사화의 의미는 최근에 명사화의 다의적 특징을 지적하고, -er 명사화라는 한 가지 명사화 유형의 다양한 의미들 간의 관련성을 설명하는 방법을 찾도록 하는 많은 연구를 고무시켰다 (Panther & Thornburg 2003b, 2004; Heyvaert 2003 참조).

다음 두 절에서는 -ion 명사와 -er 명사를 환유에 비추어 설명할 것이다. 특히 이 명사의 원형적 의미를 제시하고, 이런 원형적 의미를 바탕으로 환유 또는 은유 과정에 의해 확장되는 다른 의미들이 동기화되는 방식을 검토할 것이다.

2. -ion 명사의 환유

2.1. -ion 명사의 원형적 의미

접미사 -ion은 어간 동사의 '행동/과정', '상태 또는 조건', '결과', 행동을 하는 '집단'을 뜻한다. 이런 네 가지 의미 중에서 the *construction* of a just system of criminal justice(공정한 사법제도 **구성**)에서 나타나는 '행동/과정'이 -ion 명사의 원형적 의미이다. 나머지 의미들은 은유적·환유적 과정의 결과로 간주된다. 원형적 행동은 의지적으로 물리적 활동을 시작하고 행동을 통제하는 행위자, 행위자의 행동으로부터 직접적인 영향을 받는 수동자, 행동을 수행할 때 사용하는 도구를 수반하며, 더 나아가 행동은 특정한 시간과 장소에서 발생한다.

-ion 명사는 행동/과정을 가리키는 추상명사이지만, 때때로 지시적 의미를 갖고, 행동을 수행하거나 그것을 유발하는 사람/사물, 행동 수행을 위한 도구, 수동자, 결과 등도 가리킨다. 행동/과정의 유형과 특성에 관해, Taylor(2002: 414)는 행동과 과정을 에너지 입력을 가진 동적 과정과 에너지 입력과 상태변화가 없는 상태적 과정, 정신적·지각적 과정을 포함하는 인지적 과정, 둘 또는 그 이상의 과정으로 구성된 복합적 과정으로 나눈다. 그리고 Givón(1993: 90)은 상태, 사건, 행동을 일시적 상태, 영구적 상태, 비의도적 사건, 한정된 행동, 비한정된 행동이라는 다섯 가지 범주로 나눈다. 이런 분류에 기초해서 이 절에서 다룰 환유와 관련된 몇 가지 요인을 제시할 수 있다. 첫째, 과정은 상태적이거나 동적이다. 둘째, 수동자의 영향성이 있거나(변화) 없다(무변화). 셋째, 행동은 순간적(한정)이거나 연속적(비한정)이다. 넷째, 에너지 전이가 있거나 없다.

행동/과정의 이런 요인을 고려하여, 과정이 타동적 원형에 더 가까울수록, 즉 유생물 행위자의 의도적 행동, 구체적이고 시각적으로 영향을 받는 무생물 수동자, 한정적이고 순간적 사건일수록, 그 과정이 환유적 의미를 가질 것 같지 않다는 것을 알 수 있다. 환유적 의미는 비유적 의미이고, 원형적 의미는 문자적 의미이기 때문에, 이것은 당연한 결과이다. 따라서 execution(실행), destruction(파괴), manipulation(조작), demolition(타파)과 같은 명사는 행위자, 수동자, 도구 등의 참여자를 가리킬 것 같지 않다. 그 이유는 이런 명사의 경우에 행동이 너무 두드러져서 이런 참여자들이 배경화되기 때문이다.

2.2. -ion 명사의 환유적 의미

2.2.1. 행동은 행위자를 대표한다 환유

이 절에서는 행동이 행위자를 대표하는 환유에 의해 동기화되는 -ion 명사를 검토할 것이다. 행위자는 의지적으로 물리적 행동을 시작하고, 물리적 접촉을 통해 수동자에게 에너지를 전달하며, 수동자에게 상태변화를 일으키고, 상태변화는 물리적이며, 행위자는 목표를 수행할 계획을 갖고서 운동 프로그램을 사용하고 통제하고, 그런 계획을 실행하는 데 책임이 있다. 행위자는 에너지 근원이고, 수동자는 에너지 목표이다. 행위자는 도구를 사용하거나 아니면 수동자와 직접 접촉한다. 따라서 원형적인 인과성 사건은 의지적이고 미리 중재된 계획적인 물리적 행동으로서, 행위자가 수행하고 통제하는 행동이다.

-ion 명사는 행동의 행위자를 가리키는 데 사용되지만, 대부분은 행동을 수행하는 사람 집단을 가리킨다. 가령, administration(집행부)과 prosecution(검찰당국)이 그 예이다. 행동의 유형은 이 과정에서 중요한 역할을 한다. 사람 집단이 도시를 파괴한다고 해서 그 집단에 '파괴단체'라는 뜻의 destruction을 사용하지는 않는다. 사람 집단이 수행하지만 이 환유를 가질 수 없는 다른 명사화로는 demolition(타파), assassination(암살), disintegration(분해), fragmentation(분열) 등이 있다. 그 이유는 이런 행동에서 수동자의 가시적인 물리적 변화가 너무 두드러져서 행위자는 배경화되기 때문이다.

더욱이 **행동은 행위자를 대표한다** 환유는 대개 administration(집행부), prosecution(검찰당국), representation(대표단)에서처럼 직업적인 장기적·반복적인 활동, 그리고 장기적인 결과를 가진 활동을 가리키는 동사의 명사화에서 발견된다. 후자의 경우, immigration(이민자)은 다른 나라에 들어가는 것일 뿐만 아니라 다른 나라에 영구적으로 가는 것이기도 하다. 따라서 decision(결정) 또는 rejection(거부) 등과 같은 한정된 행동은 이 환유에서 배제된다. 가령, 한 집단이 누군가를 폭력으로부터 보호하고, 그것이 한 번만 발생하여 한정된 행동이라면, 이 집단을 protection이라고 부를 수 없다. protection(보호하는 사람)은 사람 집단이거나, 다른 사람을 보호하는 것을 전문 직업으로 하는 사람인 것이다. 그것은 단일 사건에 기반한 명사화가 아니라, 반복적이고 비한정된 활동을 가리키는 동사의 명사화인 것이다.

행동은 행위자를 대표한다 환유에 의해 동기화되는 명사는 직업상의 이동과 인구 이동이라는 두 가지 부류로 나눌 수 있다. 첫째로 직업을 가리키는 명사는 그것에 영구적으로 수반된 특별한 활동을 상징하는 부서, 서비스, 사무실을 가리키는 명사이다. administration, prosecution, representation, protection, information(안내소)이 그 예이고, 전문 직업을 가리키는 것이 아니지만 그런 직업과 관련되는 competition(경쟁자), opposition(반대당)도 그 예이다. 이런 환유적 해석은 이런 명사가 유생물 주어를 요구하는 say(말하다), impose(부과하다), refuse(거부하다) 등의 동사를 취한다는 사실에 의해 입증된다.

(1) The administration refused to recommend punitive measures that could be used against the new Palestinian unity government.(행정부는 새로운 팔레스타인 통일 정부에 반할 수 있는 처벌 조치의 추천을 거부했다.)

인구 이동을 가리키는 -ion 명사는 population과 immigration처럼 보통 수천 명 정도의 큰 집단을 가리킬 수 있다. 가령, Bosnian immigration(보스니아 이민자)은 2명 또는 10명의 보스니아 사람이 다른 나라로 가는 것이 아니라, 수천수만 명의 보스니아 이민자를 가리킨다.

다음 예를 참고해 보자.

(2) a. Francis worried about the effects of white-skinned immigration.(프랜시스는 백색 피부 이민자들이 미칠 효과에 대해 걱정했다.)
    b. Rice is the staple food of more than half the world's population.(쌀은 전 세계 인구의 반 이상을 위한 주식이다.)

따라서 집단을 가리키는 명사의 경우에, 이 환유에 대한 동기화는 활동이 그것을 장기적으로 수행하는 사람 집단과 동일시되어, 그들이 이런 활동의 상징이 된다는 사실에 있다. 인구 이동을 가리키는 명사화인 두 번째 부류에서 이 환유에 대한 동기화는 그 활동을 수행해서 그들이 과정 그 자체보다 더 두드러질 있는 사람들이다.

2.2.2. 행동은 도구를 대표한다 환유

이 절에서는 행동이 도구를 대표하는 환유에 의해 동기화되는 -ion 명사를 검토할 것이다. 도구는 행위자가 수동자에게 영향을 미치기 위해 사용하는 물리적 사물이나 무생물 실체이다. 그것은 동적인 사건에서 사용되고, 행동 연쇄 모형의 한 부분이다. 행동 연쇄 모형에서 에너지가 "시발자(행위자)로부터 중간 실체(도구)를 거쳐 에너지 흡수자(수동자)에게" 전이된다(Taylor 2002: 421). 원형적인 도구는 물리적 사물이다.

사실상 **행동은 도구를 대표한다** 환유의 예들은 발표, 알림, 진술, 요청, 허용 등의 사건을 기술하는 의사소통 동사를 명사화한 것이다. 문서는 행정적 목표를 달성하기 위한 도구이다. 우리는 지원·선언·허가하고 비슷한 행정적 목적을 달성하고자 공식적인 의사소통에서 문서를 사용한다. 지원·선언·허가의 행동은 말로 수행되는 것이 아니라, 종이 위에서 표현되고, 그것은 지원서/선언서/허가서라고 불린다. 그런 문서는 지원·단언·허가하기 위해 우리가 사용하는 도구인 것이다.

application(지원서), authorization(허가서), declaration(신청서), permission(허가증), proclamation(성명서), resignation(사직서)은 모두 공식 성명서를 가리키는 동사의 명사화이다. **행동은 도구를 대표한다** 환유에 대한 동기화는 행동이 매우 현저하지 않다는 사실에서 찾을 수 있다. 왜냐하면 이는 관찰자에게 명확하지 않고, 수동자에게 지각 가능한 변화가 없기 때문이다. 성명서의 내용은 진술하는 행동보다 더 현저한 문서상에 작성되어 있다. 행동 자체는 추상적이지만, 문서는 물리적이고 유형적이고 가시적이므로 일차적 감각에 의해 지각된다.

이 부류의 두 가지 흥미로운 예는 instrumentation(도구)과 documentation(문서)이다. 명사(instrument, document)는 처음에 '도구/문서를 사용하는 행동'을 의미하는 행동 명사화(instrumentation, documentation)로 접사화되고, 행동 명사화의 의미는 그 다음에 환유적으로 확장되어 '사용된 도구/문서의 수집물'을 의미한다.

먼저, instrumentation의 원래 의미는 '과학과 수술 등의 도구 사용, 도구를 사용한 작업'(*OED*)이다. 그런 다음에 도구를 사용하는 행동은 Basic flight instrumentation was similar on both planes(기본 비행 장비는 두 비행기 모두에서 비슷했다)에서처럼 환유적으로 확장되어 '사용된 도구의 수집물'을 의미한다. 다음으로, 동사 documentation의 행동 의미는 '문서 제시'이다. 이런 행동 의미는 **행동**은 **도구를 대표한다** 환유에 의해 Passengers must carry proper documentation(승객은 공식 문서를 지니고 있어야 한다)에서처럼 무언가를 증명하기 위한 도구인 문서들의 수집물, 즉, 무언가를 증명하거나 입증하는 데 필요한 모든 문서로 확장된다.

2.2.3. 행동은 물리적 사물을 대표한다 환유

많은 명사화는 도구와 밀접하게 관련된 사물을 가리키는데, 그것은 행위자가 행동을 수행할 때 사용하는 물리적 사물이다. 이런 물리적 사물과 도구 간의 차이는, 물리적 사물이 수동자의 변화가 내적이지 않고 지각 가능한 행동에서 사용된다는 사실에 있다. 예컨대, decoration(장식물)의 개념에 포함되는 사물로는 풍선, 리본, 꽃, 나비넥타이 등일 수 있다. 이런 사물은 장식의 행동에서 사용되고 이것들이 없다면 그런 행동을 수행할 수 없지만, 그렇다고 이런 사물을 도구라고 부르지는 않는다. 이런 물리적 사물은 수동자에게 내적 변화를 유발하지 않는다. ornamentation(장식품), protection(보호물), insulation(단열재), medication(의약품), prevention(예방책)과 같은 예들도 이와 비슷하다. 이런 환유의 다른 예들로는 매체로 사용되는 체계가 있다.

행동은 물리적 사물을 대표한다 환유를 보이는 명사는 세 가지로 부류로 나뉜다. 첫 번째 부류는 communications(통신장비), transmission(변속기), transportation(수송기관)으로서, 이 세 명사화는 각각 정보, 에너지, 사람을 전달하는 매체로 사용되는 체계를 가리킨다.

   (6) a. communications equipment(통신장비)
        b. The car was fitted with automatic transmission.(그 자동차는 자동 변속기가 달려 있었다.)
        c. Campuses are usually accessible by public transportation.(캠퍼스는 보통 대중교통으로 접근할 수 있다.)

두 번째 부류는 protection, prevention, medication, insulation으로서, 이 명사화는 모두 사람, 동물, 사물을 보호하고 보살피는 데 사용되는 사물을 가리킨다.

   (7) a. Wear eye protection when opening the container.(컨테이너를 열 때 눈 보호장비를 착용하시오.)
        b. As a prevention, I had brought an extra sweater with me.(나는 예방책으로 추가 스웨터를 구입했다.)

세 번째 부류는 decoration과 ornamentation으로서, 이것은 사물이나 장소를 장식하는 데 사용되는 사물을 가리킨다.

(8) a. Festive paper decorations had been hung from the ceiling.(축제의 종이 장식이 천장부터 매달려 있었다.)
   b. The chairs were comfortable, functional and free of ornamentation.(그 의자는 편하고, 기능성이고, 장식이 없다.)

이 환유는 타동성의 정도가 낮은 동사의 명사화에서만 가능하다. 우리는 다양한 물건을 사용해서 '암살'을 수행할 수 있지만, 동사 to assassinate가 수동자에게 극적인 지각적 변화를 가진 매우 현저한 사건을 가리키기 때문에 이런 물건을 assassination이라고 부를 수는 없다. 암살 행동에서 사용하는 물건은 조경화될 수 없다. 왜냐하면 그런 행동은 빠르게 변화하는 것이고, 수동자의 영향성이 높기 때문이다. 따라서 암살 행동과 수동자는 너무 현저하고, 사용되는 물건은 중요하지 않은 것이다.

2.2.4. 행동은 수동자를 대표한다 환유

이 절에서는 행동이 수동자를 대표하는 환유에 의해 동기화되는 -ion 명사를 검토할 것이다. 원형적 수동자는 외적으로 시작되는 물리적 접촉을 통해 전달되는 에너지를 흡수하여 내적인 상태변화를 겪는 무생물 사물이다. 물론 유생물 수동자도 빈번하게 존재한다. 그것은 행위자 다음으로 사건에서 두 번째로 가장 현저한 참여자이다. 그것은 래내커의 행동 연쇄에서 꼬리로 기능한다. 더 나아가 Taylor(2002: 420)는 "상태변화를 겪고, 새로운 위치를 차지하며, 소유권을 바꿀 수 있는" 실체도 수동자의 개념에 포함한다.

행동은 수동자를 대표한다 환유를 보여 주는 첫 번째 명사는 행동 명사화 때문에 행동하는 동안 내부 변화를 겪은 사물로 의미가 변한 명사이다. 따라서 이런 명사가 가리키는 사물은 진정한 수동자이다. 그 예로는 conversion(개조), abbreviation(약어), adaptation(각색)이 있다.

(9) a. A loft conversion can add considerably to the value of a house.(다락방 개조는 집의 가치에 상당히 보탬이 될 수 있다.)
b. The postal abbreviation for Kansas is KS.(캔자스의 우편번호용 약어는 KS이다.)
c. a screen adaptation of Shakespeare's 'Macbeth'(셰익스피어의 '맥베스'를 각색한 시나리오)

위의 명사와 modification(수정), alteration(변경), transformation(변형)이라는 동일한 의미적 부류에 속하는 예를 비교해 보면, 후자는 전자의 명사와 동일한 환유적 해석을 가질 수 없다. modification은 수정되는 사물이 아니라 과정이나 행동이고, alteration은 교체되는 사물이 아니라 교체하는 행동인 데 반해, adaptation은 개작하는 행동이지만 영화, 책 등이기도 하고, conversion은 개조하는 행동이지만, 헛간, 마구간, 공장이었던 집이기도 한 것이다. 명사 conversion, adaptation, modification, alteration, transformation은 모두 지각 가능한 내적 변화를 가리키는 동사의 명사화이지만, 그것들 간에는 차이가 있다. 그 차이란, barn/factory/stable conversion(헛간/공장/마구간 개조)과 (책, 영화, 극의) adaptation(개작물)은 사물을 다른 목적이나 다른 용도에 적합하게 만들기 위한 변화를 암시하지만, modification, alteration, transformation은 개선을 위해 만든 변화라는 것이다.

두 번째 명사 부류는 추가와 포함의 동사에 대한 명사화이다. accretion(부착물), addition(추가사항), inclusion(함유물), insertion(삽입물), introduction(서론)은 건물, 텍스트, 시장의 제품 등과 같은 기존의 사물에 추가되는 사물이다. 이것은 수동자에게 지각 가능한 내적 변화를 초래하지 않는 행동의 명사화이다. 수동자는 더 큰 사물이나 비슷한 사물의 집단에 추가되거나 더해지거나 도입된다. 그 예는 다음과 같다.

(10) a. The script has been gathering editorial accretions for years.(이 대본은 수년간 편집 부착물을 수집하고 있었다.)

　b. This is a fine book: a worthy addition to the Cambridge Encyclopedia series.(이것은 좋은 책이다. 케임브리지 백과사전 시리즈에 추가되기 족한 책이다.)

　c. The one inclusion from the original Fantasia is the truly epic Sorcerer's Apprentice.(첫 판타지아에서 한 가지 추가된 것은 진정한 서사시인 '마법사의 제자'이다.)

　d. As solid insertions into the very hot gas, probes can significantly alter the local properties of a plasma that they are supposed to be measuring.(아주 뜨거운 가스로의 견고한 삽입으로써, 탐사침은 그것이 측정할 것으로 생각되는 플라스마의 국부적 특성을 상당히 바꿀 수 있다.)

　e. There are two among their recent introductions that have greatly impressed me.(최근에 도입된 것 중에서 두 개가 나에게 상당한 인상을 주었다.)

　세 번째 부류는 소유전이 동사의 명사화이다. 그 예는 acquisition(취득물), donation(기증품), contribution(기부금), provisions(지급품)이다. 이 환유에 대한 동기화는 수동자가 어느 정도 중요한데, 그것은 흔히 크기와 가치 때문이다. acquisition은 가치, 크기, 중요도가 매우 크고 우리가 획득한 사물에 대해서만 사용될 수 있다. donation, contribution, provisions는 흔히 사람, 기관, 회사가 생존하고 운영을 지속할 수 있도록 제공하는 돈과 음식을 가리킨다. 기부·기여·제공된 사물은 그것을 받는 사람이나 기관의 생존에 중요하므로, 행동 명사의 사용에서 전경화될 수 있다.

(11) a. This list ranked companies that make charitable contributions of a million dollars or more.(이 목록은 100만 달러 또는 그 이상의 자선 기부를 한 회사들을 등급지었다.)
b. Employees make regular donations to charity.(직원들은 정기적으로 자선단체에 기부를 한다.)
c. On board were enough provisions for two weeks.(2주 동안 먹을 만큼 충분한 음식이 배에 있다.)

행동은 수동자를 대표한다 환유를 보여 주는 네 번째 명사 부류는 collection(수집물), compilation(편집물), selection(선정물)과 같은 사물의 집합을 가리키는 명사이다. 수동자는 행동에 의해 변하지 않고, 행동은 빨리 변하는 것이 아니다. 이것은 사물의 큰 집단이고, 큰 집단은 쉽게 주의를 끈다.

(12) a. He made the mistake of leaving his valuable record collection with a former girlfriend.(그는 귀중한 음반 수집물을 전 여자친구에게 남겨 두고 오는 실수를 했다.)
b. His latest album release is a compilation of his jazz works over the past decade.(그가 가장 최근에 발매한 음반은 지난 10년 동안 발표된 재즈 작품을 편집한 것이다.)
c. this selection of popular songs(팝송의 선정물)

다섯 번째 부류는 사람 집단으로서, **행동은 수동자를 대표한다** 환유의 과정을 통한 행동 명사화가 가리키는 사람은 행동에 의해 물리적으로 영향을 받는 것이 아니라 다른 사물을 위해 선택된다. 즉, 예 admission(입학자/입원환자)에서 그들은 특별한 학교나 대학에서 공부하도록 선택된 학생들이고, delegation(파견단)과 deputation(대표단)은 더 큰 공동체를 대표해서 말하고 행동하도록 선택된 사람을 가리킨다.

> (13) a. Half of all hospital admissions are emergencies.(모든 병원 입원환자 중 절반은 응급이다.)
> b. He was sent to New York as part of the Dutch delegation to the United Nations.(그는 유엔의 네덜란드 파견단으로 뉴욕으로 보내졌다.)
> c. A deputation of elders from the village arrived headed by its chief. (그 마을의 원로 대표단이 장이 인솔하여 도착했다.)

2.2.5. 행동은 결과를 대표한다 환유

이 절에서는 행동이 그 결과를 대표하는 환유에 의해 동기화되는 -ion 명사를 검토할 것이다. 행동은 결과를 대표한다 환유를 보여 주는 명사는 크게 두 가지 부류로 나뉜다. 첫 번째는 몸/사물의 물리적 표시를 가리키는 abrasion(찰과상), perforation(구멍), irritation(염증)이다.

> (14) a. He had severe abrasions to his right cheek.(그는 그의 오른쪽 볼에 심각한 찰과상이 있었다.)
> b. Tear the sheet of stamps along the perforations.(한 장에 여러 개 모여 있는 우표는 구멍을 따라 찢어라.)
> c. The most common side effect is skin irritation.(가장 일반적인 부작용은 피부 염증이다.)

두 번째 부류는 새로운 단위를 얻기 위해 요소들을 결합한 결과를 가리키는 combination(결합물/공동체), construction(건축물), preparation(조제약품)이다. 그 예는 다음과 같다.

(15) a. News magazines are a combination of newspaper and magazine.(뉴스 잡지는 신문과 잡지의 결합체이다.)
　　 b. The British pavilion is an impressive steel and glass construction the size of Westminster Abbey.(그 영국식 건물은 웨스트민스터 수도원 크기로, 철과 유리로 된 인상적인 건축물이다)
　　 c. anti-ageing creams and sensitive-skin preparations(노화 방지 크림과 민감성 피부 조제약품)

2.2.6. 행동은 장소를 대표한다 환유

이 절에서는 행동이 그 결과를 대표하는 환유에 의해 동기화되는 -ion 명사를 검토할 것이다. 원형적 타동 사건은 참여자를 포함하고, 특정한 장소와 특정한 시간에서 발생한다. 참여자 외에, 장소와 시간 모두 행동 명사화에 의해 환유적으로 지시될 수 있다. 행동 명사화를 통해 환유적으로 접근할 수 있는 이런 장소는 두 가지 부류로 나뉜다. 첫 번째 부류는 명사가 가리키는 행동에 대해 의도된 장소를 가리킨다. 두 번째 부류는 -ion 명사가 가리키는 행동에 의해 시각적으로 영향을 받는 장소를 가리킨다.

　첫 번째 부류는 accommodation(수용/숙박 시설), immigration(출입국 관리소), reception(접수구)처럼 숙박의 의미나 전문적인 활동을 위해 누군가에게 숙소를 마련해주는 장소를 가리킨다. 전문적인 활동을 위한 장소를 가리키는 accommodation의 용법은 immigration과 reception의 환유적 의미와 관련이 있다. 둘 다 사람들이 다른 사람을 맞이하는 전문적인 활동을 다루는 장소를 가리킨다. reception은 병원이나 호텔과 같은 기관으로 사람을 받아들이는 장소이고, immigration은 출입국 관리원이 이민자를 위해 비자를 발급하고, 외국 시민을 다른 나라로의 입국을 허가하거나 거부하는 장소이다.

(16) The government will provide temporary accommodation for up to three thousand people sleeping rough in London.(정부는 런던에서 아무 데서나 자는 3천 명이나 되는 사람들에게 임시로 숙박을 제공할 것이다.)

reception과 immigration은 모두 이중 환유이다. 행동은 먼저 그 행동을 수행하는 서비스를 가리키는 데 사용되고, 그런 다음 그것을 하는 장소를 가리킨다. 이것은 Ruiz de Mendoza(2005)가 말하는 이중 영역 축소(double domain reduction)라는 이중 환유(double metonymy)의 한 경우이다. 행동은 서비스를 대표한다 환유를 통해 접근되는 서비스는 그 행동과 쉽게 동일시되는데, 왜냐하면 reception과 immigration은 손님, 환자, 이민자에게 이민 문서를 받고 발급하는 일을 하는 사람 집단이기 때문이다.

(17) a. He was last seen striding to the hotel reception.(그는 마지막으로 호텔 접수구로 성큼성큼 걸어가는 것을 마지막으로 보았다.)
 b. After you've been through immigration, you can go and get your luggage.(입국심사를 거치고 난 후 당신은 짐을 찾으러 가면 된다.)

2.2.7. 행동은 시간을 대표한다 환유

이 절에서는 행동이 행동의 결과를 대표하는 환유에 의해 동기화되는 -ion 명사를 검토할 것이다. Lakoff & Johnson(1999)에 따르면, 시간을 측정한다는 것은 사건들을 비교한다는 것을 뜻한다. 사건의 시작과 끝은 시간을 측정하는 데 사용되는 도구의 상태들과 비교된다. 그런 도구의 작동은 규칙적으로 반복되는 사건들, 가령 태양이나 시계추의 반복되는 움직임에 기초한다. 따라서 시간의 기본적인 특성은 사건의 특성인 것이다. 이것은 우리의 시간 경험이 사건 경험에 상대적이라는 것을 보여 주고, 우리의 시간 경험이 사건 경험에 바탕을 둔다는 것을 뜻한다.

그래서 행동은 시간을 대표한다 환유는 -ion 명사화에서 발견되는 가장 생산적인 환유이다. 거의 모든 -ion 명사는 이런 종류의 확장에 쉽게 기여할 수 있다. 이런 환유의 수는 매우 많으므로, 그것을 모두 기재하기는 어려울 것이다. 이런 명사의 환유적 해석은 during, before, prior to, after, following 등과 같은 시간 부사를 흔히 이끄는 전치사에 의해 촉진된다.

(19) More than eight million books were printed within fifty years after the invention of the printing press.(인쇄기의 발명 후 50년 내에 8백만 권이 넘는 책들이 인쇄되었다.)

앞서 지적했듯이, 과정이 의도적으로 행동하는 행위자, 구체적이고 시각적으로 영향을 받는 수동자, 한정적이고 순간적 사건을 가진 타동적 원형에 더 가까울수록, 그것은 환유적 의미를 덜 가질 것 같다. 이에 대한 이유는 위의 예에서 행동은 너무 두드러지고, 그 요소(가령, 참여자와 위치)는 배경화된다는 것이다. 이런 명사화에서 발견할 수 있는 유일한 환유는 행동과 시간 간의 특별한 관계 때문에 행동은 시간을 대표한다 환유이다.

3. -er 명사의 환유

Panther & Thornburg(2003b)는 영어 접미사 -er가 모두 직업적 인간 행위자로 특징지어지는 원형적인 행위적 의미와 관련된 다양한 의미를 보여준다는 것을 발견했다. 이런 의미는 폭넓게 두 가지 부류로 나뉜다. 중심 의미로부터 사물 층위의 은유적·환유적 확장과 중심 의미로부터 사건 층위의 환유적 확장이 그것이다. 이 절에서는 팬더와 손버그의 논의를 중심으로 -er 명사의 특징과 그것의 은유적 확장과 더불어 환유적 확장에 대한 논의를 살펴볼 것이다.

3.1. -er 명사의 특징

-er 명사는 형식적·지시적 다양성 때문에 외관상 이질적인 어휘항목의 집합처럼 보이지만, 개념적 기능적 원리에 기초해서 그런 다양성을 일관성 있게 설명할 수 있다. 이 절에서는 "문법적 형태소, 범주, 구문은 모두 상징 단위의 형태를 취한다"라는 Langacker(1991: 16)의 주장을 따라, 접미사 -er이 다의적인 상징 단위로서, 그 의미는 은유적·환유적 연결을 통해 개념적으로 연결될 수 있다고 제안한다.

접미사 -er의 원형적 의미는 '직업상 어떤 행동을 수행하거나 어떤 활동에 참여하는 인간 행위자'이다. 사람을 직업상 지칭하기 위해 이 접미사를 사용해서 지시적 기능과 서술적 기능 둘 다를 가진 -er 명사가 파생된다. 모든 다른 주변적인 -er 명사는 이 원형적 의미와 관련을 맺는다.

-er의 원형적 의미를 가정하면, -er 명사를 의미적으로 기술하기 위해서는 원형적 타동 시나리오(Prototypical Transitive Scenario)라는 인간 행동과 활동의 이상적 인지모형을 참조해야 한다. 원형적 타동 시나리오는 다음과 같이 특징지을 수 있다. 첫째, 사건이 발생하는 장소와 시간이라는 배경이 있다. 둘째, 사건은 비대칭적으로 상호작용하는 서로 다른 두 가지 참여자를 수반한다. 셋째, 한 참여자는 의도적으로 행동하는 인간이고, 다른 참여자는 그의 행동으로부터 직접적인 영향을 받는다.

이 시나리오는 다양하게 축소되거나 확장될 수 있다. 그것은 도구라는 참여자를 포함하도록 정교화될 수 있다. 참여자마다 행위성, 인간성, 영향성 등의 정도가 다를 수 있다. 수반되는 행동과 활동은 역동성, 접촉, 목적성, 서법성의 정도가 다를 수 있다. 예컨대, exterminator(근절자)는 잠재적인 행위자와 영향을 받는 수동자를 수반하는 역동적인 행동 시나리오를 환기시킨다. 이에 반해 surfer(파도타기 하는 사람)는 행위자가 동적인 행동을 수행하지만 수동자에게는 아무런 영향을 미치지 않는 시나리오를 환기시킨다. 이와 대조적으로, owner(소유자)는 행위성과 영향성이 낮아서 역동적이지 않는 시나리오를 환기시킨다. 이와 마찬가지로, dreamer(몽상가)의 경우에는 행위성이 낮고 수동자가 없다.

　Panther & Thornburg(2003b)에서는 명사류 접미사 -er의 의미적 잠재력을 분석한다. 팬더와 손버그는 영어 접미사 -er이 모두 **직업적 인간 행위자**로 특징지어지는 중심적인 행위적 의미와 관련된 다양한 의미를 보여 준다는 것을 발견했다. 이런 의미는 폭넓게 두 가지 부류로 나뉜다. 중심 의미로부터 사물/사람 층위의 은유적·환유적 확장과 중심 의미로부터 사건 층위의 환유적 확장이 그것이다. 즉, -er 명사는 teacher(교사)에서처럼 사람/사물을 가리키거나, fundraiser(모금행사)처럼 사건을 가리킬 수 있다는 것이다. 다음 두 절에서는 -er 명사의 이 두 가지 부류를 차례로 살펴볼 것이다.

3.2. 사람/사물을 가리키는 -er 명사

사물 층위의 확장은 다음과 같다.

(i) 사람이 살고 있거나 관련 장소에 의해 동기화되는 인칭 의미:
Londoner(런던 사람), New Yorker(뉴욕 사람), Wall Streeter(월가의 증권 중개인)
(ii) 유생물과 무생물 행위자
　(A) 유생물: retriever(리트리버; 사냥 때 총으로 쏜 새를 찾아오는 데 이용하는 큰 개), pointer(포인터; 사냥개로 많이 쓰이는 개 품종의 하나), setter(세터; 사냥개로 쓰이기도 하는, 털이 길고 몸집이 큰 개), biter(물어뜯는 짐승), nightcrawler(밤에 기어 다니는 큰 지렁이), grasshopper(메뚜기)
　(B) 무생물: gas-guzzler(연료 소비가 많은 대형차), skyscraper(고층 건물)

(iii) 도구
    (A) 도구(V+er): dishwasher(접시 닦는 기계), can opener(깡통따개), muffler(소음기)
    (B) 전치사 어간이나 수사 수식어를 가진 도구 수단: upper(각성제), downer(진정제), three-incher(3인치 못), three-wheeler(3륜차)
    (C) 준도구(의류): clamdiggers(긴 반바지), pedal-pushers(무릎 바로 아래까지 오는 바지), sneakers(스니커즈 운동화), waders(긴 장화)
(iv) 목적-장소(즉, 목적에 의해 정의되는 장소): sleeper(침대차), diner(작은 식당), bed-sitter(원룸 아파트), larder(식품 저장실), shitter(변소)
(v) 목적-수동자: scratcher(당신이 긁는 복권), reader(읽기 교재), broiler(구이용 영계), fryer(튀김용 닭), roaster(로스트용 고기)(병아리의 유형), sipper, slurper, gulper(음료의 유형), stocking stuffer(양말에 담은 자그마한 크리스마스 선물)
(vi) 진정한 수동자: beater(낡아빠진 오래된 자동차)

3.2.1. -er 명사의 원형적 의미와 비유적 확장

원형적 의미를 가진 -er 명사의 대표적인 예는 teacher(교사), baker(빵 굽는 사람), brewer(양조자), governor(통치자), manager(관리자), steelworker(철강 노동자)이다. 이 모든 예는 그 지시물이 어떤 직업적 활동을 추구하거나 수동자에게 다소 강한 영향을 미치면서 어떤 행동을 수행하는 매우 행위적인 인간이라는 점에서 원형적 타동 시나리오와 일치한다.[1] 전형적으로, 이 예들에서 어간이 명명하는 전문적·직업적 또는 습관적·특징적 활동이나 행동은 이 시나리오에서 식별 가능한 다른 참여자를 환기시킨

---

1 그 지시물이 부업으로나 습관적으로나 특징적으로 활동에 참여하는 runner(달리는 사람), jogger(조깅하는 사람), skater(스케이트를 타는 사람), swimmer(헤엄치는 사람), surfer(파도를 타는 사람)는 덜 타동적이지만 그래도 개념적 타동성 척도에서 높은 곳에 있고 덜 전문적이다. 이것은 수동자를 수반하지 않지만 그래도 활동이다.

다. 가령, teacher는 학생, 가르치는 과목, 교육 환경, 교재를 환기시킨다. 따라서 어간 teach가 교육 시나리오의 다른 성분들에 정신적 접근을 허용하는 "참조점"(Langacker 1993 참조)이고, 동사 어간이 이 시나리오 전체를 직접적으로 환기시킨다고 말할 수 있다. 이는 teacher로 다음과 같이 예증할 수 있다(Panther & Thornburg 2003b: 287).

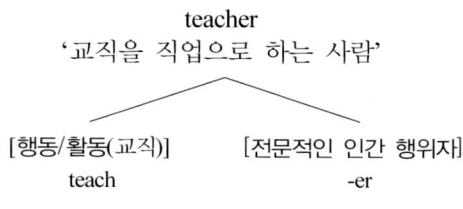

그림 8-1 -er의 중심 의미: teacher

하지만 tinner(주석광부), hatter(모자 제조인), whaler(고래잡이), driftnetter(유망 어부), Wall Streeter(월 가의 증권 중개인), submariner(잠수함 승무원), philosopher(철학자)와 같이 어간이 동사가 아닌 -er 명사도 -er 명사의 원형적 의미를 갖는다. 이런 명사의 경우에는 전문적·습관적 행동이나 활동이 직접적으로 환기되는 것이 아니라, 물질(tin), 영향을 받는 유생물(whale), 창조물(hat), 도구(driftnet), 위치(Wall Street, submarine), 추상물(philosophy)이 어간에서 명명되는데, 이것들은 직업적 활동에 결정적으로 수반되는 참여자나 실체이다. 즉, tinner와 whaler는 각각 주석과 고래에 무언가를 하는 사람이고, hatter는 모자를 만드는 사람이다. 어간이 학문 분야를 환기시키는 philosopher도 이 부류에 속한다. 더욱 추상적인 의미에서 철학자는 추상물에 정신적 행동이나 에너지를 전문적으로 기울이는 인간 행위자이며, 학문이 행위자의 노력에 의해 바뀌거나 재정의될 수 있는 경우에 이런 추상물은 영향을 받는 실체로 간주될 수 있다.

따라서 어간이 동사가 아닌 이런 -er 명사는 개념상 중심적인 행위적 의미를 가진 파생동사 명사와 유형이 동일하지만, 비동사 어간이 환유적으로 해석한다는 점에서는 차이가 난다. 따라서 driftneter와 hatter의 경우에, 어간의 지시물은 행위자의 직접적 행동이나 활동이 환유적으로 접근되는 참조점으로 간주된다. 그림 8-2는 Wall Streeter를 그림으로 제시한 것이다. 화살표는 환유적 근원에서 환유적 목표로의 작동을 나타낸다 (Panther & Thornburg 2003b: 288).

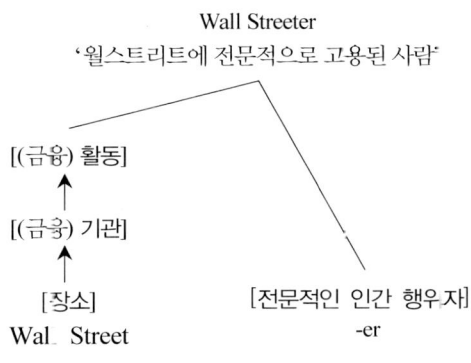

그림 8-2 Wall Streeter에서 어간의 환유적 확장

은유와 환유 모두가 상호작용해서 목표 해석 '행위자의 활동'을 유발하는 더욱 복잡한 예는 속어 hoofer(직업 댄서)로서, 이것은 발레나 오페라가 아닌 대중문화와 연상되는 직업 댄서를 가리키는 용어이다. 이런 의미 창조는 그림 8-3으로 나타낼 수 있다. -er 접미사는 '전문적인 인간 행위자'라는 의미를 제공한다. 명사 어간은 은유적·환유적 사상을 통해 직업적 활동에 접근할 수 있게 한다. 일반 화살표는 환유적 연결을 나타낸다. 진한 화살표는 은유적 사상을 나타낸다(Panther & Thornburg 2003b: 289).

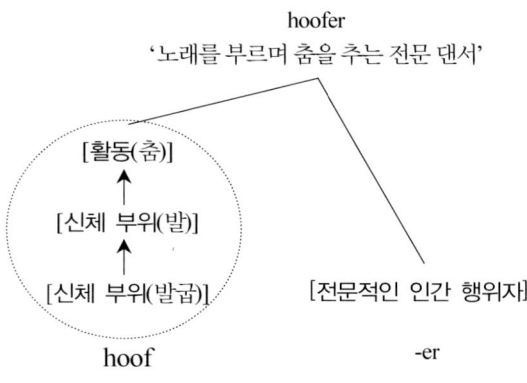

그림 8-3 hoofer에서 은유적환유적 구조

위 그림에서 원으로 된 부분에는 더욱 복잡한 개념적 구조가 포함되어 있다. 이것은 다음과 같이 더욱 상세히 나타낼 수 있다(Panther & Thornburg 2003b: 290).

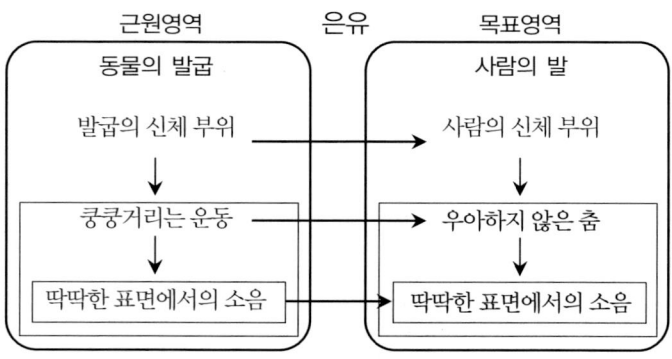

그림 8-4 어간 hoof의 정교한 개념적 구조

위 그림에서 모서리가 둥근 두 박스는 각각 은유의 근원영역 **동물의 발굽**과 목표영역 **사람의 발**을 나타낸다. 이 둘의 대응은 은유 **사람은 동물이다**에 기초한다. 근원영역 내에서는 소와 같은 유제동물의 신체 부위인 개념

동물의 발굽이 이 동물의 쿵쿵거리는 운동으로 환유적 정교화가 이루어진다. 이런 운동 방식은 딱딱한 표면에서 쿵쿵거린다면 환유적으로 소음을 예상하게 한다. 근원영역에서 환유적으로 환기되는 이런 속성들은 은유에 의해 목표영역으로 사상되어 개념 **사람의 발**을 부분적으로 구조화한다. 목표영역에서 새롭게 창조된 개념적 요소는 진하게 되어 있고, 고유한 개념적 요소는 보통체로 되어 있다. 유제동물의 쿵쿵거림은 인간의 춤으로 은유적으로 사상되고, 쿵쿵거림으로 인한 소음은 딱딱한 무대 위에서 발로 춤을 출 때 생기는 소음과 일치한다. 은유적 사상의 결과로 목표영역의 환유적 구조는 근원영역과 개념적 구조동형성을 달성한다. 그림 8-3은 은유 **동물의 발굽은 사람의 발이다**가 환유 **발은 활동을 대표한다**를 선행하는 것으로 제시하고, 그림 8-4는 은유의 근원영역이 환유적으로 정교화된 구조를 가지고, 이 구조가 목표영역으로 구조동형적으로 사상된다는 것을 나타낸다.

3.2.2. -er 명사의 은유적 의미

유생물이든 무생물이든 간에, 어떤 면에서 인간으로 인식되는 비인간 실체는 은유 **비인간은 인간이다**를 통해 지칭된다.[2] 첫째로 동물과 식물 같은 유생물은 어느 정도까지 인간 행위자처럼 해석될 수 있으므로, 특징적인 행동에 의해 -er 명사로 지칭될 수 있다. 사실상 어떤 가축은 "일하는" 동물이라고 불리므로, 어간에서 "전문적인" 행동을 명명해서 그것을 지칭하는 -er 명사가 있는 것은 놀라운 일이 아니다. 동물을 가리키는 명사로는 retriever(리트리버; 사냥 때 총으로 쏜 새를 찾아오는 데 이용하는 큰 개), pointer(포인터; 사냥개로 많이 쓰이는 개 품종의 하나), setter(세

---

[2] 이것은 의인화로 알려진 것이다.

터; 사냥개로 쓰이기도 하는, 털이 길고 몸집이 큰 개), biter(물어뜯는 짐승), nightcrawler(밤에 기어 다니는 큰 지렁이)가 있고, 인간 같은 특성을 가진 식물로는 Venus flycatcher(파리풀), creeper(덩굴 식물), (late) bloomer(꽃이 피는 식물)가 있다.

다음으로, 자동차나 건물 같은 무생물도 때때로 특정한 성격을 가진 인간 행위자로 의인화된다. 잘 알려진 예는 gas-guzzler(연료 소비가 많은 대형차)와 skyscraper(고층 건물)이다. 매우 관습화된 이런 -er 명사는 사물이 액체를 꿀꺽꿀꺽 마시거나 너무 높아서 '하늘을 스치고 지나가는' 것처럼 사물을 개념화한다.

3.2.3. -er 명사의 환유적 의미

지금까지 직업적 인간 행위자(가령, teacher, Wall Streeter), 행위자에 개념상 가까운 인간 지시물(가령, owner, dreamer), 인간 행위자로 은유화되는 비인간 지시물(가령, retriever, gas-guzzler)을 가리키는 -er 명사를 다루었다. 이제는 타동 시나리오에서 행위자와 인접해 있는 역할을 하는 비인간 사물 지시체를 가진 -er 명사를 다룰 것이다. 이런 -er 명사는 다양한 유형의 도구, 위치, 장소를 가리킨다. -er 명사의 이런 다양한 의미들은 환유적으로 동기화된다.

행위자와 인접해 있는 첫 번째 사물 지시체는 도구이다. 행위자 -er 명사로부터의 자연스러운 확장은 도구를 가리키는 명사이다. 도구는 개념적으로 행동 시나리오에서 행위자와 개념적으로 관련이 있다. 이것은 **행위자는 도구를 대표한다** 환유에 의해 동기화된다. 어떤 도구는 행위자 같은 특성을 갖고 있지만, 다른 도구는 행위자가 목표를 달성하는 데 필요하고 유익하다. 어간이 동사인 예는 opener(병따개), refrigerator(냉장고), dishwasher(접시 닦는 기계), hairdryer(헤어드라이어), muffler(소음기), fender(흙받기), bumper(완충기), distributor(배전기), beeper(무선호출 장치), pager(무선호출 수신기), vibrator(진동기), screwdriver(드라이버), sprinkler(물뿌리개), tranquiliser(진정제), thirst quencher(갈증을 푸는 음료), ruler(자), multiplier(곱셈 기계), divisor(분할기)이다. 도구적 성격을 가졌지만 어간이 동사가 아닌 -er 명사도 있는데, three-wheeler(3륜차), upper/downer(각성제/진정제), three-incher(3인치 못)가 그 예이다. 행위자처럼, 어간이 동사가 아닌 이런 도구 명사는 어간에서 환유 과정을 겪는다.

어간의 환유적 확장과 은유적 확장 모두를 수반하는 도구의 예로 각성제를 가리키는 upper를 고려해 보자. 이것의 개념적 구조는 다음과 같다 (Panther & Thornburg 2003ɔ: 293).

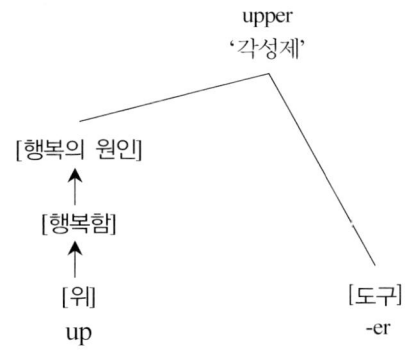

그림 8-5 upper에서 어간의 환유적 확장

upper는 은유 행복은 위이다를 수반한다. 목표영역은 환유 결과는 원인을 대표한다에 의해 행복의 원인으로 확장된다.

행위자와 인접해 있는 두 번째 사물 지시체는 준도구(quasi-instrument)이다. 즉, 많은 -er 명사는 특별한 행동을 수행할 때 행위자가 입는 옷을 가리킨다. 예는 pedal-pushers(자전거 탈 때 착용하는 무릎 바로 아래까지

오는 바지), clodhoppers(투박하고 무거운 신), clamdiggers(긴 반바지), stroller(걸상식으로 된 유모차), muffler(목도리), loafers(가죽으로 된 끈 없는 구두), sneakers(스니커즈 운동화), waders(낚시할 때 신는, 허벅지까지 오는 긴 장화)이다. 그 지시물은 그 자체로는 어간이 가리키는 행동이나 활동을 유발하는 데 충분한 도구는 아니지만, 도구처럼 행위자가 그런 행동을 수행하도록 도울 수는 있다. 따라서 pedalpushers는 자전거 페달 밟기를 돕고, waders는 물속에서 걷는 것을 돕는다.

행위자와 인접해 있는 세 번째 사물 지시체는 장소이다. 원형적 타동 시나리오에는 장소라는 성분을 가진 배경이 있다. 인간 행위자가 활동을 수행하는 장소를 가리키는 -er 명사가 있다. sleeper(침대차), diner(작은 식당), crapper(변소), shitter(변소), bed-sitter(원룸 아파트), larder(식품 저장실)가 그런 예이다. 이런 명사가 도구와 개념상 인접해 있는 것은 행위자의 특별한 목적을 위해 고안된 사물을 지칭한다는 사실 때문이다. 이런 의미에서 그것은 도구 범주의 동기화된 확장이다. 즉, 이런 명사는 **도구는 장소를 대표한다** 환유에 의해 동기화된다.

행위자와 인접해 있는 네 번째 사물 지시체는 수동자이다. 지금까지는 -er 명사가 행위자, 도구, 장소를 가리킨다는 것을 보았다. 하지만 -er 명사는 영향을 받는 수동자도 가리킬 수 있다. 예는 fryer(튀김용 닭), broiler(구이용 영계), roaster(로스트용 고기), steamer(찜통), eater(부식제), baker(빵 굽는 사람), cooker(요리기구), sipper(종이빨대), reader(읽기거리), poster(광고 전단), mailer(우편물 발송계), scratcher(복권)이다. 언뜻 보면, 수동자는 행위자와 개념상 거리가 먼 것처럼 보이기 때문에 행위자와 수동자 모두 -er 명사의 가능한 지시물인 것이 당황스러울 수 있다. 그러나 좀 더 꼼꼼히 살펴보면, 어떤 -er 수동자는 특별한 목적을 위해 설계된다는 의미에서 도구 참여자로부터 자연스럽게 확장된 것으로 간주될 수 있다.

reader, poster, scratcher가 그 예이다. 다른 -er 수동자는 특정한 목적을 위해 의도적으로 설계된 것은 아니지만 그런 목적에 적절한 고유한 특성을 갖고 있다. 예는 fryer(튀김용 닭), stocking stuffer(양말에 담은 자그마한 크리스마스 선물), fixer-upper(싸구려 폐가)이다. 따라서 그런 수동자는 목적에 맞게 설계된 실체인 도구와 개념상 매우 가깝다. 목적에 맞는 수동자와 밀접하게 관련이 있는 것은 귀중한 수동자로서, 이것은 사람의 가치관에서 어떤 목적을 수행한다. keeper(보관할 가치가 있는 것)와 holder(버티는 물건)가 그것이다. keeper는 보관할 가치가 있는 것으로 해석되는 실체를 가리킨다. holder는 미래에 이익을 가져올 수 있기 때문에 갖고 있어야 하는 주식을 가리킨다.

행위자와 인접해 있는 다섯 번째 사물 지시체는 진정한 수동자(true patient)이다. 타동 시나리오에서 행위자와 개념상 가장 멀리 떨어져 있는 참여자는 진정한 수동자이다. 이 경우의 예는 비교적 드물지만 두 가지 예를 들어 보면, scrambler(스크램블한 달걀 요리)와 beater(낡아빠진 오래된 자동차)가 있다. scrambler는 beater와 함께 어간에서 명명된 행동을 겪은 후의 결과 상태에 있는 것으로 개념화될 수 있다.

그림 8-6은 -er의 중심 의미와 관련해 인간과 비인간 -er 명사의 의미에 대한 개념적 망 분석을 간단히 요약해 놓은 것이다. 범주들 간의 화살표는 최소의 개념적 연결을 나타낸다. 중심 의미에서 나온 연결의 수는 중심 의미로부터의 개념적 거리를 도상적으로 반영한다. 굵은 실선 화살표는 은유적 사상을 나타낸다. 이것은 전문적인 인간 행위자에서부터 왼쪽으로 인간 행위자 같은 비인간 지시물로 확장되는 사상이다. 보통체의 화살표는 환유적 연결을 나타낸다. 이것은 전문적인 인간 행위자로부터 위/아래와 오른쪽으로 확장되는 사상이다. 행위자로부터의 위/아래 환유적 연결은 '행위성', '습관성'과 같은 척도적 매개변수에 의해 중심 의미로부터

개념상 떨어져 있는 다른 인간 지시물(가령, dreamer(꿈꾸는 사람), owner (소유자))로 확장된다. 중심 의미로부터 오른쪽으로 확장되는 환유적 연결은 행위자 참여자와 개념상 인접해 있는 원형적 타동 시나리오의 비인간 참여자로 이어진다(Panther & Thornburg 2003b: 297).

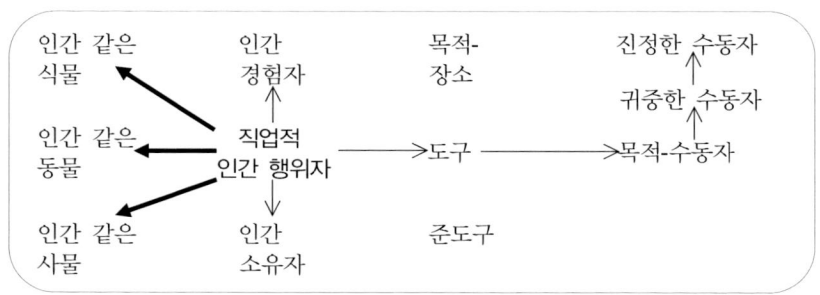

그림 8-6 -er의 중심 의미로부터 사물 층위의 은유적·환유적 확장

3.3. 사건을 가리키는 -er 명사

지금까지는 행동 시나리오 내에서 성분으로 개념화될 수 있는 사물을 가리키는 -er 명사를 논의했다. -er 명사의 흥미로운 특성은 사물뿐만 아니라 사건도 가리킬 수 있다는 것이다. 이 절에서는 -er 명사가 가리키는 사건의 네 가지 유형을 검토할 것이다. 사건 층위의 확장은 원인제공자 사건(causer event)이라는 중심적 경우와 세 가지 주변적 범주로 세분화될 수 있다.

(i) 원인제공자 사건: thriller(오싹하게 하는 것), groaner(신음하게 하는 고약한 농담), stunner(기절할 정도로 놀라운 것), bummer(실망스러운 일), drencher(호우), scorcher(모든 걸 태워 버릴 듯이 더운 날)
(ii) 도구 사건: mixer(친목회), fundraiser(모금행사), season-opener(개막전)
(iii) 수동자 사건: keeper(보관할 가치가 있는 것), forgetter(기억할 가치가

    (iv) 의미상 미명시: beaner(머리를 침), rear-ender(추돌 사고), backhander
         (테니스의 백핸드), bender(주흥)

첫 번째 사건은 원인제공자 사건이라는 중심적 경우이다. 원인제공자 사건의 예는 groaner(신음하게 하는 고약한 농담), howler(목 놓아 울게 하는 것), laugher(웃게 하는 것)이다. groaner는 경험자를 신음하게 만드는 고약한 농담과 같은 사건을 가리킨다. 따라서 이런 사건 명사는 **결과는 원인을 대표한다** 환유를 수반한다. 즉, 어간에서 그것이 명명하는 것은 그 사건의 경험자에게 미치는 영향(가령, 신음하는 활동)이다. 따라서 행위자 영역으로부터 원인제공자 사건의 영역으로 이루어지는 은유적 사상과 어간의 의미에서 작동하는 환유가 있다. 이런 환유는 그 의미를 이 활동의 원인과 관련시킨다. groaner에 대한 은유적·환유적 과정은 다음과 같이 나타낼 수 있다(Panther & Thornburg 2003b: 301).

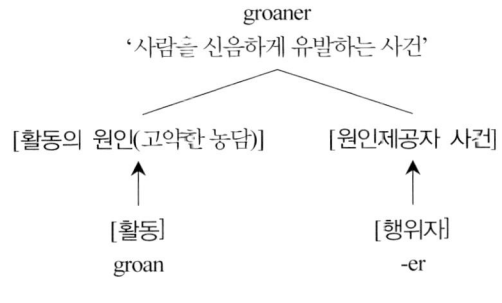

그림 8-7 groaner의 환유적 은유적 구조

다음 세 가지 사건은 원인제공자 사건이라는 중심적 경우와는 달리 주변적 사건들이다. 두 번째 사건은 도구 사건(instrument event)이다. 이것은 명확한 도구적 기능을 가진 사건 명사이다. 이런 사건 명사는 **사건은 사물**

이다라는 총칭적 은유의 하위 은유인 도구적 사건은 도구적 사물이다를 수반한다. 예는 mixer(친목회), fundraiser(모금행사), season-opener(개막전)이다. 첫 번째 두 개는 각각 남성과 여성을 친목하게 하는 사건과 자금을 마련하는 사건을 가리킨다. season-opener는 콘서트나 야구 시즌을 개막하는 기능을 하는 사건이다.

세 번째 사건은 수동자 사건(patient event)이다. 이것은 사건은 사물이다 은유가 사물 수동자를 근원영역으로 갖는 예들과 관련 있다. keeper(보관할 가치가 있는 것)와 forgetter(기억할 가치가 없는 것)가 그 예이다. keeper는 사건 층위로 은유적으로 투사되며, 기억 속에 보관할 가치가 있는 경험을 가리킨다. forgetter는 That movie? Terrible! A real forgetter!(그 영화? 끔찍해! 정말로 기억할 만한 가치가 없는 것!)에서처럼 기억할 가치가 없는 사건을 특징짓는다.

세 번째 사건은 의미적 역할이 명시되지 않은 사건이다. 즉, 그것은 그 지시물이 타동 시나리오에서 특정한 역할이 없는 사건 -er 명사이다. 그것은 단지 사건을 가리킬 뿐이다. 이런 경우에 사건 지시물은 어간에 의해 환유적으로 접근된다. 이런 어간은 시간, 위치, 하위 사건, 영향을 받는 실체, 목표 도달의 수단 등과 같이 사건 지시물의 본질적 성분을 명명한다. 예는 rear-ender(추돌 사고), kegger(맥주 파티), tail-gaiter, sundowner(저녁 때의 한 잔 술), breather(심한 운동), beaner(투수가 고의적으로 타자 머리를 향하여 던지는 공), bender(흥청거리며 술 마시기), in-the-parker(홈런), back-hander(테니스의 백핸드)이다. 이런 예들은 어간이 동사가 아니다. 예컨대, rear-ender는 교통사고 시나리오를 환기시킨다. 어간에서 환유는 사건에서 영향을 받는 실체를 명명한다. kegger는 맥주 마시기 파티를 가리키고, 그 어간에 있는 본질적 항목을 명명한다. tail-gaiter는 자동차의 트렁크 뚜껑을 테이블로 사용하는 일종의 피크닉이다. sundowner는 해 질녘에 하는 칵테일 파티이다. 더 복잡한 예는 beaner이다. 어간은 beaner가 가리키는 사건에서 영향을 받는 실체인 '머리'를 뜻하는 은유적 어간이다. 이 명사의 전체 개념적 구조는 다음과 같이 나타낼 수 있다(Panther & Thornburg 2003b: 303).

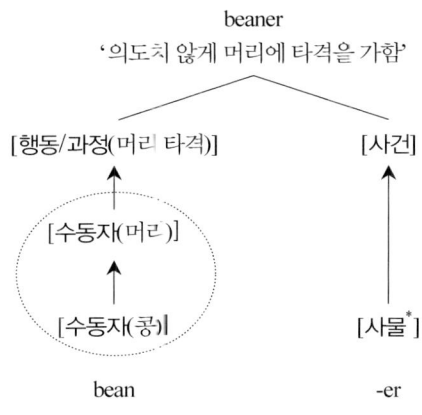

그림 8-8 beaner의 환유적은유적 구조

흥미롭게도 beaner에는 사물 층위의 해석이 없다. 이것은 그림에서 별표로 표시해 두었다. 위 그림에서 원으로 된 부분에는 더욱 복잡한 개념적 구조가 포함되어 있는데, 이것은 다음 그림으로 더욱 상세히 나타낼 수 있다(Panther & Thornburg 2003b: 304).

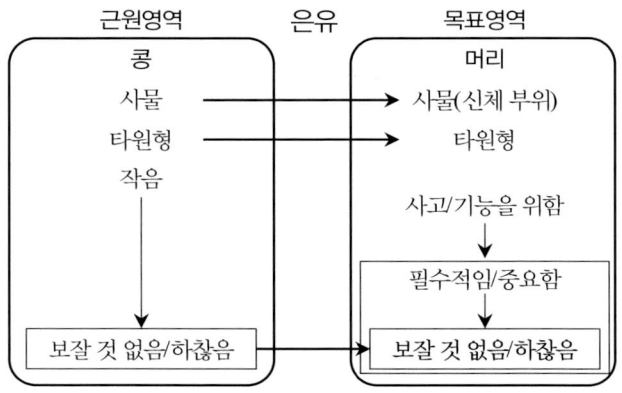

그림 8-9 어간 bean의 정교한 개념적 구조

위 그림은 근원영역 **콩**에서 목표영역 **머리**로의 은유적 사상을 묘사한다. 근원영역에서 '작은 크기'라는 콩의 한 가지 속성은 '보잘것없음/하찮음'이라는 속성과 환유적으로 연결된다. 이런 우연적 속성은 은유에 의해 목표영역으로 사상되어, 목표영역의 고유한 구조의 부분이 아닌 새로운 구조적 요소를 제공한다. 진하게 되어 있는 이 새로운 특성은 '보잘것없음/하찮음'이라는 환유적으로 파생된 **머리**의 속성과 개념적으로 충돌한다. 이런 충돌은 유머스한 효과를 발생시킨다. 이것은 종종 그 반대를 환유적으로 환기시키기 위해 단어의 관습적 의미에 의존하는 속어에서 전형적인 것이다. 따라서 그 다음으로 목표영역에 있는 '필수적임/중요함'과 '보잘것없음/하찮음' 간의 관계를 은유적 사상으로 유도된 반의적 환유로 해석할 수도 있다.

다음은 어간이 동사이지만 아무런 역할 명시가 없는 사건 명사 bender를 고려해 보자. 이 절에서 논의한 다른 예들처럼, 사건 명사의 해석은 어간에 대한 환유적 정교화를 요구한다. bender의 어간은 폭음을 하도록 요구하는 복잡한 주흥 사건의 한 하위 사건을 대표하는 환유이다. bender에 대한 도식은 다음과 같다(Panther & Thornburg 2003b: 305).

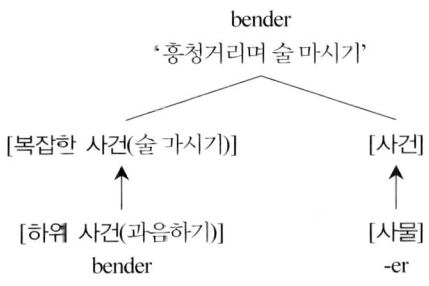

그림 8-10 bender의 환유적은유적 구조

　지금까지 행동 시나리오에 전문적으로 참여하는 사람이라는 -er의 중심 의미로부터 -er의 지시적 범위가 **사건은 사물이다** 은유에 의해 사건 층위로 확장될 수 있다는 것을 보여 주었다. 이 은유는 사건 층위 -er 명사의 그에 상응하는 사물 층위 해석이 없는 경우에서도 작동한다. 그리고 사물 층위의 -er 명사와 사건 층위의 -er 명사 사이에 주목할 만한 구조적 유사성이 존재한다는 것을 증명했다. 즉, 행위자, 도구, 수동자 기능을 두 층위 모두에서 발견할 수 있다. 은유적으로 사상되는 의미적 역할이 없는 사건 층위의 명사에 대해 그 이해는 어간이 목표 사건을 환유적으로 환기시키는 기능을 하는 결정적 사물, 배경 성분, 현저한 하위 사건을 명명하는 것으로 해석하는 것을 수반한다. 가장 일반적인 의미에서 이런 환유는 **부분-전체 환유**로 간주될 수 있다. 그런 단어의 의미는 종종 불투명하고, 문화적 스크립트에 대한 광범위한 지식을 요구한다.

　흥미로운 점은 어간과 접미사의 관계에 대한 다양한 해석은 서로를 배제하는 것은 아니므로, 단 하나의 -er 명사가 다양한 의미를 보여 줄 수도 있다는 점이다. 영어에서 그런 항목은 sleeper로서, Panther & Thornburg (2003: 310)는 이것의 다의적 의미 구조를 다음과 같이 나타낸다.

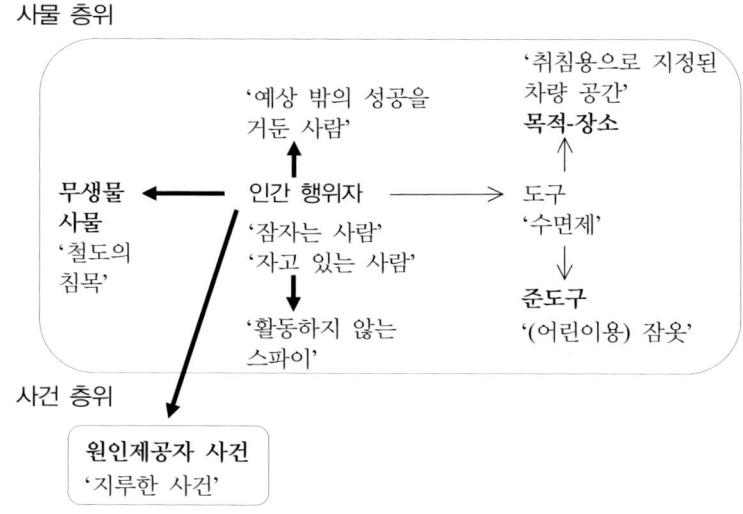

그림 8-11 sleeper의 다의성

    -er 명사는 사건 도식과 연상되는 거의 어떤 개념에 의해서도 정교화될 수 있다. -er 명사의 다의성은 그것이 Langacker(1991)의 에너지 연쇄(energetic chain)에 의해 분석될 수 없다는 것을 매우 명확히 보여 준다. 왜냐하면 에너지 연쇄는 행위자, 도구격, 수동자만으로 구성되어 있기 때문이다. 따라서 유일한 설명은 -er 명사의 도출된 의미들 대부분이 환유적으로 동기화된다는 것이다. 동일한 -er 명사는 매우 다르지만 관련된 실체들을 가리킨다. 그것은 원형적 행위자에서부터 그들이 사용하는 도구와 활동이 수행되는 장소, 그리고 사건 전체에까지 이른다. 이 모든 개념은 원형적인 행위적 의미로부터 '명사성'을 계승하고, 개념적 공간에서 한정된 지역을 가리키므로 문법적으로 모두 명사이다.

제9장

환유와 전환

1. 전환의 본질

1.1. 전환의 성격

전환(conversion)은 "형태는 동일하지만 다른 품사에 속하는 어휘소들을 연결하는 파생 과정"(Bauer & Valera 2005: 8)이고, "특정한 단어 범주의 단어를 다른 범주의 단어로 사용하는 것으로서, 이것은 형식적 표지나 변화로 암시되지 않는다"(Schönefeld 2005: 131). 영어의 어휘부를 확장하는 생산적인 이 과정은 문헌에서 '전환'이라는 용어 외에도 '제로파생(zero-derivation)', '계열적 파생(paradigmatic derivation)', '기능적 전이(functional shift)'처럼 다양하게 불린다.

다음은 Quirk et al.(1985)이 제시한 영어의 주된 전환 유형이다.

(1) a. N→V: hammer, pilot
 b. V→N: call, jump
 c. A→V: clean, empty
 d. A→N: daily, comic

Marchand(1969: 360)는 어형성 과정인 '제로파생'과 통사적 치환인 '전환'을 구분한다. 제로파생의 경우는 범주를 바꾸는 제로 접미사(-ø)의 존재로 설명된다. 다음은 제로파생과 명시적 접미사화를 비교해 놓은 것이다.

(2) a. N→V: hammer, milk, pilot
 a'. N→V: union+-ize→unionize
 b. V→N: call, jump, drive, bore,
 b'. V→N: try+-al→trial; organize+-ation→organization
 c. A→V: empty, clean, smooth
 c'. A→V: modern+-ize→modernize; solid+-ify→solidify.

마르샹은 전환에 대해 government job에서 명사 government를 형용사로 사용하는 것이나 the poorest에서 형용사 poorest를 명사로 사용하는 것을 그 예로 제시한다. 전환은 주어진 어휘소의 통사적 기능상의 일시적인 변화이고, 어휘항목의 굴절상의 변화를 수반하지 않는다.

'제로파생'이라는 용어는 음운적으로 빈 접사라는 생각을 거부하는 많은 연구자에게서 비난을 받았다. 특히 Aronoff(1976)는 그것을 "무형의 음운적 물질"이라고 비판한다. 이런 학자들은 제로 형태소의 확산과 한 단어에 몇 개의 제로 형태소를 쌓아 올릴 수 있는 가능성을 비판한다. 예컨대, 동사파생 명사 jump의 경우에 [[jump$_V$+ø]$_N$+ø$_{sg}$]에서처럼 추정상의 명사화 제로 접사가 단수 표지로 행동하는 굴절 제로 형태소를 선행한다. Pennanen(1971)과 Štekauer(1996)에서도 제로파생이라는 개념에 반대하는 주장을 엿볼 수 있다.

어형성의 명칭론적(onomasiological) 이론을 채택하는 Štekauer(1996, 2005)는 전환을 통사적 재범주화가 수반된 개념적 재범주화(conceptual recategorisation)의 작용으로 간주한다. 그는 물질, 행동, 특질, 상황이라는 네 가지 일반적인 경칭론적 범주를 구분한다. 명사 milk는 물질의 범주에 속하고, milk$_V$로 재범주화될 때 행동의 이름이 된다. 즉, 이런 행동은 명사 milk가 가리키는 둘질을 초래하는 것이다. 행동의 실례인 동사 insert는 물질로 재범주화된다. 즉, 그것은 1음절에 1강세가 가는 명사 insert이다. 형용사 clear는 특질의 범주에 속하고, 동사 clear로 재범주화될 때 행동의 이름이 된다. 전혼을 명칭론적 재범주화로 보는 지금까지의 설명을 Štekauer(2005: 220-221)는 다음과 같이 나타낸다.

(3) a. milk$_N$ - milk$_V$: 물질 ------결과-------- 행동
 b. insert$_V$ - insert$_N$: 행동 ------사물-------- 물질
 c. clear$_A$ - clear$_V$: 특질 ------결과-------- 행동

Quirk et al.(1985)과 Leech(1974)는 주된 품사의 변화를 기술하는 전환 외에도 이차적 품사의 변화를 수반하는 전환도 논의한다. 그 예는 다음과 같다.

(4) a. 고유명사→보통명사: We don't need another *Einstein*.(우리는 또 다른 아인슈타인이 필요 없다.)
 b. 비등급적 형용사→등급적 형용사: He's more *wooden* than the other actors.(그는 다른 배우들보다 더 무표정하다.)
 c. 불가산명사→가산명사: We bought two *beers*.(우리는 맥주 두 병을 샀다.)
 d. 가산명사→불가산명사: I need an inch of *pencil*.(나는 연필 1인치가 필요하다.)
 e. 자동사→타동사: He *waltzed* her into the room.(그는 그녀를 방으로 끌듯이 데리고 갔다.)
 f. 타동사→자동사: The book *sells* well.(그 책은 잘 팔린다.)

Bierwiaczonek(2013)은 위와 같은 이차적 품사의 변화를 수반하는 전환을 사소한 전환(minor conversion)이라고 부르고, 사소한 전환과 대비되는 주요한 전환(major conversion)을 식별하면서, 이 두 과정에 본질적으로 환유가 작동한다고 주장한다. 다음은 그가 제안한 사소한 전환의 몇 가지 예이다.

(5) a. 가산명사→불가산명사: 사물은 재료를 대표한다(brick, stone)
    b. 불가산명사→가산명사: 물질은 사물을 대표한다(glass→a glass); 재료는 사물의 집합을 대표한다(silver→the silver)
    c. 고유명사→보통명사: 생산자는 생산품을 대표한다([Henry] Ford→a Ford); 장소는 제품을 대표한다(음료의 이름 cognac, burgundy, champagne)
    d. 추상명사→구상명사: 특성은 특성의 소지자를 대표한다(beauty는 '아름다운 사람'을 대표하고, talent는 '재능 있는 사람'을 대표한다)

1.2. 전환의 인지문법적 설명

이 절에서는 Bierwiaczonek(2013)이 말하는 사소한 전환 중에서 가산명사(NC)↔불가산명사(NU) 전환을 Langacker(1987)의 인지문법(Cognitive Grammar), 특히 해석(construal)에 비추어 논의할 것이다.

명사는 굴절 자질에 기초해서 몇 가지 하위 부류로 세분화된다.

(6) a. A 부류: 원형적 명사로서 단수 형태와 복수 형태 둘 다 있다(가령, cat-cats).
    b. B 부류: 단수 형태만 있다(가령, equipment-*equipments, furniture-furnitures, crockery-*crockeries).
    c. C 부류: 복수 형태만 있다(가령, *scissor-scissors, *trouser-trousers, *clothe-clothes).[1]
    d. D 부류: 단수 형태와 복수 형태 둘 다 있지만, 그 둘은 동일하다(가령, sheep-sheep, deer-deer, salmon-salmon).

A 부류는 가산명사이고, B 부류는 불가산명사이다. 가산명사와 불가산명사 사이의 차이는 몇 가지 문법적 현상에서 반영된다. 첫째, Furniture is useful(가구는 유용하다), I bought furniture(나는 가구를 구입했다), I'm looking for furniture(나는 가구를 찾고 있다)에서 그렇듯, 불가산명사의 단수 형태는 전형적으로 명사구가 차지하는 위치에서 한정사 없이 나타나지만, 가산명사에는 한정사가 없으면 *Cat is useful, *I bought cat, *I'm looking for cat에서 그렇듯 비문이 된다. 둘째, 부정관사 a는 가산명사와 함께 나타나지만 불가산명사와는 함께 나타나지 않는다. 셋째, 한정사 much는 불가산명사와 함께 나타나지만 가산명사와는 함께 나타나지 않는다. 넷째, a lot of는 불가산명사의 단수 형태와 함께 나타나지만 가산명사의 단수 형태와는 함께 나타나지 않는다.

전통적으로 이런 문법적인 현상을 통해 가산명사와 불가산명사가 구별되었다. 문제는 가산명사와 불가산명사의 구별이 동기화되는지 아니면 자의적인지에 관한 것이다. 어떤 예는 그런 구별이 자의적이라는 견해를 뒷받침한다. 예컨대, vegetable(채소)과 fruit(과일)은 둘 다 집합적인 뉘앙스로 사용된다는 점에서 같은 성격을 가진 것처럼 보이지만, vegetable은 가산명사인 데 반해 fruit은 불가산명사이다. 따라서 vegetable은 가산명사이고 fruit은 불가산명사인 것은 아무런 이유가 없는 자의적인 현상처럼 보인다. 또 다른 예로, noodle(국수)은 가산명사이고 rice(쌀)는 불가산명사이다. 즉, 그릇에 담긴 많은 국수는 these noodles라고 말할 수 있지만, 그릇에 담긴 많은 쌀알은 these rices가 아니라 this rice라고 말하는데, 그 이유는 자의적이다.

---

1 단수 형태 scissor와 trouser가 없다는 주장은 *This scissor is sharp, *That trouser is small과 같은 예가 비문법적이라는 사실에 근거를 둔다. 사실상, 단수 형태를 발견할 수 있는 문맥 하나가 있는데, 그것은 a scissor movement(가위 움직임), a trouser press(바지 다림질)와 같은 명사 합성어이다.

그러나 많은 경우에 가산명사와 불가산명사를 구별할 수 있는 명백한 인지적 근거가 있다. 가산명사는 사물(object)을 지시하고 불가산명사는 물질(substance)을 지시하는 경향이 강하다. 따라서 cup, cat, table은 가산명사인 반면 water, sand는 불가산명사라는 사실은 전혀 자의적인 것이 아니라 자명하고 당연한 것으로 받아들일 수 있다.

Langacker(1987)는 명사란 어떤 영역에서 부위(region)를 지시하고, 부위는 상호 연결된 실체들(set of interconnected entities)로 정의된다고 했다. 예컨대, desk, book은 공간 영역에서 부위를 지시하고, water, air는 물질 영역에서의 부위를 지시한다. 명사는 다음과 같이 나타낼 수 있다 (Langacker 1987: 215 참조).

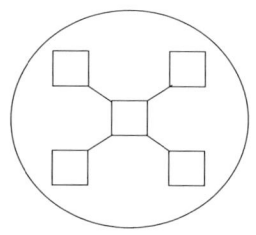

그림 9-1 부위로서의 명사

위의 그림에서 성분 실체들은 네모로 표시하고, 성분 실체들 사이의 상호 연결은 실체들을 연결하는 선으로 표시한다.

가산명사와 불가산명사를 구별하는 데는 개념적 기초가 있다. 앞에서 명사가 부위를 지시한다고 정의했다. 이때 그 부위는 사물일 수도 있고 물질일 수도 있다. 예컨대, bike 및 cat과 같은 가산명사는 고체로 된 물리적 사물의 특징을 가지고 있고, water 및 oil과 같은 물질명사는 액체인 물질의 특징을 가지고 있다. 즉, 가산명사와 물질명사에 대한 구별은 사물과 물질에 대한 구별이다. 사물은 보통 개별화되는 반면, 물질은 개별화되지 않는다. 사물은 그 자체의 내적 구조와 구성을 가지고 있으므로, 그것을 분해하면 그 정체성이 사라진다. 자동차(car)를 분해하면 자동차 부품만 있는 것이지 자동차가 있는 것은 아니다. 그러나 다량의 고기(meat)를 나누더라도 여전히 고기는 있으며, 두 덩어리의 고기를 합쳐도 여전히 고기가 된다.

가산명사와 불가산명사의 구별은 내적 동질성(internal homogeneity), 분리성(divisibility), 반복성(replicability), 고유한 한정성(inherent boundedness)과 같은 개념으로 포착할 수 있다. 첫째, 사물과 물질은 한정성에서 차이가 난다. 즉, 사물에는 특징적인 형태와 잘 한정된 경계가 있는 반면, 물질에는 그런 경계가 없어서 그 자체가 그릇의 형태에 맞추어 형성된다. 둘째, 사물과 물질은 내적 동질성에서 차이가 난다. 물질은 내적 동질성의 특징을 가지고 있다. 어떤 물질의 한 부분을 떼어 내어도 그것은 그 물질로 간주되며, 물질이 증가해도 증가한 물질 그 자체 또한 물질로 간주된다. 사물은 전형적으로 분리되는 성분들로 구성되는 내적 구조를 가지고 있으며, 한 사물의 각 부분 그 자체는 사물로 간주될 수 없다. 예컨대, 자전거의 각 부품은 자전거가 아니다. 셋째, 가산명사는 반복성을 가지고 있기 때문에, keys, dogs, desks에서처럼 복수로 사용되지만, 물질명사에는 반복성이 없기 때문에 복수형이 없다.

그림 9-1에서 명사를 부위르 정의한 모형에 기초해서 가산명사와 불가산명사를 구별해 보자. 먼저 가산명사는 사물이고, 그 사물에는 여러 성분 실체들이 포함되어 있다. 이때 그 성분 실체들은 동질적이지 않고 이질적이다. 반면 불가산명사 역시 부위이지만 그 부위를 구성하는 성분 실체들은 동질적이다. 둘째로 가산명사는 고유한 경계를 가지고 있다는 점에서 고유한 한정성의 특징이 있다. 반면에 불가산명사는 고유한 한정성의 특징이 없다. 이런 두 가지 가산명사와 불가산명사의 특성에 기초해서 가산명사와 불가산명사의 차이를 다음과 같이 나타낼 수 있다.

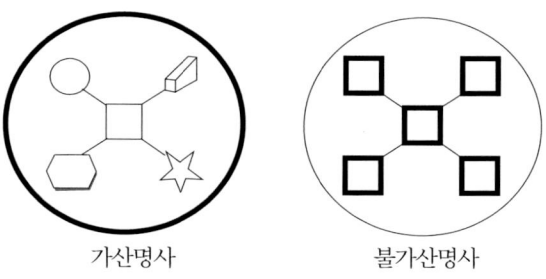

그림 9-2 가산명사와 불가산명사

가산명사의 경우에는 성분 실체들이 각기 달라서 이질성을 강조하고, 경계가 진하게 윤곽부여되어 있다는 것은 가산명사에는 한정성의 특징이 있음을 나타낸다. 반면에 불가산명사의 경우에는 모든 성분 실체들이 동일하며, 동일한 성분 실체들은 윤곽부여되어 있으나 그 경계는 윤곽부여되어 있지 않는데, 이는 불가산명사의 동질성과 비한정성을 반영한다.

가산명사와 불가산명사의 구별은 사물과 물질의 예로 가장 쉽게 설명할 수 있지만, 그런 구별은 다른 영역의 실체에도 동등하게 적용된다. 예컨대, 교향곡은 개별화될 수 있는 사물로서, 교향곡이 공연될 때 그것은 시간의 영역에서 한정된다. 2악장과 같은 교향곡의 부분은 교향곡이 아니므로 symphony는 가산명사이다. 가산명사의 실례를 복사할 수 있는데, 그런 경우에는 several symphonies로 표현된다. 이와 대조적으로, music은 불가산명사이다. music의 여러 실례는 several musics가 아니라 단순히 music으로 표현된다.

가산명사와 불가산명사 사이의 구별이 이처럼 개념적으로 잘 정립되어 있지만, 그 둘 사이의 구별은 화자가 세계를 어떻게 바라보고 어떻게 인지하고 어떻게 해석하느냐의 문제에 달려 있다. 내적 동질성의 개념을 예로 들어보자. 분자의 층위에서는 물이 동질적이지 않고 개별화될 수 있는 여러 분자로 구성되기 때문에 water는 가산명사로 분류되어야 하지만, 우리는 물을 분자의 층위에서 해석하지 않고 눈에 보이는 표층의 층위에서 해석하기 때문에 water는 물질명사로 간주된다. 즉, 분자의 집합으로서 물은 실용적인 인간의 관심사에 적절하기 때문에 물질명사로 표현되는 것이다. 또 다른 예로, 모래(sand), 설탕(sugar), 쌀(rice), 먼지(dust) 등과 같은 현상은 물질이 아니라 사물의 집합으로 간주할 수 있다. 왜냐하면 설탕과 모래를 구성하고 있는 입자들은 적어도 눈으로 지각할 수 있기 때문이다. 그러나 설탕이 우리에게 모습을 드러낼 때 그것은 항상 함께 모여 있는 수천 개의 설탕 입자의 집합 형태로 나타나기 때문에, 하나의 설탕 입자는 실용적인 목적을 거의 수행하지 못한다. 그리고 여러 입자의 집합인 설탕은 설탕을 담는 그릇의 형태에 따라 형성되고 내적으로 동질적이기 때문에 마치 액체처럼 행동하므로 물질명사로 분류가 되는 것이다.

noodle의 예를 살펴보자. noodle은 가산명사이다. 개개의 국수는 개개의 쌀알보다 더 크기 때문에 단 하나의 쌀알보다 단 한 가닥의 국수를 먹기가 더 쉽다. 그렇지만 단 한 가닥의 국수는 사람들에게 크게 흥미롭지 않기에 noodle을 가산명사로 분류하는 데 어려움이 있다. 그러나 쌀과는 달리 국수는 사물 범주화(thing categorization)의 기준이 적용된다. 유사한 예를 하나 들자면, 자갈 더미를 구성하는 입자의 크기와 조약돌 더미를 구성하는 입자 사이에 차이가 거의 없지만, gravel(자갈)은 불가산명사인 반면 pebble(조약돌)은 가산명사인데, 이것도 해석(construal)의 문제로 이해할 수 있다. 그리고 가구(furniture)와 날붙이(cutlery)의 경우에는 물질 범주화(substance categorization)의 기준이 적용된다. 가구를 두 부분으로 나누어도 각 부분은 여전히 furniture이다. 몇 개의 가구를 합쳐도 여전히 furniture로 표현된다.

가산명사와 불가산명사의 구별에 해석이 역할을 한다고 했는데, 해석의 역할은 주어진 실체를 종종 서로 다른 방법으로 해석할 수 있다는 사실로부터 자명해진다. 우리는 개별화되는 사물에 초점을 두면서 이웃의 houses나 집합적인 실체로서 집에 초점을 두고 이웃의 housing에 관해 이야기할 수 있다. 그리고 공장의 machines나 공장의 machinery에 관해 이야기할 수 있다.

더욱이 동일한 명사가 $N_C \rightarrow N_U$ 전환과 $N_U \rightarrow N_C$ 전환을 겪을 수 있다. 다음 예를 보자.

(7) a. Could I have a potato?(감자 한 개를 먹을 수 있을까요?)(가산)
    b. Could I have some potato?(감자 좀 먹을 수 있을까요?)(질량)
(8) a. I'll have an egg.(달걀 하나 먹겠다.)(가산)
    b. I'll have some egg.(달걀을 좀 먹겠다.)(질량)
(9) a. I'd like a pumpkin.(호박 하나를 먹고 싶다.)(가산)
    b. I'd like some pumpkin.(호박을 좀 먹고 싶다.)(질량)
(10) a. There were a lot of newspapers in the box.(상자에 신문이 많았다.)(가산)
     b. There was a lot of newspaper in the box.(상자에 신문지가 많았다.)(질량)
(11) a. There's a glass on the table.(탁자 위에 유리잔이 한 개 있다.)(가산)
     b. It's made of glass.(그것은 유리로 만들어졌다.)(질량)

감자, 달걀, 호박은 보통 단일하고 개별화되고 셀 수 있는 사물로 범주화되므로 가산명사로 취급되어 요리할 때나 상을 차릴 때 이 특징을 그대로 간직할 수 있다. 그러나 만약 감자나 호박을 으깨거나 달걀을 휘저어 익히면 그 특징은 변한다. 그것은 동질적인 물질이 되어 그것으로부터 그 특징을 바꾸지 않고 그 일부가 제거되거나 또 다른 일부가 더해질 수 있다. 이런 경우에는 감자나 호박은 물질로 범주화되어 불가산명사로 취급된다.

또 다른 예로 액체 물질의 경우를 고려해 보자. I'll have some water(나는 물을 좀 마실 것이다), There's beer in the fridge(냉장고에 맥주가 있다), He drank a glass of wine(그는 와인 한 잔을 마셨다)에서처럼 water, beer, wine은 물질명사로 분류된다. 그러나 이런 명사가 가산명사의 용법으로 사용되는 현상을 쉽게 접할 수 있다. 다음 예를 보자.

(12) a. There were several wines on show.(와인 몇 병이 진열되어 있었다.)
  b. He drank a few beers.(그는 맥주 몇 병을 마셨다.)
  c. The waters were rising.(물이 불어나고 있었다.)

이 용법에는 다양한 동기가 있다. 와인의 경우 몇 가지 하위 유형으로 나누는 것이 사람들의 일상 관심사에 상당히 적절하다. 각각의 그런 하위 유형은 개별화되는 실체이기 때문에, (12a)에서 그렇듯 와인은 가산명사로 나타난다. 예 (12b) 또한 몇 가지 유형의 맥주를 마셨다는 것을 의미하는 것으로 해석되기 때문에 beer가 가산명사로 사용된다. (12c)에서 홍수는 여러 수원지에서 온 물이 흘러들어와 일어나는 것인데, 그래서 합쳐진 뒤에도 여전히 다른 실체들로 개념화될 수 있다.

이처럼 동일한 명사가 경우에 따라 가산명사나 불가산명사로 전환되는 것은 해석의 문제로서, 어떤 실체에 대해 한정성이나 성분들의 이질성을 강조하는 식으로 해석할 수도 있고, 비한정성과 성분들의 동질성을 강조하는 식으로 해석할 수도 있다. 따라서 가산명사가 불가산명사로 전환되거나 불가산명사가 가산명사로 전환되는 것은 해석의 차이이다.[2] 이것은

---

[2] 하나의 실체를 다양한 방식으로 해석하는 것이 가능하다고 한다면, 언어마다 각기 다르게 관습적 해석을 부호화한다는 것은 놀라운 일이 아닐 것이다. 영어에서는 information, advice, evidence, research, news가 불가산명사로 해석된다. 독일어에서는 그에 상응하는 명사인 Information, Hinweis, Beweis, Forschung, Nachricht는 가산명사이다. 따라서 이런 독일어 명사는 eine Information이나 Nachrichten과 같이 부정관사와 함께 사용되거나 복수 접사가 붙을 수 있다.

다음과 같이 나타낼 수 있다.

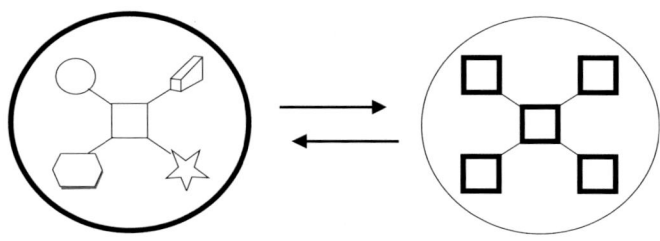

그림 9-3 $N_C \leftrightarrow N_U$ 전환에 대한 해석 과정

요컨대, 명사는 어떤 영역에서 상호 연결된 일련의 실체들인 부위로 정의되며, 한정성 및 동질성의 개념에 기초해서 가산명사와 불가산명사로 구분된다. 더욱이 동일한 명사가 해석의 과정에 따라 가산명사나 불가산명사로 전환되는 것을 보았다. 지금까지의 설명은 다음과 같이 나타낼 수 있다(Taylor 2002: 380 참조).

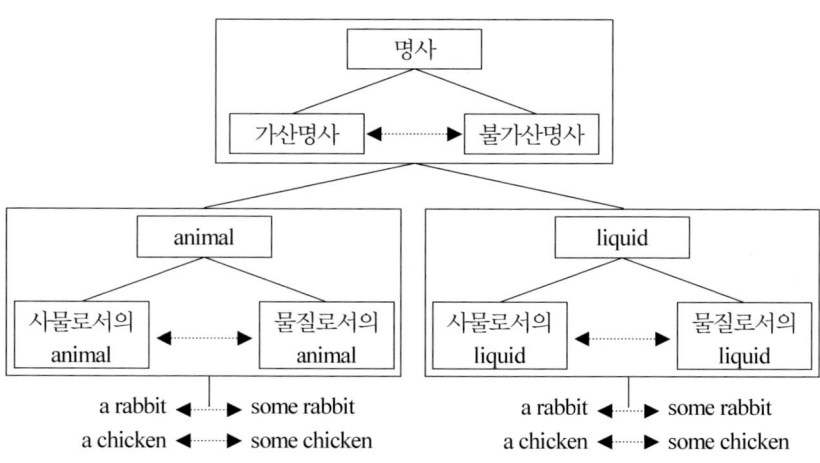

그림 9-4 가산명사-불가산명사 구별에 대한 망 조직

$N_C \leftrightarrow N_U$ 전환을 환유에 비추어 설명하면 다음과 같다. $N_C \rightarrow N_U$ 전환은 사물은 재료를 대표한다 환유에 의해 동기화되고, $N_U \rightarrow N_C$ 전환의 경우에는 재료는 사물을 대표한다 환유가 작동한다. 다음 절에서는 N→V 전환에 대한 환유적 동기화를 제공할 것이다.

1.3. N→V 전환

이 절에서는 주요한 전환(major convertsion) 또는 완전한 전환(total conversion) 중에서 N→V 전환을 다룰 것이다. 주요한 전환이란 원래 한 범주에 속하던 한 단어가 또 다른 범주의 개념적·굴절적·분포적 특성의 전체 범위를 보여 주는 경우를 말한다.

전통 문법에서는 N→V 전환을 몇 가지로 분류한다. 가령, Zandvoort(1961: 267)는 N→V 전환의 어간이 되는 명사의 의미에 대해 다음과 같은 '의역' 관계를 제시한다.

(13) a. to make use of or to treat with (to motor, to elbow, to gun)
 b. to act as, to behave like (to ape, to dog, to mother)
 c. to bring forth (to kitten, to goat, to lamb)
 d. to remove (to dust, to skin, to weed)

Marchand(1969: 367ff)도 N→V 전환에 대해 다음과 같이 네 가지 통사적-의미적 부류를 제시한다.

(14) a. 술어-주어 보충어(to bully: to be a bully)
 b. 술어-목적어 보충어(to knight: to make someone a knight)
 c. 술어-부사 보충어(to anger: to provoke to anger)
 d. 술어-목적어(to calve: to bring forth a calf)

Dirven(1986: 321)은 수동자, 도구격, 방식, 목표, 근원, 상태격(essive)[3] 과 같은 의미-개념적 역할에 의해 N→V 전환을 다음과 같이 구분한다.

(15) a. 사물 동사(to fish, to crew, to anger)
b. 도구 동사(to harpoon, to head, to velo)
c. 방식 동사(to queue, to balloon, to spoon)
d. 처소 동사(to bottle, to shelve, to record)
e. 상태격 동사(to author, to nurse, to knight)

Dirven(1999: 280)은 이런 다섯 가지 범주가 사건 도식(event schema)을 요약하는 명칭으로 간주된다고 주장하면서, 이런 N→V 전환의 기초가 되는 세 가지 규범적인 사건 도식을 제안한다.

(i) 행동 도식: 행위자는 수동자에게 영향을 미치는데, 이때 그는 도구를 사용하고, 특정한 방식으로 그렇게 한다(가령, to fish)
(ii) 이동 도식: 행위자는 어떤 국부화된 효과를 목표로 어떤 행동을 수행한다(가령, to bottle)
(iii) 상태격 도식: 부류 구성원 자격의 위상이나 속성이 실체에 할당된다.

이 세 가지 사건 도식에서 선택된 의미역은 사건 도식 전체의 기초가 되는 환유에 책임이 있는 요소로 간주된다. 이 각각의 도식에 환유가 작

---

[3] '상황격'이라고도 불리며, '정지된 상태'를 나타내는 경우에 관한 것이다. 상태격은 재내격(inessive; 안에 있음), 재상격(adessive; 붙어 있음), 재위격(superessive; 위에 있음), 부재격(abessive; 없음)으로 나뉜다. 이와 대조되는 격으로는 lative가 있는데, 이것은 어디에서 어디로 이동하는 상황을 나타내는 격의 이름을 붙일 때 사용하는 '이동격'이다. 이동격은 향내격(illative; 안으로 이동함), 향외격(elative; 밖으로 이동함), 탈격(ablative; 이탈함), 향격(allative; 가까이 이동함), 탈위격(delative; 이탈하여 이동함), 향위격(sublative; 아래로 이동함), 전환격(translative; 전환, 변환), 공로격(prolative; 앞으로 이동함)으로 나뉜다.

용하는 방식을 차례로 살펴볼 것이다. 첫 번째는 행동 도식(action schema)이다. 행동 도식은 행위자가 특정한 방식으로 도구를 사용하고 에너지를 수동자에 발휘해서 그에게 영향을 미치는 사건을 표현하는 도식이다. 행동 도식은 다음과 같이 나타낼 수 있다.

표 9-1 **행동 도식**

행동자: 행위를 수행하는 사람
수동자: 행위의 영향을 받는 사람 및 사물
행위: 실제 행위
방식: 행위가 수행되는 방식
도구: 행위를 수행하는 도구
결과: 행위가 수행된 후의 결과

행동 도식 중에서 특정 요소를 선택해서 윤곽부여하면, 그 요소는 전환 동사의 근원 명사와 관련된 행위를 하는 것으로 이해된다. 다음은 행동 도식에서 수동자, 도구, 방식을 각각 윤곽부여 한 결과로 동사로의 전환이 발생하는 대표적인 예들이다.

(16) a. crew(승무원으로 일하다), anger(성나다) (수동자 동사)
    b. head(나아가다), veto(거부하다) (도구 동사)
    c. queue(줄을 짓다), balloon(기구를 타고 올라가다) (방식 동사)

두 번째는 이동 도식(motion schema)이다. 이동 도식은 출발점, 경로, 목적지, 이동자로 구성되어 있다. 이 도식은 다음과 같이 나타낼 수 있다.

표 9-2 **이동 도식**

이동자: 이동을 행하는 사람
출발점: 이동자가 출발하는 지점
경로: 이동자가 경유하는 지점
목적지: 이동자가 도착하는 지점

인간의 관점에서 볼 때, 출발점보다는 목적지가 더 현저하기에, 이동 도식에 기초해서 전환 과정으로 초래되는 동사는 주로 목적지 동사이다. 목적지의 유형은 도착의 유형을 결정하기 마련이다. 따라서 목적지의 유형은 전환된 각 동사의 독특한 의미를 결정한다. 다음 예를 보자.

(17) a. The tide had gone out, leaving the boat stranded on the rocks.(조수가 빠져나간 뒤에 배가 바위 위에 좌초되었다.)
b. Before going home, the fisherman beached his boat.(집으로 가기 전에 어부는 배를 뭍으로 끌어올렸다.)
c. The plane was forced to land in Cairo.(비행기가 카이로에 어쩔 수 없이 착륙했다.)
d. The submarine surfaced again.(잠수함이 다시 떠올랐다.)
e. The plane was grounded there for 24 hours by the hijackers.(비행기가 비행기 납치범들에 의해 24시간 동안 그곳에 이륙되지 않은 채 있었다.)

(17a)의 leave the boat stranded는 'the land bordering a sea, lake, or river (바다나 호수, 강에 접하고 있는 땅)'를 의미하는 폐어인 strand(바닷가)라는 명사와 관련이 있다. 폭풍 때문에 좌초된 배는 속수무책이고 움직이지 못한다. 배가 육지에 제대로 상륙하지 않았기 때문에 배가 좌초된 (strand) 것이다. (17b)에서 to beach가 지시하는 도착의 유형은 다르다. to beach의 의미는 '배를 바다로부터 해안으로 끌어당기다'이다. 따라서

육지에 도달할 때만이 land라는 명사는 동사로 전환될 수 있다. (17c)가 그 예이다. 이 경우에, 목적지인 육지의 특정 부분이 전체 이동을 대표한다. (17d)에서 to surface는 수면을 목적지로 선택하고, (17e)에서 ground는 육지를 그 목적지로 선택한다.

이런 전환의 각 실례는 목적지가 주변 상황을 대표할 수 있음을 보여준다. to strand는 난파 장면을 환기시키고, to beach는 배가 해안에 다다를 때 배에서 뛰어 내리는 상황을 상기시키며, to land는 바다나 공중에서 의도적인 도착을 암시하고, to surface는 수영이나 수중 장면을 상기시키며, to ground는 강요된 접촉을 환기시킨다.

다음은 기타 장소 동사들이다.

(18) a. bottle(병에 담다), box(상자에 넣다), can(통조림하다)
 b. house(숙박시키다), jail(투옥하다), harbor(항구에 정박하다)
 c. bench(착석시키다), field(경기에 참가시키다)
 d. bundle(다발로 하다), pile(겹쳐 쌓다), slice(얇게 썰다)
 e. book(예약하다), map(지도를 만들다), register(등록하다)

(18a) 동사들은 음식 보존의 장면을 환기시킨다. (18b)에서 그렇듯 더 추상적인 목적지가 은신처나, (18c)에서 그렇듯 진열일 수도 있다. 또는 (18d)에서 그렇듯 목적지는 둗건에 특이한 형태를 제공할 수 있다. (18e)에서 그렇듯 새로운 인공물을 초래하는 추상적인 심적 이동도 이동의 인지모형을 포함한다.

세 번째는 상태격 도식(essive schema)이다. 상태격 도식에서 수동자는 부류 구성원 자격이나 속성을 할당받는다. 다음이 그 예이다.

(19) author(저술하다), nurse(간호하다), knight(나이트 작위를 주다)

예컨대, 명사 nurse는 '간호사'나 '유모'라는 두 가지 의미를 가진다. 다음과 같은 전환된 동사 nurse의 의미는 명사 nurse의 두 가지 의미의 특정 부분에 윤곽부여 해서 나온다고 말할 수 있다.

 (20) a. Mary nursed the sick soldiers.(메리는 아픈 군인들을 간호했다.)
   b. Mary nursed her father's ailment.(메리는 아버지의 병을 간호했다.)
   c. Cathy nursed the crying child in her arms.(캐시는 우는 아이를 팔로 안았다.)
   d. Cathy nursed the baby five mornings per week.(캐시는 일주일에 다섯 번 아기를 돌봐 준다.)
   e. Gilly nursed the baby since the baby's mother could not breast-feed her child.(길리는 아기 엄마가 아기를 모유로 키울 수 없었기 때문에 그 아기에게 젖을 먹였다.)
   f. The baby nursed at the woman's breast.(그 아기는 그 여자의 가슴의 젖을 빨아 먹었다.)

nurse의 동사 의미와 명사를 비교하면, 동사 의미가 명사 의미보다 더 풍부함을 알 수 있다. 이는 명사 nurse의 전체 두 의미 중에서 특정 부분을 선택해서 nurse의 동사 의미를 표현했기 때문이다.

2. N→V 전환과 환유

2.1. 행동 ICM 환유와 N→V 전환

Lakoff & Johnson(2003: 35)은 환유를 한 실체를 사용하여 관련된 다른 실체를 가리키는 인지 과정으로 정의했다. Radden & Kövecses(1999: 19-21)는 환유가 이상적 인지모형(Idealized Cognitive Model; ICM) 내에

서 작용한다는 입장을 취한다. 따라서 환유적 사상은 한 ICM 전체와 그 부분들 사이에서 발생하거나 한 ICM의 다양한 부분들 사이에서 발생할 수 있다. 여기에서는 사건 도식의 한 유형인 행동 도식을 **행동 ICM**이라고 부르고, 이 ICM에 입각해서 환유가 어떻게 N→V 전환에서 작용하는지를 설명할 것이다. **행동 ICM**은 에너지가 특정한 방식으로 도구를 통해 행위자에서 수동자로 흐르는 상황을 개념적으로 제시한 것이다. 다음 그림에서처럼, **행동 ICM**은 행위자, 수동자, 도구를 포함해 다양한 요소들로 구성된다.

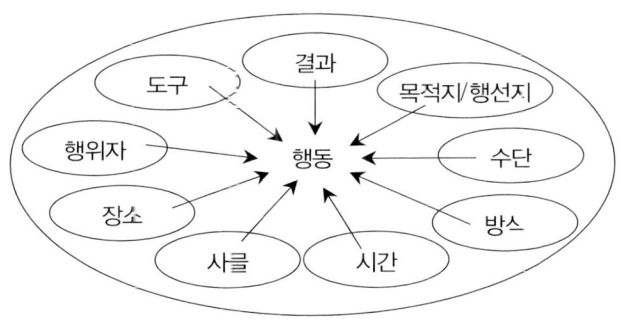

그림 9-5 N→V 행동 ICM

행동 ICM에 기초하는 환유를 예를 통해 설명해 보자. 먼저, 도구는 행동을 대표한다 환유의 예는 다음과 같다.

(21) a. Be careful not *to drill* into gas pipes!(가스 파이프를 송곳으로 구멍을 뚫지 않도록 조심해!)
   b. A pair of oxen, *yoked* together, was used.(멍에로 연결된 소 두 마리가 사용되었다.)

이 예에서 동사로 전환된 명사는 그 행동을 수행하기 위한 도구를 가리킨다. to drill은 '드릴을 사용해서 일하다'를 의미하고, to yoke는 '멍에를 사용해서 동물들을 한데 모으다'를 뜻한다.

행위자는 행동을 대표한다 환유의 예는 다음과 같다.

> (22) a. The prisoners *were guarded* by soldiers.(죄수들은 군인들의 감시를 받았다.)
> b. He claims *to have fathered* over 20 children.(그는 20명 이상의 아이들을 책임졌다고 주장한다.)

이 예에서 동사로 전환된 명사는 그 행동을 수행하는 행위자를 가리킨다. to guard는 '감시하다'는 의미이고, to father는 '책임지다'는 의미이다.
사물은 행동을 대표한다 환유의 예는 다음과 같다.

> (23) a. Could you *dust* the sitting room?(거실의 먼지를 닦아줄 수 있나요?)
> b. He was *fishing* salmon.(그는 연어를 낚았다.)

이 예에서 동사로 전환된 명사는 그 행동에 수반된 사물을 가리킨다. to dust는 거실의 '먼저를 청소한다'는 뜻이고, to fish는 '물고기를 잡는다'는 뜻이다.[4]

결과는 행동을 대표한다 환유의 예는 다음과 같다.

> (24) a. Careful-you're *messing* my hair.(조심하세요. 당신은 내 머리카락을 엉망으로 만들고 있습니다.)

---

[4] 기본층위 용어 fish만 전환의 입력이 되고, *He was salmoning에서처럼 salmon과 같은 하위 층위 용어에서는 이것이 불가능하다. 분명 여기에는 경험적 동기화가 있다. 즉, 우리가 낚시를 할 때 어떤 물고기를 잡을지 항상 아는 것은 아니기 때문에, 이런 하위 층위는 초점을 받을 수 없는 것이다.

b. This particular variety *flowers* in July.(이 특별한 변종은 6월에 꽃을 피운다.)

이 예에서 동사로 전환된 명사는 그 행동의 예상 결과나 효과를 가리킨다. to mess는 '엉망으로 만들다'를 뜻하고, to flower는 '꽃이 피다'는 뜻이다.

방식은 행동을 대표한다 환유의 예는 다음과 같다.

(25) a. I *tiptoed* over to the window.(나는 창문까지 발끝으로 걸어갔다.)
b. A vein *pulsed* in his temple.(그의 관자놀이에서 정맥이 꿈틀거렸다.)
c. He was *fishing* pearls.(그는 진주를 찾고 있었다.)

이 예에서 동사로 전환된 명사는 그 행동의 방식을 가리킨다. to tiptoe는 발끝으로 살금살금 걷는 방식을 뜻하고, to pulse는 '맥이 뛰는 방식으로 움직인다'를 뜻하며, to fish는 낚시하는 방식을 뜻한다.[5]

수단은 행동을 대표한다 환유의 예는 다음과 같다.

(26) a. We lay *sunning* ourselves on the deck.(우리는 갑판에서 햇볕을 쬐면서 누웠다.)
b. The cyclist *signalled* and turned right.(사이클리스트는 신호를 보내고 오른쪽으로 돌았다.)

---

[5] 특히 (13c)에서 fishing pearls는 'to take pearls from the bottom of the sea like one takes or catches fish(고기를 낚시질하듯이 해저에서 진주를 줍다)'로 의역할 수 있다. 이 경우에는 낚시 행위가 일어나는 것이 아니고, 낚시하는 방식이나 상황만이 관여하고 있다. 즉, 물고기가 미끼를 물어서 잡히고 물에서 나올 때까지 끈기를 갖고 기다리듯이. 해저에서 진주를 끈기를 갖고 찾아서 그것을 바다에서 꺼내야 하는 것이다.

이 예에서 동사로 전환된 명사는 그 행동의 결과를 달성하기 위한 수단을 가리킨다. to sun은 태양에 의해 따뜻해지거나 볕에 탄다는 것을 뜻하고, to signal은 이동 방향을 가리키는 신호를 보낸다는 뜻이다.

시간은 행동을 대표한다 환유의 예는 다음과 같다.

(27) a. They're *weekending* in Paris.(그들은 파리에서 주말을 지내고 있다.)
b. They *summered* at a beach resort.(그들은 해변 리조트에서 여름을 지냈다.)

이 예에서 동사로 전환된 명사는 그 행동이 발생한 시간을 가리킨다. to weekend와 to summer는 각각 특정한 휴양지에서 '주말과 여름을 지낸다'는 것을 뜻한다.

목적지는 행동을 대표한다 환유의 예는 다음과 같다.

(28) a. The fruit is washed, sorted and *bagged* at the farm.(과일은 농장에서 씻고 분류하고 자루에 넣는다.)
b. We *bedded* our guests down in the study.(우리는 손님들을 우리 서재에서 재워주었다.)

이 예에서 동사로 전환된 명사는 그 행동에 수반되는 목적지를 가리킨다. to bag은 과일을 '자루에 담는다'는 뜻이고, to bed는 누군가를 '재우다'는 뜻이다.

장소는 행동을 대표한다 환유의 예는 다음과 같다.

(29) a. She *was schooled* in London.(그녀는 런던에서 교육을 받았다.)
b. I *was gardening* when you phoned.(나는 당신이 전화했을 때 정원에서 일하고 있었다.)

이 예에서 동사로 전환된 명사는 그 행동이 발생하는 장소를 가리킨다. to school은 '학교에서 배운다'는 것을 뜻하고, to garden은 '정원에서 일한다'는 뜻이다.

도구는 행동을 대표한다 환유의 예는 다음과 같다.

(30) He was luring fish.(그는 물고기를 미끼로 유인하고 있었다.)

미끼(lure), 낚싯바늘(hook), 작살(harpoon), 그물(net)과 같이 물고기를 잡을 때 사용하는 도구가 활용되어, 도구를 가리키는 명사가 동사로 전환될 수 있다.

2.2. 이중 환유와 N→V 전환

환유 과정은 순환적(recursive)일 수 있다. 즉, 한 표현의 해석이 몇 가지 연속적인 환유적 사상을 수반할 수 있다. 이것은 (31)에서처럼 통시적 측면에서 입증할 수 있다. 어휘소 barbecue의 첫 번째 의미는 지금은 사용되지 않고 있다.

(31) barbecue
　　　목재→고기→사교 모임

이러한 이중 환유(double metonymy)[6]는 공시적 측면에서도 볼 수 있고, 다음에서 명사의 다의성을 설명해 준다.

---

[6] 이중 환유는 연쇄 환유(chained metonymy)나 연속 환유(serial metonymy)라고도 부른다.

(32) You'll find better *ideas* than that in the library.(너는 도서관에서 그것보다 더 좋은 **생각**을 찾을 것이다.)
생각→단어→페이지→책
(33) *Wall Street* is in panic.(월스트리트는 공황상태에 있다.)
장소→기관→그곳의 사람들

Ruiz de Mendoza & Diéz(2002)가 제공한 이중 환유의 어떤 경우는 통사 범주의 변화를 수반한다.

(34) His sister *heads* the policy unit.(그의 누이는 정책 단위를 이끈다.)
머리→지도자→지도력

Kosecki(2005: 208)는 이중 환유가 영어의 N→V 전환에서 의미 창조를 동기화하는 과정과 밀접한 관련이 있다고 주장한다. 그 예는 다음과 같다.

(35) The boys *were fishing* for trout.
(남자아이들은 송어를 낚시질하고 있었다.)

이 문장에서 '낚시하다'를 뜻하는 to fish는 사물은 행동을 대표한다 환유를 통해 명사 fish에서 도출되었다. 그러나 행동의 대상은 '송어'로 명시되기 때문에 to fish의 용법은 **총칭성은 특정성을 대표한다** 환유로 해석된다. 즉, 물고기가 송어를 대표한다는 것이다. 이 예에 대한 이중 환유는 다음과 같이 나타낼 수 있다.

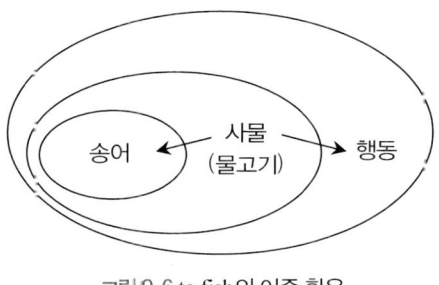

그림 9-6 to fish의 이중 환유

N→V 전환에서 이중 환유의 또 다른 예는 다음과 같다.

(36) We *motored* down the Oxford for the day.(우리는 그날 동안 옥스퍼드에 자동차를 타고 갔다.)

이 경우에는 행동 ICM 내에서 도구는 행동을 대표한다 환유는 도구의 하위 영역 내에서 부분은 전체를 대표한다 환유를 수반한다. 이 전환의 예에 대한 이중 환유는 다음과 같이 나타낼 수 있다.

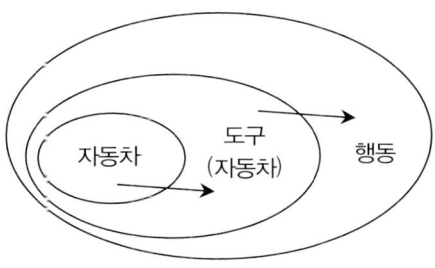

그림 9-7 to motor의 이중 환유

제9장 환유와 전환 | 283

3. N→V 전환에서의 은환유

이 절에서는 환유와 은유가 함께 N→V 전환에서 작용하는 방식을 설명할 것이다. Goossens(2003: 369)는 은유와 환유의 상호작용 현상을 은환유(metaphtonymy)라고 부른다. 하지만 Barcelona(2003b: 10-12)는 은유와 환유 상호작용의 두 가지 패턴을 구분한다. 하나는 개념적 층위에서의 상호작용이고, 다른 하나는 동일한 언어 표현에서 은유와 환유의 순수한 텍스트적 공실례화이다. 다음 두 절에서는 은환유의 이 두 가지 패턴에 따라 N→V 전환이 어떻게 동기화되는지 검토할 것이다.

3.1. 텍스트적 층위의 은환유에 의한 동기화

텍스트적 층위의 은환유란 환유가 동일한 언어 표현(즉, 텍스트)에서 은유와 함께 발생하는 은환유의 패턴을 말하는데, 이때 환유는 은유와 개념적으로 독립적이다. 환유와 은유의 공동발생은 이 둘이 개념적으로 서로를 동기화한다는 사실 때문이 아니라 서로 양립한다는 사실 때문이다. 다음 예를 보자. 예컨대, The *ham sandwich* started *snarling*(햄샌드위치는 으르렁거리기 시작했다)은 식당 문맥에서 햄샌드위치를 주문한 손님의 화난 행동을 가리킨다. 여기에서 작동하는 은유는 **사람은 동물이다**, 더 구체적으로는 **화난 행동은 공격적인 동물 행동이다**이고, 환유는 **주문한 음식은 손님을 대표한다**이다. 이 언어 표현, 즉 텍스트에서 은유와 환유는 손님이라는 사람의 한 부류를 목표로 가지기 때문에 서로 양립한다. 하지만 이 둘은 개념적으로 서로 독립적이다. 즉, The *ham sandwich* is waiting for his check(햄샌드위치는 계산서를 기다리고 있다)에서는 위의 환유만 작동하고, 은유 없이도 해석된다.

앞서 보았듯이 환유나 이중 환유는 N→V 전환을 동기화한다. 환유는

동사로 전환되는 명사에 독립적으로 존재하거나 존재론적 은유 내에서 전환된 동사에서 기능할 수 있다.[7]

예 (22b)의 to father의 용법에서는 행위자는 행동을 대표한다 환유를 식별할 수 있다. 그러나 다음 (37)의 예에서는 동일한 환유가 계획은 아이이다라는 사물의 의인화(personification)에서 기능한다. 행동의 행위자인 창조자는 은유적으로 아버지로 생각된다. 따라서 to father의 의미는 도로 상태를 개선하는 계획을 창조하는 것이다.[8]

    (37) He *fathered* the plan of improving the state of local roads.(그는 현지 도로 상태를 개선하는 계획을 창시했다.)

to nurse의 경우에서도 비슷한 상황이 발생한다.

    (38) a. He *nursed* troops at the general hospital in Riyadh.(그녀는 리야드 종합병원에서 군대를 돌봤다.)
        b. She *was nursing* her hurt pride.(그녀는 상처 입은 자부심을 돌보고 있었다.)

(38a)에서 to nurse의 개념화는 행위자는 행동을 대표한다 환유에 기초하지만, (38b)에서는 동일한 환유가 은유 내에서 기능한다. 이 은유에서는 행동의 대상인 자부심은 환자로 의인화되고, 행위자는 은유적으로 간호사로 간주된다. 이제 to nurse는 간호사가 환자를 돌보는 것과 비슷한 방식으로 상처 입은 자부심을 돌본다는 의미를 얻는다. (38a)에서는 이런 은유

---

[7] 존재론적 은유는 존재의 대연쇄(Great Chain of Being)에 따라 의인화, 동물화, 식물화, 구상화로 분류되는데, 근원영역은 각각 사람, 동물, 식물, 사물이다(Lakoff & Turner 1989: 167; Krzeszwski 1997: 74).
[8] 행동의 대상이 인간(over 20 children)인 (22b)에서는 이런 은유를 식별할 수 없다.

적 확장을 관찰할 수 없다. 즉, 이 예에서는 행위자가 간호사로 일하고, 행동의 대상(troops)은 인간인 것이다.

동물화(animalization)의 경우에 근원영역은 동물이다. 예 (21b)에서 to yoke는 도구는 행동을 대표한다 실례이고, (23b)에서 to fish의 의미는 사물은 행동을 대표한다 환유에 의해 동기화된다. 그러나 예 (39)에서 볼 수 있듯이 이런 동일한 환유는 은유적 확장에서 발견할 수 있다.

(39) a. The Hong Kong dollar *was yoked* to the American dollar for many years.(홍콩 달러는 수년 동안 미국 달러에 결합되었다.)
b. She stopped and *fished* for her door key.(그녀는 멈추고 집 열쇠를 찾았다.)

(39a)에서 도구는 행동을 대표한다 환유는 통화는 동물이다 은유에서 기능하고, (39b)에서 사물은 행동을 대표한다 환유는 열쇠는 동물이다 은유에서 기능한다.

문장 (24b)는 결과는 행동을 대표한다 환유의 실례이다. (40)에서처럼 to flower의 의미는 동일한 환유를 보존하면서 식물화(vegetalization)에 의해 동기화된다. 즉, 이 환유가 재능은 식물이다 은유에서 기능하므로, 이 동사는 식물이 꽃을 피우듯이 그의 재능이 잘 발달한다는 의미를 얻는다.

(40) His musical talent *flowered* in his twenties.(그의 음악적 재능은 20대에 꽃을 피웠다.)

이와 비슷하게, (41)에서 to stem의 의미를 동기화하는 행위자는 행동을 대표한다 환유는 문제는 식물이다(41a) 및 사람은 식물이다(41b) 은유에서 기능한다.

(41) a. The flowers *stem from* the leaf axils.(그 꽃이 엽액에서 생긴다.)
  b. Many of her problems *stem from* her family.(그녀의 많은 문제는 가족으로부터 생긴다.)

마지막으로, 구상화(reification)는 (42)로 예증된다. 이 경우, 도구는 행동을 대표한다 환유는 사람은 사물이다 은유에서 기능한다.

(42) He *was drilling* his class for half an hour.(그는 30분 동안 그녀의 반을 가르치고 있었다.)

이 예에서 to drill은 어떤 과제를 송곳처럼 사용해서 가르친다는 것을 뜻한다. 비슷한 개념화 패턴은 다음 예에서도 관찰된다.

(43) a. She *hammered* the nail into the wall.(그녀는 못을 벽에 망치로 박았다.)
  b. A stream of blue movies *hammered* fancy ideas into his head.(계속되는 도색 영화들이 공상적인 생각을 그의 머리에 박아 놓았다.)

(43a)에서 to hammer의 의미는 도구는 행동을 대표한다 환유로 동기화된다. (43b)에서는 동일한 환유가 생각은 사물이다 은유에서 기능하고, to hammer는 망치를 사용하는 것처럼 어떤 생각을 누군가에게 설득시킨다는 것을 뜻한다.

3.2. 개념적 층위의 은환유에 의한 동기화

텍스트적 층위의 은환유에서는 환유가 은유와 독립적으로 작동하지만, 개념적 층위의 은환유에서는 환유가 자립적으로는 작동하지 않고, 은유적 확장에 기초해서 작동한다. 개념적 층위에서 은유-환유의 상호작용은 두 가지 패턴으로 나뉜다. 하나는 은유에 대한 환유적 동기화이고, 다른 하나는 환유에 대한 은유적 동기화이다. 전자는 Goossens(2003: 366-367)가 말하는 환유로부터의 은유(metaphor from metonymy)나 환유 속 은유(metaphor within metonymy)에 해당하고, 이 경우에 은유에 대한 경험적 기초는 환유이다. 후자는 은유 속 환유(metonymy within metaphor)이고, 이 경우에는 목표영역에서 기능하는 환유가 은유에 내포된다. 환유가 텍스트적 층위에서 기능하는 것과 비슷한 방식으로, 개념적 층위에서의 환유도 N→V 전환에서 의인화, 동물화, 식물화, 구상화와 같은 존재론적 은유를 포함한다.

의인화는 다음 문장으로 예증된다.

  (44) The mayor will *head* the procession through the town centre.(시장은 도심지를 통과하는 그 행진을 이끌 것이다.)

행진을 이끈다는 것을 뜻하는 to head에서 관찰되는 개념화 기제는 이중 환유에 기초한다. 행위자는 행동을 대표한다와 부분은 전체를 대표한다(head는 행위자 전체를 대표한다)가 그 두 가지 환유이다. 그리고 이 두 환유는 행진이라는 사물을 사람으로 의인화하는 사물은 인간이다라는 은유에 기초해서 작동한다.

동물화의 경우에 전환된 동사는 사람은 동물이다 은유에 기초하는 행위자는 행동을 대표한다 환유로 동기화된다. 그 예는 다음이다.

  (46) a. We used *to ape* the teacher's southern accent.(우리는 선생님의 남부 악센트를 흉내 내곤 했다.)
  b. Photographers *dogged* the princess all her adult life.(사진사들이 성인기 내내 그 공주를 성가시게 따라다녔다.)

(45a)에서 to ape는 '원숭이처럼 누군가를 따라하다'는 뜻이고, (45b)에서 to dog는 '개처럼 누군가를 성가시게 따라다니다'를 뜻한다. 환유가 심층의 은유 없이 기능하는 전환된 동사의 예를 찾는 것을 불가능하다. 하지만 다음과 같이 말할 수는 있다.

(46) a. The chimpanzee used to *ape* the teacher's accent.(침팬지는 선생님의 악센트를 흉내 내곤 했다.)
b. Puppies *dogged* the princess all her adult life.(강아지는 성인기 내내 그 공주를 성가시게 따라다녔다.)

이 두 예에서 행위자는 행동을 대표한다 환유는 동물은 인간이다 의인화에서 발생한다. 따라서 to ape는 이제 '사람과 같은 방식으로 누군가를 모방하다'를 뜻하고, to dog는 '누군가를 성가시게 따라다니다'를 뜻한다. 이런 문장은 유머러스한 텍스트나 발화에서 볼 수 있다.

식물화에서는 은유적 사상의 근원영역은 식물이다. 다음 예를 보자.

(47) a. After work he just *vegs* out—just sits there and says nothing.(그는 퇴근 후에 무위로 지낸다. 그냥 그곳에 앉아서 아무 말도 하지 않는다.)
b. Her cheeks *were rosing* on her pale skin.(그녀의 뺨은 창백한 피부를 붉히고 있었다.)

(47a)는 행위자는 행동을 대표한다 환유의 예로서, to veg는 '채소처럼 수동적이다'를 뜻한다. 그리고 (47b)에서는 to rose로의 전환에 대한 기초가 되는 환유는 결과는 행동을 대표한다로 식별되어, '장미 색깔이 되다'를 뜻한다. 하지만 두 환유 모두 사람은 식물이다 은유에 기초해서 기능한다. 중요한 것은 to veg와 to rose 의미에 대한 기초가 되는 환유가 은유적

확장이 없는 전환된 동사에서는 존재할 수 없다는 것이다.

근원영역 **사물**로부터의 은유적 사상에 기초하는 개념적 층위의 은환유는 다음의 문장으로 예증된다.

(48) The music of the time *mirrored* the feeling of optimism in the country.
(그 시대의 음악은 그 나라에서 낙관주의의 느낌을 반영했다.)

이 예에서 to mirror의 의미에 대한 기초가 되는 환유는 **행위자는 행동을 대표한다**이다. 이 환유는 **음악은 거울이다**라는 개념적 은유에 기초한다. 따라서 to mirror는 거울에서처럼 느낌을 비춘다는 의미를 획득한다.

이 장에서는 N→V 전환의 과정에서 의미 확장에 대한 기초가 되는 상호작용의 패턴에 대한 예를 분석했다. 전환된 동사의 개념화는 **행동 ICM** 내에서 작용하는 환유 때문임을 보여 주었다. 어떤 예에서는 전환된 동사의 의미가 이중 환유에 기초한다. 더욱이 환유는 은유와 상호작용하여 복잡한 은환유를 생산할 수도 있다. N→V 전환의 기초가 되는 은유적 사상은 근원영역에 따라 의인화, 동물화, 식물화, 구상화로 분류된다고 제안했다. 텍스트적 층위에서 환유와 은유의 상호작용의 경우, 은유적 확장은 환유적 사상만을 수반하는데, 이런 환유적 사상은 또한 은유에 내포되지 않고서 그 자체로도 기능한다. 개념적 층위에서의 상호작용의 경우, 은유와 함께 발생하는 환유는 주어진 동사에서 별도로 기능할 수 없다. 흥미롭게도, 텍스트적 층위에서의 은환유는 전환에서 더 생산적인 것처럼 보이지만, 순수한 개념적 층위에서의 그런 상호작용은 특유하고 덜 빈번한 경우에 국한되는 경향이 있다.

제10장

환유와 조응 지시

1. 조응의 본질

조응(anaphora)은 한 언어 표현이 문장 속에서 앞에 나온 단어를 가리키거나 그것을 대신하는 개념이다. 전자는 조응소(anaphor)라고 부르고, 후자는 선행사(antecedent)라고 부른다. 그래서 조응은 조응소와 선행사의 관계를 유지하는 언어 현상이다.

많은 학자들이 통사적 관점에서 조응 현상을 연구하며, 특히 Chomsky 1981, 1982)와 Aoun(1985)은 이 연구에 많은 기여를 했다. 촘스키는 결속 이론, 통제 이론, 공범주 이론에서 조응소를 언급하면서 통사적 층위에서 조응을 분석한다. 그리고 Aoun(1985)은 조응 연구에 집중하면서 조응 문법을 구축하고, 문법이 조응의 대칭 이론이라고 제안한다.

더 나아가, Levinson(1987)은 자신의 논문 Pragmatics and grammar of anaphora: A partial reduction of the binding and control phenomenon(조응소의 화용론과 문법: 결속과 통제 현상의 부분적 축소)에서 화용적 관점에서 조응 문법을 논의하고, 양 원리, 정보성 원리, 방식 원리를 적용하여

조응 표현을 해석한다. 더욱이 Huang(1994)은 화용적 조응 이론을 개발하면서 상이적 지시 추정 원리(disjoint reference presumption principle)를 제안한다.

많은 언어학자들은 인지언어학적 관점에서 조응을 연구한다. Ariel(1990)은 인간의 인지적 규칙성에 기초해서 구축되는 접근성 원리(accessibility theory)를 제안하면서 표현에 대한 사람들의 접근성에 따라 조응을 연구한다. 또한 접근성에 영향을 미치는 요인을 암시하고, 지시 표현을 하위 접근성 표지, 중간 접근성 표지, 상위 접근성 표지로 분류하며, 실제 접근성 표지 체계가 어느 정도 언어 특정적이라 주장한다. 그리고 Van Hoek(1997)은 *Anaphora and Conceptual Structure*에서 인지의미론의 관점에서 대명사 조응을 연구하는데, 조응의 제약을 연구할 뿐만 아니라, 다양한 범주의 이전 데이터를 인지의미론의 체제에서 논의하고, 참조점 조직의 추가적인 양상에 초점을 두면서 조응에 관해 연구하며, 개념적 연결성의 연속체를 탐구한다. 이 장에서는 기존의 통사론, 화행론, 인지언어학에서 조응 그 자체에 대한 논의에서 벗어나 조응소의 선행사가 환유인 현상을 인지언어학 관점에서 접근할 것이다.

2. 환유적 조응의 선행연구

환유적 조응(metonymic anaphora)이란 조응소의 선행사가 환유인 경우에 그 조응소를 선택하는 방법을 말한다. 환유적 조응을 지배하는 원리는 인지언어학에서 많이 연구되지 않은 분야이다. Fauconnier(1985)와 Panther & Radden(1999)은 이 문제와 관련된 결정적인 질문을 몇 가지 파악했지만 그것에 만족스럽게 답하지는 못했다. 이에 반해 Nunberg(1995)와 Stirling(1996)은 그런 원리의 본질을 밝히려는 시도를 한다. 이 절에서는 후자의 이 두 접근법을 환유적 조응의 선행연구로 다룰 것이다.

2.1. Nunberg(1995)의 접근법

환유적 조응 현상, 즉 선행사가 환유인 경우에 조응소를 서로 다르게 선택하는 현상을 설명하기 위해 Nunberg(1995)는 지연된 지표적 지시(deferred indexical reference)와 술어 전이(predicate transfer)라는 두 가지 언어적 기제가 존재한다는 가설을 제안했다. 지연된 지표적 지시는 지시사가 선택하는 문맥적 요소와 어떤 식으로 대응하는 사물을 가리키기 위해 직시소를 사용하는 과정이다. 술어 전이는 한 영역 속의 무언가에 적용되는 특성의 이름이 때때로 또 다른 영역에 있는 사물에 적용되는 특성의 이름을 가리키는 데 사용된다는 것이다(Nunberg 1995: 111). 다음 예를 고려해 보자.

(1) a. This is parked out back.(이것은 뒤에 주차했다.)
　　b. I am parked out back.(나는 뒤에 주차했다.)

(1a)는 화자가 자동차 열쇠를 손에 쥐고 있는 상황에서 하는 발화이다. 이 문장은 '자동차 열쇠'를 지칭하는 지시사 this가 이러한 상황에서 알 수 있는 문맥적 요소인 자동차를 지시하는 지연된 지표적 지시의 예이다. 이와 대조적으로, (1b)는 자동차의 한 특성이 사람에게 적용되는 술어 전이의 경우이다. 술어 전이에는 두 가지 조건이 있다. 하나는 도출된 술어(자동차를 가리키는 술어)가 가리키는 특성과 원래의 술어(운전자인 사람을 가리키는 술어)가 가리키는 특성 간에 대응이 있어야 한다는 것이고, 다른 하나는 새로운 술어로 추가된 특성이 주목할 만한 것이어야 한다는 것이다.

참고로, 지연된 지표적 전이와 술어 전이는, 루이스 데 멘도자와 동료들이 제안한 환유의 두 가지 유형인 목표 속 근원 환유 및 근원 속 목표 환유와 상관성을 이룬다는 것을 알 수 있다. (1a)는 '자동차 열쇠'(근원)가 '자동차'(목표) 대표하는 목표 속 근원 환유이고, (1b)는 모체영역인 '운전자'(근원)가 그것의 한 가지 하위 영역인 '자동차/차주인'(목표)를 가리키는 근원 속 목표 환유이다.

Nunberg(1995)에 따르면, 지연된 지표적 지시와 술어 전이 간의 구분은 등위접속된 술어에서 조응소가 발견되는 경우에 조응 지시를 타당하게 설명한다. 이와 관련해, (2)와 같은 지연된 지표적 지시의 경우에 접속된 술어는 지연된 지시물인 '자동차'와 의미상 연결되어야 하지만, (3)과 같은 술어 전이에서는 접속된 술어가 '운전자/차주인'의 특성을 표현해야 한다.

(2) a. This is parked out back and may not start.(이것은 뒤에 주차했고 시동이 걸리지 않을 수 있다.)
  b. ??This only fits the left front door and is parked out back.(??이것은 단지 왼쪽 앞문하고만 일치하고, 뒤에 주차되어 있다.)
(3) a. I am parked out back and have been waiting for 15 minutes.(나는 뒤에 주차했고, 15분 동안 기다리고 있었다.)
  b. *I am parked out back and may not start.(*나는 뒤에 주차했고, 시동이 걸리지 않을 수 있다.)

(2)에서는 지연된 직시소 this가 '자동차'를 가리켜 may not start의 주어 역할을 할 수 있지만, (3)에서 I는 '운전자/차주인'을 가리키므로 have been waiting for 15 minutes의 주어는 될 수 있지만(3a) may not start의 주어는 될 수 없다(3b). 이런 문장에 환유가 수반되어 있다고 한다면, 지연된 지표적 지시의 경우에 등위접속된 술어가 목표('자동차/차주인')를 기술하게

하고, 술어 전이는 매체('운전자/차주인')와의 공지시를 인가한다고 지적할 수 있다.

넌버그는 술어 전이의 경우에 조응 지시를 타당하게 설명하는 것처럼 보이지만, (4)와 같은 전형적인 환유 표현은 술어 전이의 예로 간주되지 않는다.

(4) The ham sandwich is waiting for his check.(햄샌드위치는 계산서를 기다리고 있다.)

그는 (4)가 술어 전이가 아니라 의미 전이(meaning transfer)의 경우라고 주장하지만, 의미 전이가 발생하는 조건을 명확히 상술하지 않는다. 게다가, (4)는 술어 전이의 두 가지 조건을 충족시킨다. 즉, 햄샌드위치와 그것을 주문해서 먹는 손님의 특성 간에 대응이 있고, '계산서를 기다리다'라는 추가된 특성은 주목할 만한 것이다. (4)가 술어 전이의 조건을 충족시킨다는 이유로 만약 넌버그가 이 문장을 의미 전이가 아닌 술어 전이의 경우로 간주한다면, (5b)처럼 대명사 it은 '햄샌드위치'를 가리켜야 한다. 하지만 이 문장은 비문이다. 오히려 (5a)처럼 그가 제안하는 술어 전이의 성격과 달리 '손님'과 조응 지시가 이루어지는 문장은 수용 가능하게 된다.

(5) a. The ham sandwich is waiting for his check and he is getting restless.
(햄샌드위치는 계산서를 기다리고 있고, 그는 안절부절못하고 있다.)
b. *The ham sandwich is waiting for his check and it is getting restless.(*햄샌드위치는 계산서를 기다리고 있지만, 그것은 안절부절못하고 있다.)

이처럼 넌버그는 술어 전이와 의미 전이에 대한 정확한 구분이 이루어지지 않는다는 문제점을 보인다.

2.2. Stirling(1996)의 접근법

환유적 조응에 대한 또 다른 설명은 Fauconnier(1985)의 동일성 원리(identification principle)를 이용한 Stirling(1996)에서 제안되었다. 동일성 원리에 따르면, 두 사물 a와 b가 화용적 함수에 의해 연결될 때, a의 기술은 b를 식별하는 역할을 한다. Stirling(1996)은 환유적 조응의 유형에 대한 모형을 구축한다. 이것은 다음으로 예증된다.

(6) 유형 1: Plato is on the top shelf. It is bound in leather.(플라톤은 꼭대기 선반 위에 있다. 그것은 가죽으로 묶여 있다.)
(7) 유형 2: Plato is on the top shelf. You'll find that he is a very interesting author.(플라톤은 꼭대기 선반 위에 있다. 당신은 그가 매우 흥미로운 작가임을 발견할 것이다.)
(8) 유형 3: Plato is a great author. He is on the top shelf.(플라톤은 위대한 작가이다. 그는 꼭대기 선반 위에 있다.)

유형 1에서는 선행사 Plato(a)는 그가 쓴 책(b)을 환유적으로 대표하고, b는 조응소 it과 조응 관계를 이룬다. 유형 2에서는 선행사 Plato(a)는 그가 쓴 책(b)를 환유적으로 대표하고, a는 조응소 he와 조응 관계를 이룬다. 유형 3에서는 선행사 Plato는 a(플라톤)이고, 조응소 he는 a와 조응 관계를 이루는데, a는 조응소 he와 조응 관계를 이루고, 조응소 he는 그가 쓴 책(b)과 환유적 관계를 이룬다.

Stirling(1996)은 조응소의 선행사에 환유적 사상이 있는 유형 1, 2와 인접 문장에서 환유가 발생하는 유형 3을 구분한다. 그리고 일부 환유적 관계만이 수용 가능한 조응 연결을 생산할 수 있다고 지적하면서, 조응소의 선택을 지배하는 원리를 심도 있게 연구하기 위해 혼유적 조응 관계에 대한 Fauconnier(1985)의 분석을 상세히 설명한다. 포코니에는 조응소의 선택이 그것의 재귀적 또는 비재귀적 위상과 매체와 목표의 유생적 또는 비유생적 본질에 의해 많은 영향을 받는다고 주장한다. 그러나 그녀는 포코니에가 조응소의 문법적 자질을 고려하지 않는다고 주장하면서 환유와 조응에 대한 포코니에의 논의를 부분적으로 비판한다. Stirling(1996: 82)이 제시한 예는 다음과 같다.

무생물 매체-유생물 목표(음식-손님 환유)
(9) 유형 1
    a. The mushroom omelet $_a \rightarrow _b$ left without paying his bill. He$_b$ jumped into a taxi.
    b. ?The mushroom omelet $_a \rightarrow _b$ left without paying its bill. It$_b$ jumped into a taxi.
(10) 유형 2
    a. ?The mushroom omelet $_a \rightarrow _b$ left without paying. It$_a$ was inedible.
    b. *The mushroom omelet $_a \rightarrow _b$ left without paying. He$_a$ was inedible.
(11) 유형 3
    a. *The mushroom omelet$_a$ was too spicy. It$_b$ left without paying.
    b. The mushroom omelet$_a$ was too spicy. He$_b$ left without paying.

유생물 매체-무생물 목표(저자-작품 환유)
(12) 유형 1
    a. Plato$_a \rightarrow _b$ is on the top shelf. It$_b$ is bound in leather.
    b. ?Plato$_a \rightarrow _b$ is on the top shelf. He$_b$ is bound in leather.
(13) 유형 2
    a. Plato$_a \rightarrow _b$ is on the top shelf. You'll find that he$_a$ is a very interesting author.

b. *Plato$_a$ → $_b$ is on the top shelf. It$_a$ is a very interesting author.
(14) 유형 3
 a. Plato$_a$ is a great author. He$_b$ is on the top shelf.
 b. Plato$_a$ is a great author. It$_b$ is on the top shelf.

 Stirling(1996)는 유형 1, 2에서는 대명사가 의도한 지시물과 일치하려는 선호도가 있지만, 유형 3은 유생물 대명사를 선호한다고 결론 내린다. 하지만 그녀의 설명은 적어도 두 가지 면에서 환유에 대한 조응 지시를 일관되게 설명하지 못한다. 첫째, 그녀가 제안하는 어떤 경향은 조응소가 '손님'과 일치할 것으로 예상되는 (10b)와 같은 예는 설명하지 못한다는 점에서 그녀의 제안은 원칙적 설명이 아니다. 둘째, 그녀는 특정 조응소의 선호도에 대한 동기를 찾지 않는다는 점에서 설명적이라기보다는 기술적인 측면에 머문다.

3. 루이스 데 멘도자의 접근법

 이 절에서는 조응소와 환유적 선행사의 관계, 즉 환유적 조응의 논제를 루이스 데 멘도자와 동료들의 관점에서 다룰 것이다. 일부 인지언어학자들이 환유적 조응 현상에서 많은 규칙성을 발견하고 임시적인 설명을 제안했지만, 그 복잡성을 체계적으로 다루려는 시도는 없었다는 것이 그들의 생각이었다. 그래서 그들은 어떤 원리가 환유적 조응의 규칙성에 대한 기초가 되는지를 결정하고자 한다. 그들 논의의 출발점은 환유적 선행사에서 기본적인 사상의 본질이 적절한 조응소의 선택과 행동을 결정하는 데 중요한 역할을 한다는 것이다. 그들은 근원과 목표 간의 포함 관계의 본질을 고려하는 환유의 이분법적 분류를 제안하고, 이 관계를 결정하는 인지적 원리를 설명한다. 더 나아가 단일 환유적 사상과 이중 환유적 사상을 구분한다. 그리고 그들은 환유적 조응소에 관한 제약과 더불어 영역 유효성 원리(Domain Availability Principle; DAP), 영역 선행 원리(Domain Precedence Principle; DPP), 영역 결합성 원리(Domain Combinability Principle; DCP)라는 세 가지 원리를 제안한다. 상대적인 강도에 따라 등급이 매겨지는 이런 원리들의 상호작용과 긴장이 적절한 조응소의 선택을 지배한다는 것이 그들의 주장이다.

3.1. 환유의 이분법적 분류

루이스 데 멘도자와 동료들은 환유적 조응의 논제를 체계적으로 다루기 위해 환유를 일관되고 세련되게 정의할 필요하다고 인식한다. Ruiz de Mendoza & Díez(2004: 297)는 환유를 다룰 때는 주로 환유의 지시 기능이 종종 강조되었지만 다음의 예에서 볼 수 있듯이, 환유는 지시적 (referential)일뿐만 아니라 서술적(predicative)일 수도 있다고 지적한다.

(15) a. We need one more brain in our team.(우리 팀에는 인재가 한 명 더 필요합니다.)
　　 b. He's a real brain.(그는 진정한 인재이다.)

(15a)에서 brain은 환유적으로 사용되어 지적 능력이 뛰어난 사람을 가리킨다. 이와 대조적으로, (15b)에서는 동일한 환유적 사상이 서술적 기능을 한다. 또한 (16)에서 예증되듯이 지시적 은유의 경우도 찾을 수 있다.

(16) The old cow wants to fire me.(늙은 황소가 나를 해고하고 싶어 합니다.)

이 문장에서 old cow는 환유와 매우 비슷한 방식으로 사람을 가리키는 역할을 한다. 따라서 환유와 **사람은 동물이다**와 같은 은유의 공통된 특징은 이 둘이 서술적으로 사용되고 지시적으로도 사용될 수 있다는 것이다.
다음 예를 비교해 보자.

(17) a. John is a brilliant brain.(존은 뛰어난 두뇌이다.)
b. John is a stinky rat.(존은 악취가 나는 쥐다.)

문장 (17a)에는 서술적 환유가 들어 있고, (17b)에는 서술적 은유가 들어 있다. 둘 다 '지능'과 '부정직함'이라는 근원영역의 현저한 자질을 선택하고, 그 자질을 목표영역으로 사상한다는 점에서 비슷하다. 하지만 성공적인 해석을 위해 필요한 인지적 기제의 종류는 서로 다르다. 은유인 (17b)에서는 '부정직한 행동'이라는 쥐의 현저한 자질이 두드러지고, 그것이 존의 행동의 속성과 일치되게 하는 부각 작용이 발생한다. 결과적으로, 존은 신뢰할 수 없는 사람으로 기술된다. 이와 비슷하게, (17a)에서도 뇌와 관련된 지적 능력이 선택되어 주요한 위상을 받는 부각 작용이 발생한다. 하지만 이 경우에는 이런 부각 작용 다음에 '뇌'가 '지적 능력이 뛰어난 사람'이라는 더 폭넓은 개념으로 사상되는 영역 확장의 과정이 뒤따른다. 따라서 서술적 환유는 영역 부각과 영역 확장이라는 두 가지 과정을 수반하는 데 반해, 서술적 은유는 영역 부각만 수반한다.

이 두 현상 간의 처리 차이는 은유와 환유에서 존재하는 영역 관계가 서로 다르기 때문이다. 은유에서는 서로 다른 두 영역이 수반되지만, 환유에서는 하나의 영역만 수반된다. (17a)에서 그렇듯 영역 확장은 근원영역(즉, '뇌')이 목표영역(즉, '사람')의 하위 영역이기 때문이다. 근원영역이 목표영역의 하위 영역인 영역 확장 외에, 목표영역이 근원영역의 하위 영역인 영역 축소(domain reduction)의 과정도 있다. 다음은 영역 축소의 예이다.

(18) Denmark won the match.(덴마크는 그 경기에서 이겼다.)

이 예에서 Denmark는 스포츠 경기에서 이 나라를 대표하는 팀을 환유적으로 가리키므로, 덴마크라는 나라에서 그 나라를 대표하는 팀으로 영역이 축소된다.

환유의 이런 두 가지 기능은 Ruiz de Mendoza(2000)가 식별한 환유적 사상의 두 가지 유형에 대응한다. 하나는 근원이 목표의 하위 영역인 것이고, 다른 하나는 목표가 근원의 하위 영역인 것이다. 첫 번째 유형은 목표 속 근원 환유(source-in-target metonymy)를 발생시킨다. 이런 환유에서 모체영역(matrix domain)이라고 부르는 전체 영역에 대한 접근은 영역 확장의 과정에서 하위 영역에 의해 제공된다. 예컨대, The sax has the flu(색소폰은 독감에 걸렸다)에서 '색소폰'은 근원이고, '색소폰을 연주하는 사람'은 목표이다. 이때 목표는 모체영역이고 근원은 하위 영역으로서, 하위 영역인 근원이 목표인 모체영역으로의 접근을 할 수 있게 한다. 두 번째 유형은 근원 속 목표 환유(target-in-source metonymy)를 발생시킨다. 이런 환유적 사상은 영역 축소를 수반하고, 종종 분명히 밝히기가 어렵거나 본질이 명확히 한정되지 않는 개념을 다루는 데 흔히 이용된다. 이와 관련해 다음 문장을 고려해 보자.

(19) Chrysler has laid off a hundred workers.(크라이슬러는 노동자 100명을 해고했다.)

여기에서 Chrysler는 직원을 해고할 힘이 있지만, 정확한 정체성을 결정할 필요는 없는 자동차 회사의 사람이나 집단을 가리키는 데 사용된다. 영역 축소의 부가적인 결과는 그 영역의 적절한 부분을 부각한다는 것이다. 따라서 Chrysler는 위원회라는 적절한 하위 영역에 초점을 두고 그것에 일차적 위상을 제공하여 한 구성원이 아닌 전체 이사회가 해고하는 행동에 책임을 암시한다.

Ruiz de Mendoza & Díez(2004: 298, 299)는 영역 확장과 영역 축소에 기초해서 구분한 환유의 두 가지 유형을 다음과 같이 나타낸다.

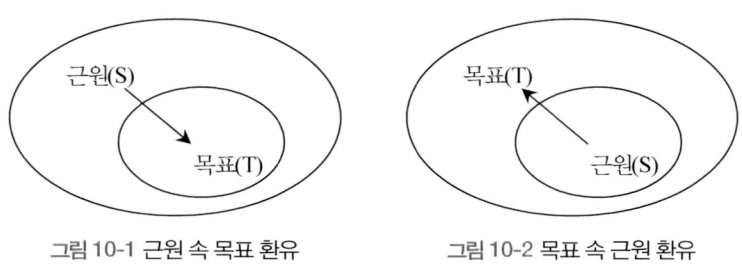

그림 10-1 근원 속 목표 환유   그림 10-2 목표 속 근원 환유

루이스 데 멘도자와 동료들의 새로운 환유 분류로 인해, 즉 영역 확장과 영역 축소라는 환유의 두 가지 기본적인 기능이 환유의 두 가지 유형에 대응한다는 사실로 인해 **부분은 부분을 대표한다** 환유의 존재는 부정된다. 이 환유는 근원 속 목표 환유의 실례로 설명된다. Napoleon lost at Waterloo(나폴레옹은 워털루에서 패배했다)에서처럼 **지도자는 군대를 대표한다** 환유를 고려해 보자. 지도자와 그의 지휘를 받는 군대가 전쟁이라는 공통된 영역의 두 요소로 간주될 수 있지만, 나폴레옹의 군대를 나폴레옹이라는 프랑스 장군에 대한 우리 지식의 부분으로 생각할 수도 있다. 즉, 나폴레옹과 그의 군대는 영역과 하위 영역 관계에 있다는 것이다. 이와 마찬가지로, 신문사 기자와 신문이 신문사라는 영역 내의 서로 다른 요소처럼 보일 수도 있지만, **회사는 직원을 대표한다** 환유를 실례화한 The Times has not arrived yet(타임스는 아직 도착하지 않았다)에서, 목표인 신문사 기자를 모체영역인 신문사의 하위 영역으로 생각할 수도 있다. 다음 절에서는 루이스 데 멘도자와 동료들의 견해를 받아들여 **부분은 부분을**

대표한다 환유의 존재를 부인하고, 목표 속 근원과 근원 속 목표라는 환유의 이분법적 구분이 환유적 조응을 지배하는 원리를 설명하는 데 적절하다는 것을 보여 줄 것이다.

다음의 논의로 진행하기 전에 환유적 사상의 모체영역에 대해 언급할 필요가 있다. 환유의 모체영역은 사상에 수반되는 두 영역을 포괄한다. 결과적으로, 모체영역은 참조 영역으로 행동한다. 이런 이유로, 모체영역은 정확한 본질을 쉽게 식별하고 접근할 수 있는 매우 잘 한정된 영역이어야 한다. 이에 반해 하위 영역은 쉽게 접근하고 정확하게 결정하기 쉽지 않다. 하위 영역은 그 본질이 모호하지 않고 쉽게 이해되는 모체영역과 관련해 이해된다. 예문 (19)에서 Chrysler는 경영진을 환유적으로 대표한다. 회사로서의 '크라이슬러'는 잘 한정된 개념이지만, '경영진'이라는 목표영역은 그렇지 않다. 즉, 이 회사의 경영진은 사장일 수도 있고, 그의 비서 또는 위원회일 수도 있기 때문에 경영진의 정확한 본질을 결정하기 어렵다. 이로써 이 목표영역은 모체영역이 될 수 없다. 목표영역이라는 이 하위 영역의 부정확한 본질로 인해 그것을 가리키기 위해 모체영역을 사용하게 되는 것이다.

요컨대, 환유는 한 영역 내에서 작용하는 개념적 사상으로서, 이 영역에서 근원은 목표의 하위 영역이거나 목표가 근원의 하위 영역일 수 있다. 전자의 경우 그 사상은 영역 확장을 수반하고, 후자의 경우에는 영역 축소를 수반해서 모체영역의 적절한 부분을 부각한다. 그리고 영역 확장을 수반하는 목표 속 근원 환유라는 전자의 유형만이 서술적으로 사용될 수 있다. 마지막으로, 모체영역은 하위 영역과 달리 모호하지 않고 경계가 명확하게 설정되는 영역으로서, 하위 영역을 이해하기 위한 참조 영역의 역할을 한다.

3.2. 단일 환유와 이중 환유

환유적 조응을 위한 2절에서 소개한 Nunberg(1995)과 Stirling(1996)의 접근법은 그 현상에 동기는 제공하지 않고 피상적인 기술적 층위에 머문다는 문제점을 보인다. 이와 관련해 Ruiz de Mendoza & Otal(2002)과 Ruiz de Mendoza & Díez(2004)는 단일 환유(single metonymy)와 이중 환유(double metonymy)를 구분하면서 이 주제에 관한 선행연구의 단점을 극복한다. 단일 환유란 한 개의 모체영역에서 작동하는 환유를 말하고, 이중 환유는 두 개의 모체영역 내에서 작동하는 환유를 말한다. 그리고 이들은 이 두 가지 환유에서 조응소의 사용을 지배하는 다양한 제약과 원리를 제안한다. 환유적 조응 제약(Constraint on Metonymic Anaphora; CMA), 영역 유효성 원리(Domain Availability Principle; DAP), 영역 선행 원리(Domain Precedence Principle; DPP), 영역 결합성 원리(Domain Combinability Principle; DCP)가 그것이다.

루이스 데 멘도자와 동료들이 가정하는 원리는 조응소가 환유적 선행사를 참조하는 경우에 환유와 조응소 간의 관계에 대한 기초가 되는 일반 원리이다. 둘 이상의 원리가 적용되는 경우는 그중 하나만 적용되는 경우보다 더 수용 가능한 방식으로, 이런 원리들은 상호작용한다. 이런 상호작용은 이중 환유가 수반될 때 더욱 명확하게 된다. 이런 경우에는 영역 유효성 원리가 계속 적용되지만, 영역 결합성 원리와 영역 선행 원리가 결정적인 역할을 한다.

3.2.1. 단일 환유: DAP, CMA

DAP(영역 유효성 원리)는 가장 강력한 원리이고, 단일 환유와 이중 환유에서 적용되는 유일한 원리로서, "환유적 사상의 모체영역만 조응 지시에 이용 가능하다"(Ruiz de Mendoza & Díez 2004: 304)는 것이다. 모체영역은 일반적으로 명확히 한정되고 모호하지 않고 정보가 풍부하기 때문에 조응 지시에서 선호된다. CMA(환유적 조응 제약)는 환유적 조응의 경우가 지나친 처리 노력을 수반하지 못하게 막기 때문에, 청자에게 경제성과 적절성에 관하여 적용되는 환유적 사상에 대한 일반적인 제약으로서, "환유적 명사구에 대해 조응 지시가 이루어질 때, 그 조응 대명사는 선행사에 할당되는 것과 다른 독립적인 환유적 해석을 가질 수 없다. 즉, CMA의 이런 공식은 조응 대명사 자체는 환유적일 수 없다"(Ruiz de Mendoza & Díez 2004: 308)는 것이다. 일반적으로 CMA는 환유적 조응소의 경우에 서로 다른 두 가지 환유적 사상이 활성화되지 못하게 함으로써 인지적 경제성의 요구에 응하도록 한다.

다음 예를 고려해 보자(Silvestre-López 2007: 79 참조).

(20) Bush bombed civilians in Iraq, just like Daddy did.(부시는 아버지가 그랬듯이 이라크의 민간인들을 폭격했다.)
(20') Bush bombed civilians in Iraq, then *he* discovered Hussein's hiding place.(부시는 이라크의 민간인들을 폭격했고, 그 후 그는 후세인의 은신처를 발견했다.)
(20") *Bush bombed civilians in Iraq, then *he* came back to the air base.(*부시는 이라크의 민간인들을 폭격했고, 그 후 그는 공군 부대로 돌아왔다.)
(20''') *Bush bombed civilians in Iraq, then *they* came back to the air base. (*부시는 이라크의 민간인들을 폭격했고, 그 후 그들은 공군 부대로 돌아왔다.)

(20)은 지도자는 군대를 대표한다라는 근원 속 목표 환유로서, DAP로 예측되듯이 지도자(도체영역)는 조응 지시를 위해 선택된다. 다음 그림을 참조해 보라.

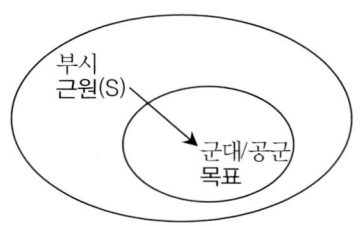

그림 10-3 **지도자는 군대를 대표한다 환유**

(20')에 환유적 조응소가 있지만, 선행사의 환유적 사상이 대명사 he의 환유적 사상과 다르지 않기 때문에, 그것은 CMA을 위배하지 않는다. 동일한 환유가 조응소를 포함한 같은 담화에서 발생하면, 조응소 자체는 환유적일 수 있다. (20')은 또한 DAP를 준수하는데, 이는 환유적 사상의 모체영역(부시)에 대한 지시가 이루어지기 때문이다. 이에 반해, (20")가 DAP는 준수하지만(대명사는 동일한 환유에 의존한다), CMA는 위배하기 때문에 수용 가능하지 않다. 즉, 그 조응소는 확장된 문장과 양립하기 위해 선행사의 환유적 해석과 다른 환유적 해석을 요구한다는 것이다. 따라서 이런 환유에서 DAP와 CMA은 술어와 그런 대명사의 양립 가능성을 지배한다. 마지막으로, (20''')에서 Bush는 군대를 가리키고, 조응소 they도 군대를 뜻한다는 점에서 CMA을 준수하는데도, 지도자라는 모체영역이 아닌 환유적 사상의 하위 영역인 목표영역을 지시하여 DAP를 위배하여 수용 가능하지 않다. 이와 관련해, DAP는 사실상 환유적 성분 중 어떤 것이 모체영역으로 작동하는지를 결정하는 귀중한 도구이다. 이 예에서 '부시'는 공군의 하위 영역으로 간주될 수 없다. 왜냐하면 그것은 조응 지시에 적격인 유일한 환유적 선행사이기 때문이다.

다음부터는 루이스 데 멘도자와 동료들의 환유적 조응소에 대한 설명으로 예를 수용할 가능성을 예측할 수 있는지 평가하고자 단일 환유에서 DAP의 작용을 예증할 것이다. 예 (21)~(24)는 근원 속 목표 환유로서, 인칭대명사와 관계대명사는 환유적 선행사의 모체영역을 가리키는 조응소로 행동하므로 DAP를 준수하고 있다(Silvestre-López 2007: 81 참조).

(21) No, I'm talking about a perceived notion that we Americans are supporting *Israel* in *its* oppression of the Palestinian people.(아니, 나는 우리 미국인들이 이스라엘이 팔레스타인 사람들에 대해 갖고 있는 그것의 반감을 지지한다는 관념에 대하여 얘기하고 있는 것이다.)

(22) It took the bankruptcy of *Enron* before thousands of *its* conservative employees woke up.(엔론의 부도가 일어난 후에야 그것의 수천 명의 보수적인 직원들이 정신을 차렸다.)

(23) That's why, on behalf of 234 million Americans held hostage, I have requested that *NATO* do what *it* did in Bosnia and Kosovo.(그 때문에 나는 인질로 잡힌 234만 명의 미국인들을 대표하여 나는 나토에 그것이 보스니아와 코소보에서 취했던 행동을 실행하기를 요청했다.)

(24) Thanks to those who helped me research and pull *this book* together and keep *it* as timely as possible.(자료조사를 해서 이 책을 출판하고, 그것을 가능한 한 시의적절하게 유지하도록 도와주신 분들에게 감사를 표합니다.)

(21)은 나라는 군대를 대표한다라는 근원 속 목표 환유를 포함하는데, 여기에서 모체영역(이스라엘)은 조응소의 선행사로 선택되어 DAP를 준수한다. (22)는 회사는 경영진을 대표한다라는 근원 속 목표 환유의 실례로서, 그것의 모체영역, 여기에서는 근원영역이 조응소의 선행사로 선택되어 DAP를 준수한다. 예 (23)은 조직은 구성원을 대표한다라는 근원 속 목표 환유에 따라 작동한다. 여기에서 조응소가 모체영역(기관)을 가리키는 they를 사용해서 그 구성원을 직접 가리키지 않는다는 사실은 (23)이 DAP를 준수한다는 것을 암시한다. 마지막으로, (24)는 책은 내용물을 대

표한다라는 근원 속 목표 환유의 실례로서, 모체영역(근원영역)은 물리적인 책이고, 목표영역은 책의 내용물이다. (24)에서 book의 용법과 일치하여, 대명사에서도 작동하는 이 환유는 내용물을 가리키지만, DAP를 준수하는 조응소는 여전히 모체영역을 가리킨다.

다음 예는 다양한 조응소들의 선행사에서 작동하는 목표 속 근원 환유를 전달한다. 다음 그림을 참조해 보라.

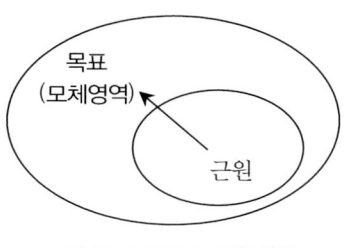

그림 10-4 목표 속 근원 환유

목표 속 근원 환유에서는 모체영역이 목표영역과 대응한다는 것에 주목해 보라. 먼저 다음 예를 보자(Silvestre-López 2007: 81 참조).

(25) He flagged down *a gypsy cab* and offered *him* a hundred dollars to take him home.(그는 불법 택시를 잡아 그에게 백 달러를 제시하며 집에 데려다 달라고 요청했다.)

(26) Assuming this was just another one of those talking *ex-military heads* who had sprung up all over our networks, I was ready to keep flipping.(이것 또한 네트워크 전반에 걸쳐 퍼져있는 말 많은 기존 군 간부라고 생각하고 계속 넘길 준비가 되어 있었다.)

예 (25)에서 DAP가 자동차는 운전자를 대표한다라는 목표 속 근원 환유에서 적용되는데, 이 환유의 모체영역(택시 운전자)은 조응소 him의 선행사가 된다. 예 (26)은 머리는 지도자를 대표한다라는 목표 속 근원 환유를 보여 주는데, 이 환유에서 목표영역(지도자)가 모체영역이 된다. 모체영역인 목표영역이 조응 지시를 위해 사용되기 때문에, 이 예는 DAP를 준수한다. 따라서 근원영역을 가리키는 관계대명사 which가 아닌 목표영역을 가리키는 who가 사용되는 것이다.

다음으로 두 개의 환유가 함께 작동하는 예 (27)을 고려해 보자 (Silvestre-López 2007: 81 참조).

(27) A telephone rang sharply behind her, shattering the silence of the hallway. Startled, Gabrielle turned. *The sound* was coming from the closet in the foyer—*a cellphone* in the pocket of one of the visitor's coats. 'Scuse me, friends,' a Texas drawl said in the den. '*That's me*'.
(복도의 고요함을 깨뜨리는 전화벨 소리가 그녀 뒤에서 울렸다. 놀란 채로 가브리엘은 돌아섰다. 소리는 휴게실의 옷장에 있는 방문객의 코트 안 휴대폰에서 나오는 소리였다. '실례하네 친구들,' 사실에서 텍사스 사람이 느리게 말했다. '내 전화야.')

(27)에서 that은 울리는 핸드폰을 가리키는 지표적 지시의 일반적인 경우로 간주될 수 있다. 하지만 이 지시사가 핸드폰이 울리는 소리를 가리킨다고 주장할 수도 있는데, 이는 그것이 이 예의 문맥에서 지각적으로 현저한 자질이기 때문이다. 즉, 핸드폰은 복도에 있고, 울리는 소리는 사람들이 모여 있는 방까지 들려서 대화를 방해한다는 점에서 더욱 적절하다. 이 두 번째 해석은 원인은 결과를 대표한다라는 목표 속 근원 환유를 수반하는데, 이 환유에서 모체영역인 목표영역(핸드폰)은 소리의 원인이지만, 결과(벨소리)는 근원영역인 하위 영역으로 남아 있다. 모체영역인 원인 영역은 흔히 조응소의 선행사로 선호되지만, 그 지시사가 하위 영역(벨

소리)을 가리키는 것처럼 보인다는 것을 고려하면 이 예는 한층 더 복잡하다. 문맥적 정보에 따라 두 영역 모두 that으로 전달되는 조응 지시에 이용 가능하기 때문에 이것은 가능한 것처럼 보인다. 마지막으로 원인이 아닌 결과가 지시사의 선행사로 선택된다는 사실은 전화기 소리(사상의 근원영역, 즉 하위 영역)가 그 기원인 핸드폰보다 지각적으로 더 현저하다는 사실에 의해 보강된다.

that은 결과는 원인을 대표한다 환유를 유발하는데, 이것은 전화기의 울리는 소리가 전화기를 대표하는 경우이다. 이 지시물은 대명사 me에까지 가면 여전히 우리의 마음속에서 더욱 활성화되고, 결과적으로 인칭대명사 me에 의해 활성화되는 **소유자는 소유물을 대표한다**라는 근원 속 목표 환유를 정확하게 이해하는 데 필요한 추론 과정을 위한 길을 열어 준다. 환유적 사상의 모체영역을 선택할 때 소유물보다는 소유자가 더 우세하다는 일반적인 인지적 현저성의 원리로 예측되듯이, 이 환유에서 소유자와 동일시되는 근원영역은 소유물(핸드폰)이라는 목표영역으로 이어지는 접근 지점으로 행동한다.

3.2.2. 이중 환유: DAP, DCP, DPP

단일 환유 외에, 좀 더 복잡한 예는 두 개의 근원에서부터 두 개의 목표로의 두 개의 사상을 수반하며, 이런 두 사상은 하나의 영역에 의해 연결된다는 것이 그 특징이다. 이것은 이중 환유의 경우로서(Ruiz de Mendoza & Otal 2002; Ruiz de Mendoza & Díez 2004), 이것은 공통된 영역은 한 개이지만 모체영역은 두 개인 뒤얽혀 있는 두 가지 단일 환유로 간주된다.

DAP(영역 유효성 원리)가 이중 환유에 적용되지만, 이 원리만으로는 특히 어떤 것이 조응 지시를 위해 이용 가능한 모체영역인지 결정할 때

영역들 간의 관계와 위계를 완전하게 설명하지 못한다. 이와 관련해, 루이스 데 멘도자와 동료들은 이중 환유에서 조응 지시를 위한 모체영역 선택을 예측하기 위한 DCP(영역 결합성 원리)와 DPP(영역 선행 원리)라는 다른 두 가지 원리를 제안했다. 이런 원리들은 위계를 형성하는데, 맨 꼭대기에 DAP가 있고, 그 다음에 DCP, 그리고 그 다음에 DPP가 나온다. DAP가 위계에서 맨 꼭대기에 나오는 이유는 그것이 단일 환유와 이중 환유라는 두 가지 종류의 환유 모두에 적용되고, 환유적 조응소의 모든 예에서 모체영역 선택을 지배하는 유일한 원리이기 때문이다. DPP보다 DCP가 우세한 것은 의미적 본질 때문이다. 둘 다 이중 환유에서 조응 지시를 위해 이용 가능한 모체영역의 선택을 예측하지만, 서로 다른 근거에서 그렇게 한다. Ruiz de Mendoza & Díez(2004: 311)는 DCP에 대해 "두 영역이 환유적 명사에 대한 조응 지시에 이용 가능할 때마다, 조응 대명사를 담고 있는 문장의 술어와 의미상 더 양립하는 영역을 선택하는 경향이 있다"라고 말한다. 그리고 Ruiz de Mendoza & Díez(2004: 312)는 DPP에 대해 "이중 환유적 사상의 경우에, 술어가 마지막 모체영역과 더 잘 결합하지 않는다면, 오히려 처음 모체영역에 대한 지시가 이루어진다"라고 말한다.

이런 원리들의 중요성과 적용 가능성은 구체적인 예를 통해 알 수 있다. (28)에서 이탤릭체 단어의 의미를 설명하기 위해서는 두 개의 환유적 사상이 필요하다(Silvestre-López 2007: 83 참조).

(28) "Captain," Sophie said, her tone dangerously defiant, "the sequence of numbers you have in your hand happens to be one of the most famous mathematical progressions in history." Fache was not aware there even existed a mathematical progression that qualified as famous, and he certainly didn't appreciate Sophie's off-handed tone. "*This is the Fibonacci sequence*," she declared, nodding toward the piece of paper

in Fache's hand. "A progression in which each term is equal to the sum of the two preceding terms."("대위님," 소피는 매우 반항적인 어투로 말했다. "지금 손에 들고 계신 수열은 역사적으로 가장 유명한 수열 중 하나입니다." Fache는 유명한 수열이라는 것이 존재하는지에 대해서도 무지했고, 소피의 반항적인 어투도 마음에 들지 않았다. "이것은 피보나치 수열입니다." 그녀는 Fache의 손에 있는 종이쪽으로 고개를 끄덕이며 말했다 "각 숫자가 이전 두 항의 숫자의 합과 같은 수열입니다.")

예 (28)은 후방조응 지시 장치로 행동하는 지시대명사를 제시한다. 예에서 제공된 문맥에 따르면, this는 the piece of paper in Fache's hand를 직접적으로 가리킨다. 하지만 소피의 말도 this와 Fibonacci sequence(피보나치 수열)를 동일시한다. 이 예를 이해하는 데 필요한 추론 과정은 그림 10-5에서 볼 수 있는 이중 환유적 사상을 요구한다.

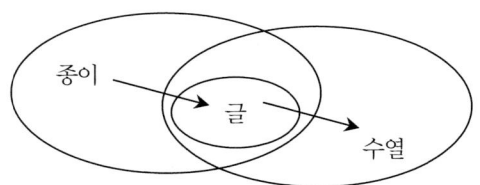

그림 10-5 종이는 글을 대표하고, 글은 수열을 대표한다

첫째, 소피가 가리키는 종이는 그릇/종이는 내용물/글을 대표한다라는 근원 속 목표 환유에서 모체영역(근원영역)이 되는데, 이 환유는 목표영역이 종이에 적힌 실제 글인 영역 축소 과정을 수반한다. 둘째, 첫 번째 근원 속 목표 환유의 목표영역은 다른 목표 속 근원 환유의 근원영역이 되는데, 이 두 번째 환유에서 글은 실제 수열로 생각된다(글은 수열을 대표한다). 이 두 번째 환유는 실제 수열(두 번째 모체영역(목표영역))을 유발하는 영

역 확장 과정을 수반한다.

두 모체영역이 존재한다는 것은 그중에서 어떤 것이 후방조응소 this에 대한 실제 지시물로 선택되는지 결정하는 데 문제를 제기한다. 왜냐하면 둘 다 언뜻 보면 적절한 지시물의 자격이 있기 때문이다. 예에서 종이를 명시적으로 가리키는 것("nodding toward the piece of paper in Fache's hand")은 this가 첫 번째 모체영역(종이)을 지시물로 선택한다는 것을 암시하는데, 이것은 DPP는 준수하지만 DCP는 위배하는 것이다. 비록 DCP가 DPP보다 위계상 더 높지만, 문맥은 첫 번째 도체영역에 대한 지시를 명시적으로 해서, 이 예에서 그것을 의미상 적절한 것으로 인가한다.

이제 (29)에 수반된 이중 환유를 고려해 보자(Silvestre-López 2007: 84 참조).

(29) The wealthy did everything they could to encourage this attitude. Understand that in 1980, only 20 percent of Americans owned a share of stock. *Wall Street* was the rich man's game and *it* was off-limits to the average Joe and Jane. And for good reason – the average person saw *it* for what *it* was, a game of risk, and when you are trying to save every dollar so you can send the kids to college, games of chance are not where you place your hard-earned money.(부유한 자들은 이러한 태도를 격려하기 위해 최선을 다했다. 1980년대에는 미국인 전체 중 20%만 주식을 보유하고 있었다는 사실을 이해해야 한다. 월스트리트는 부자들의 놀이판이었고 그것은 평민들에게는 접근 금지구역이었다. 이는 납득할 만한 이유가 있었다. 평범한 사람들은 그것이 그 자체로 위험성이 있는 게임이라고 믿었고, 나중에 아이들을 대학에 보내기 위해 돈을 저축하는 중이라면, 확률 게임은 열심히 번 돈을 걸 곳이 아니라고 생각했다.)

(29)는 두 개의 근원 속 목표 환유를 수반하는데, 이 두 환유는 첫 번째 사상의 목표 하위 영역에 의해 연결되며, 이 목표 하위 영역은 두 번째 사상을 위한 근원영역이 된다. 다음 그림을 참조해 보자.

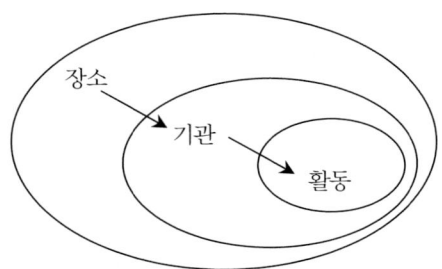

그림 10-6 장소는 기관을 대표하고, 기관은 그곳에서 일어나는 활동을 대표한다

Wall Street은 뉴욕증권거래소가 위치하고 있는 로어 맨해튼에 있는 거리이다. 하지만 이 예에서 Wall Street은 물리적인 장소가 아니라 a game, 즉 평범한 중하층민들은 접근할 수 없는 활동(즉, 증권거래)으로 생각된다. 이중 환유적 사상은 다음과 같이 발생한다. 첫 번째 환유적 사상은 물리적 거리에서 그곳에 위치하는 금융기관으로 진행된다. 이 사상은 장소는 기관을 대표한다라는 근원 속 목표 환유로 구체화되는데, 이 환유에서 물리적 거리는 근원영역이고 첫 번째 모체영역이며, 기관(증권거래소)은 목표 하위 영역이다. 기관은 그곳에서 일어나는 활동을 대표한다라는 두 번째 근원 속 목표 환유에서, 기관은 근원영역이고, 대명사 it의 조응지시를 위해 이용 가능한 두 번째 모체영역의 자격이 있다. 따라서 이 두 번째 영역 축소 과정은 Wall Street의 실제로 의도한 의미인 그런 기관에서 일어나는 활동을 유발한다. 이것은 다시 은유적으로 a game of chance로 개념화된다. Wall Street이 이 예에서 사용되는 특정한 방법 때문에, 첫 번째 모체영역(장소)은 it의 조응 지시를 위해 선택되는 선행사

로 폐기되는데, 그것이 DP를 위배하기 때문이다. 대신, 기관(두 번째 모체영역)이 Wall Street와 it이 있는 문장의 술어와 의미상 더 양립하는 것처럼 보이기 때문에 DCP가 적용된다.

   이 장에서는 조응 관계에 대한 환유적 동기를 제공하고자 했다. 즉, 선행사가 환유일 때 조응소를 어떻게 선택하는가 하는 환유적 조응의 논제를 다루었다. 환유는 언어 구조와 용법의 모든 층위에서 작용하는 가장 근본적인 인지 과정 중 하나이다. 이런 환유가 조응의 층위에서도 작동한다는 것을 보임으로써 이 연구는 환유의 편재성을 밝히는 또 다른 역할을 할 것이다.

참고문헌

김동환. 2002. 『개념적 혼성 이론: 인지언어학과 의미구성』. 서울: 박이정.
김동환. 2005. 『인지언어학과 의미』. 서울: 태학사.
김동환. 2013. 『인지언어학과 개념적 혼성 이론』. 서울: 박이정.
이미영·임성출. 2014. 환유적 합성어의 의미구조 분석. 「언어과학연구」 68, 265-286. 언어과학회.
임지룡. 2000. '화'의 개념화 양상. 「언어」 25(4), 693-721. 한국언어학회.
임지룡. 2017. 『한국어 의미 특성의 인지언어학적 연구』. 서울: 한국문화사.
Adams, V. 1973. *An Introduction to Modern English Word Formation*. London: Longman.
Aoun, J. 1985. *A Grammar of Anaphor*. Cambridge, MA: MIT Press.
Ariel, M. 1990. *Accessing Noun-Phrase Antecedent*. London: Routledge.
Aronoff, M. 1976. *Word Formation in Generative Grammar*. Cambridge MA: MIT Press.
Austin, J. L. 1962. *How to Do Things with Words*. Cambridge, MA: Harvard University Press.
Bauer, L. & S. Valera. 2005. Conversion or zero-derivation: an introduction. In L. Bauer & S. Valera (Eds.), *Approaches to Conversion/Zero-derivation*, 7-17. Münster: Waxmann.
Cattell, R. 1984. *Composite Predicates in English*. Sydney: Academic Press.
In A. Barcelona (Ed.). 2003a. *Metaphor and Metonymy at the Crossroads: A Cognitive Perspective*. Berlin: Walter de Gruyter.
Barcelona, A. 2003b. Introduction. The cognitive theory of metaphor and metonymy. In A. Barcelona (Ed.), *Metaphor and Metonymy at the Crossroads: A Cognitive Perspective*, 1-28. Berlin: Mouton de Gruyter.

Barcelona, A. 2003c. On the plausibility of claiming a metonymic motivation for conceptual metaphor. In A. Barcelona (Ed.), *Metaphor and Metonymy at the Crossroads: A Cognitive Perspective*, 31-58. Berlin: Mouton de Gruyter.

Barcelona, A. 2003d. Clarifying and applying the notions of metaphor and metonymy within Cognitive Linguistics: An update. In R. Dirven & R. Pörings (Eds.), *Metaphor and Metonymy in Comparison and Contrast*, 207-277. Berlin/New York: Mouton de Gruyter.

Barcelona, A. 2005. The multilevel operations of metonymy in grammar and discourse, with particular attention to metonymic chains. In F. S. Ruiz de Mendoza & M. S. Peña (Eds.), *Cognitive Linguistics: Internal Dynamics and Interdisciplinary Interaction*, 313-352. Berlin/New York: Mouton de Gruyter.

Barcelona, A. 2006. The role of metonymy in discourse-pragmatic inferencing. In J. Otal Campo, I. Navarro i Ferrando, & B. Bellé Fortuña (Eds.), *Cognitive and Discourse Approaches to Metaphor and Metonymy*, 29-44. Castello de la Plana: Publicationes de la Universitat Jaume I.

Barsalou, L. W. 1991. Deriving categories to achieve goals. In G. H. Bower (Ed.), *The Psychology of Learning and Motivation: Advances in Research and Theory*, vol. 27, 1-64. San Diego, CA: Academic Press.

Barsalou, L. W. 1992. *Cognitive Psychology: An Overview for Cognitive Scientists*. Hillsdale, NJ: Lawrence Erlbaum.

Benczes, R. 2006. *Creative Compounding in English. The Semantics of Metaphorical and Metonymical Noun-Noun Combinations*. Amsterdam/Philadelphia: John Benjamins Publishing Company.

Benczes, R., A. Barcelona, & F. J. Ruiz de Mendoza Ibáñez (Eds.). 2011. *Defining Metonymy in Cognitive Linguistics: Towards a Consensus View*. Amsterdam/Philadelphia: John Benjamins Publishing Company.

Bierwiaczonek, B. 2000. Metonymies of love. In B. Rozwadowska (Ed.),

Proceedings of the 8th Annual Conference of the Polish Association for the Study of English, 53-60. Wrocław: Aksel s.c.

Bierwiaczonek, B. 2007. On formal metonymy. In K. Kosecki (Ed.), *Perspectives on Metonymy: Proceedings of the International Conference 'Perspectives on Metonymy', Held in Łódź, Poland, May 6-7, 2005*, 43-67. Frankfurt am Main: Peter Lang.

Bierwiaczonek, B. 2013. *Metonymy in Language, Thought and Brain*. Sheffield, UK, and Bristol, CT: Equinox Publishing Ltd.

Bloomfield, L. 1933. *Language*. Chicago IL: The University of Chicago Press.

Brdar, M., J. Zlomislić, B. Šoštarić, & A. Vančura. 2009. From metaphorical *banana skins* to metonymic *rittbergers*: On two types of polysemy. In M. Brdar, et al. (Eds.), *Cognitive Approaches to English Fundamental, Methodological, Interdisciplinary and Applied Aspects*, 151-169. Cambridge Scholars Publishing.

Cetnarowska, B. 1993. *The Syntax, Semantics and Derivation of Bare Nominalisations in English*. Katowice: Wydawnictwo Uniwersytetu Śląskiego.

Chomsky, N. 1981. *Lectures on Government and Binding*. Dordrecht: Foris.

Chomsky, N. 1982. *Some Concepts and Consequences of the Theory of Government and Binding*. Cambridge, MA: MIT Press.

Cook, A. 2010. *Shakespearean Neuroplay: Reinvigorating the Study of Dramatic Texts and Performance through Cognitive Science*. New York: Palgrave Macmillan.

Coulson, S. 1995. Analogic and metaphoric mapping in blended spaces. *Center for Research in Language Newsletter* 9(1): 2-12.

Coulson, S. 1997. Semantic Leaps: Frame-Shifting and Conceptual Blending. Ph.D. dissertation, University of California, San Diego.

Coulson, S. 2001. *Semantic Leaps: Frame-shifting and Conceptual Blending in Meaning Construction*. Cambridge: Cambridge University Press.

Coulson, S. & T. Oakley. 2000. Blending basics. *Cognitive Linguistics* 11: 175-196.

Coulson, S. & T. Oakley. 2003. Metonymy and conceptual blending. In K-U. Panther & L. Thornburg (Eds.), *Metonymy and Pragmatic Inferencing*, 51-79. Amsterdam/Philadelphia: John Benjamins Publishing Company.

Croft, W. 1993 The role of domains in the interpretation of metaphors and metonymies. *Cognitive Linguistics* 4(4): 335-370.

Croft, W. 2003. The role of domains in the interpretation of metaphors and metonymies. In R. Dirven & R. Pörings (Eds.), *Metaphor and Metonymy in Comparison and Contrast*, 161-205. Berlin/New York: Mouton de Gruyter.

Croft, W. & D. A. Cruse. 2004. *Cognitive linguistics*. Cambridge: Cambridge University Press.

Cruse, A. D. 2000. *Meaning in Language. An Introduction to Semantics and Pragmatics*, 2nd ed. Oxford: Oxford University Press.

Damasio, A. 1999. *The Feeling Of What Happens: Body and Emotion in the Making of Consciousness*. San Diego, New York, London: Harcourt Inc.

Dancygier, B. 2012. *The Language of Stories: A Cognitive Approach*. Cambridge: Cambridge University Press.

Dancygier, B. & E. Sweetser. 1997. *Then* in conditional constructions. *Cognitive Linguistics* 8: 109-136.

Dancygier, B. & E. Sweetser. 2014. *Figurative Language*. Cambridge: Cambridge University Press.

Denroche, C. 2014. *Metonymy and Language: A New Theory of Linguistic Processing*. London: Routledge.

Dewell, R. B. 1994. *Over* again: Image-schema transformations in semantic analysis. *Cognitive Linguistics* 5: 351-380.

Díaz-Vera, J. E. (Ed.). 2015. *Metaphor and Metonymy across Time and Cultures*. Berlin/New York: Mouton de Gruyter.

Dirven, R. 1986. Can case grammar cope with conversion. *Annales Universitatis Scientiarum Budapestinensis Sectis Linguisica* 17: 315-335.

Dirven, R. 1993. Metonymy and metaphor: Different mental strategies of conceptualisation. *Leuvense Bijdragen* 82: 1-28.

Dirven, R. 1999. Conversion as a conceptual metonymy of event schemata. In K-U. Panther & G. Radden (Eds.), *Metonymy in Language and Thought*, 275-287. Amsterdam/Philadelphia: John Benjamins Publishing Company.

Dirven, R. 2003. Metonymy and metaphor: Different mental strategies of conceptualization. In R. Dirven & R. Pörings (Eds.), *Metaphor and Metonymy in Comparison and Contrast*, 75-111. Berlin/New York: Mouton de Gruyter.

Dirven, R. & R. Pörings (Eds.). 2003. *Metaphor and Metonymy in Comparison and Contrast*. Berlin/New York: Mouton de Gruyter.

Evans, V. 2009. *How Words Mean*. London: Oxford University Press.

Evans, V & M. Green. 2006. *Cognitive Linguistics: An Introduction*. Edinburgh, UK: Edinburgh University Press.

Fauconnier, G. 1994 [1985]. *Mental Spaces*. Cambridge, MA.: MIT Press.

Fauconnier, G. 1997. *Mappings in Thought and Language*. Cambridge: Cambridge University Press.

Fauconnier, G. & M. Turner. 1996. Blending as a central process of grammar. In A. Goldberg (Ed.), *Conceptual Structure, Discourse, and Language*, 113-130. Stanford, CA: CSLI Publications.

Fauconnier, G. & M. Turner. 1998. Conceptual integration networks. *Cognitive Science* 22(2): 133-187.

Fauconnier, G. & M. Turner. 1998. Metonymy and Conceptual Integration. In K-U. Panther & G. Radden (Eds.), *Metonymy in Language and Thought*, 77-90. Amsterdam: John Benjamins.

Fauconnier, G. & M. Turner. 2002. *The Way We Think: Conceptual Blending and the Mind's Hidden Complexities*. New York: Basic Books.

Geeraerts, D. 2010. *Theories of Lexical Semantics*. Oxford: Oxford University Press.

Gibbs, R. W. 1994. *The Poetics of Mind*. Cambridge: Cambridge University Press.

Gibbs, R. W. 2007. Experiential tests of figurative meaning construction. In G. Radden, K. M. Köpcke, T. B., & P. Siemund (Eds.) *Aspects of Meaning Construction*. Amsterdam: John Benjamins, 19-32.

Givón, T. 1993. *English Grammar: A Function-Based Introduction*. Vol Ⅰ. Amsterdam/Philadelphia: John Benjamins Publishing Company.

Goossens, L. 1990. Metaphtonymy: The interaction of metaphor and metonymy in expressions for linguistic action. *Cognitive Linguistics* 1(3): 323-340.

Goossens, L. 2003. Metaphtonymy: The interaction of metaphor and metonymy in expressions for linguistic action. In R. Dirven & R. Pörings (Eds.), *Metaphor and Metonymy in Comparison and Contrast*, 349-377. Berlin/New York: Mouton de Gruyter.

Gradečak-Erdeljić, T. 2004. Euphemisms in the language of politics or how metonymy opens one door but closes the other. In P. Cap (Ed.), *New Developments in Linguistic Pragmatics*. Department of English Language, University of Łódź, 27.

Grady, J. 1997. Foundations of Meaning: Primary Metaphors and Primary Scenes. Ph.D. dissertation at the University of Berkeley.

Grady, J., T. Oakley, & S. Coulson. 1999. Blending and metaphor. In R. W. Gibbs & G. J. Steen (Eds.), *Metaphor in Cognitive Linguistics*, 101-24. Amsterdam/Philadelphia: John Benjamins Publishing Company.

Grady, J. & C. Johnson. 2003. Converging evidence for the notions of subscene and primary Scene. In R. Dirven & R. Pörings (Eds.), *Metaphor and Metonymy in Comparison and Contrast*, 533-554. Berlin/New York: Mouton de Gruyter.

Halliday, M. A. K. (1994 [1985]) *An Introduction to Functional Grammar*. 2nd

ed. London, New York, Sydney, Auckland: Edward Arnold.

Herrero Ruiz, J. 2006. The role of metaphor, metonymy, and conceptual blending in understanding advertisements: The case of drug-prevention ads. *Revista Alicantina de Estudios Ingleses* 19: 169-190.

Herrero Ruiz, J. 2011. The role of metonymy in complex tropes: cognitive operations and pragmatic implications. In R. Benczes, A. Barcelona, & F. J. Ruiz de Mendoza (Eds.), *Defining Metonymy in Cognitive Linguistics: Towards a Consensus View*, 167-193. Amsterdam/ Philadelphia: John Benjamins Publishing Company.

Heyvaert, L. 2003. *A Cognitive-Functional Approach to Nominalization in English*, Berlin/New York: Mouton de Gruyter.

Hilpert, M. 2010. Chained metonymies. In S. Rice & J. Newman (Eds.), *Experimental and Empirical Methods in Cognitive/Functional Research*, 181-194. Stanford: CSLI Publications.

Huang, Y. 1994. *The Syntax and Pragmatics of Anaphora: A Study with Special Reference to Chinese*. Cambridge: Cambridge University Press.

Huddleston, R. & G. K. Pullum 2002. *The Cambridge Grammar of the English Language*. Cambridge: Cambridge University Press.

Jakobson, R. 1965. Quest for the essence of language. *Selected Writings*. Vol. II: Word and Language. The Hague: Mouton, 345-377.

Jespersen, O. 1954. *A Modern English Grammar on Historical Principles*, Part VI: *Morphology*. London: Bradford and Dickens.

Johnson, M. 1987. *The Body in the Mind: The Bodily Basis of Meaning, Imagination, and Reason*. Chicago: University of Chicago Press.

Kövecses, Z. 1986. *Metaphors of Anger, Pride, and Love: A Lexical Approach to the Structure of Concepts*. Amsterdam/Philadelphia: John Benjamins Publishing Company.

Kövecses, Z. 2005. *Metaphor in Culture: Universality and Variation*. Cambridge: Cambridge University Press.

Kövecses, Z. 2006. *Language, Mind, and Culture: A Practical Introduction.* New York: Oxford University Press.

Kövecses, Z. 2010. *Metaphor: A Practical Introduction.* Oxford: Oxford University Press.

Kövecses, Z. & G. Radden. 1998. Metonymy: Developing a cognitive linguistic view. *Cognitive Linguistics* 9(1): 37-77.

Koch, P. 2001. Metonymy: Unity in diversity. *Journal of Historical Pragmatics* 2(2): 201-244.

Koch, P. 2004. Metonymy between pragmatics, reference, and diachrony. *Metaphorik.de* (07): 6-54.

Kosecki, K. 2005. *On the Part-Whole Configuration and Multiple Construals of Salience within a Simple Lexeme.* Łódź: Wydawnictwo Uniwersytetu Łódzkiego.

Krzeszowski, T. P. 1997. *Angels and Devils in Hell: On Elements of Axiology in Semantics.* Warsaw: Energeia.

Lakoff, G. 1987. *Women, Fire and Dangerous Things: What Categories Reveal about the Mind.* Chicago & London: The University of Chicago Press.

Lakoff, G. 1990. The invariance hypothesis: is abstract reason based on images-schemas? *Cognitive Linguistics* 1: 39-74.

Lakoff, G. 1993. The contemporary theory of metaphor. In A. Ortony (Ed.), *Metaphor and Thought*, 2nd ed., 202-251. Cambridge: Cambridge University Press.

Lakoff, G. & M. Johnson. 1980. *Metaphors We Live By.* Chicago & London: The University of Chicago Press.

Lakoff, G. & M. Johnson. 1999. *Philosophy in the Flesh: The embodied mind and its challenge to Western thought.* New York NY: Basic Books.

Lakoff, G. & M. Turner. 1989. *More Than Cool Reason: A Field Guide to Poetic Metaphor.* Chicago & London: The University of Chicago Press.

Lakoff, G. & Z. Kövecses. 1987. The cognitive model of anger inherent in

American English. In D. Holland & N. Quinn (Eds.), *Cultural Models in Language and Thought*, 195-221. Cambridge: Cambridge University Press.

Langacker, R. W. 1987. *Foundations of Cognitive Grammar. Vol. I: Theoretical Prerequisites*. Stanford: Stanford University Press.

Langacker, R. W. 1990. *Concept, Image, and Symbol. The Cognitive Basis of Grammar*. Berlin/New York: Mouton de Gruyter.

Langacker, R. W. 1991. *Foundations of Cognitive Grammar, Vol. II: Descriptive application*. Stanford: Stanford University Press.

Langacker, R. W. 1993. Reference-point constructions. *Cognitive Linguistics* 4(1): 1-38.

Langacker, R. W. 1995. Possession and possessive constructions. In J. R. Taylor & R. E. MacLaury (Eds.), *Language and the Cognitive Construal of the World*, 51-79. Berlin/New York: Mouton de Gruyter.

Langacker, R. W. 2000. *Grammar and Conceptualization*. Berlin/New York: Mouton de Gruyter.

Leech, G. N. 1974. *Semantics: The Study of Meaning*. Harmondsworth: Penguin.

Levinson, S. C. 1987. Pragmatics and grammar of anaphora: A partial reduction of the binding and control phenomenon. *Journal of Linguistics* 23(2): 379-434.

Liddell, S. 1998. Grounded blends, gestures, and conceptual Shifts. *Cognitive Linguistics* 9(3): 283-314.

Littlemore, J. 2015. *Metonymy: Hidden Shortcuts in Language, Thought and Communication*. Cambridge: Cambridge University Press.

Mandler, J. M. 2004. *The Foundations of Mind: Origins of Conceptual Thought*. Oxford: Oxford University Press.

Marchand, H. 1969. *The Categories and Types of Present-day English Word-formation*. 2nd ed. München: CH Beck.

Matthiessen, C. & M. A. K. Halliday. 1997. *Systemic Functional Grammar:*

A First Step into the Theory. Sydney: Macquarie University.
Mauri, C. & A. Sansò. 2011. How directive constructions emerge: grammaticalization, constructionalization, cooptation. *Journal of Pragmatics* 43: 3489-3521.
Nerlich, B. & D. D. Clarke. 2001. Serial metonymy: A study of reference-based polysemisation. *Journal of Historical Pragmatics* 2(2): 245-272.
Nesset, T. 2009. Metonymy of aspect/Aspects of metonymy. *Scando-Slavica* 55: 65-77.
Nunberg, G. 1995. Transfers of meaning. *Journal of Semantics* 12: 109-132.
Oakley, T. 1998. Conceptual blending, narrative discourse, and rhetoric. *Cognitive Linguistics* 9: 321-360.
Oakley, T. 2007. Image Schemas. In D. Geeraerts & H. Cuyckens (Eds.), *The Oxford Handbook of Cognitive Linguistics*, 214-235. Oxford: Oxford University Press.
Panther, K-U. 2006. Metonymy as a usage event. In G. Kristiansen, M. Achard, R. Dirven, & F. J. Ruiz de Mendoza (Eds.), *Cognitive Linguistics: Current Applications and Future Perspectives*, 147-185 Berlin/New York: Mouton de Gruyter.
Panther, K-U. & G. Radden (Eds.). 1999. *Metonymy in Language and Thought*. Amsterdam/Philadelphia: John Benjamins Publishing Company.
Panther, K-U. & L. Thornburg. 1998. A cognitive approach to inferencing in conversation. *Journal of Pragmatics* 30: 755-769.
Panther, K-U. & L. Thornburg. 1999. The potentiality for actuality metonymy in English and Hungarian. In K-U. Panther & G. Radden (Eds.), *Metonymy in Language and Thought*, 303-332. Amsterdam/ Philadelphia: John Benjamins Publishing Company.
Panther, K-U. & L. Thornburg. 2000. The effect for cause metonymy in English grammar. In A. Barcelona (Ed.), *Metaphor and Metonymy at the Crossroads*, 215-231. Berlin/New York: Mouton de Gruyter.

Panther, K-U. & L. Thornburg. 2003a. Introduction: On the nature of conceptual metonymy. In K-U. Panther & L. Thornburg (Eds.), *Metonymy in Pragmatic Inferencing*, 1-20. Amsterdam/Philadelphia: John Benjamins Publishing Company.

Panther, K-U. & L. Thornburg. 2003b. The roles of metaphor and metonymy in English -*er* nominals. In R. Dirven & R. Pörings (Eds.), *Metaphor and Metonymy in Comparison and Contrast*, 279-319. Berlin/ New York: Mouton de Gruyter.

Panther, K-U. & L. Thornburg. 2004. The role of conceptual metonymy in meaning construction. *Metaphorik.de* 06: 91-116.

Panther, K-U. & L. Thornburg. 2005. Inference in the construction of meaning: The role of conceptual metonymy. In E. Górska & G. Radden (Eds.), *Metonymy-Metaphor Collage*, 37-57. Warsaw: Wydawnictwo Uniwersytetu Warszawskiego.

Panther, K-U. & L. Thornburg. 2007. Metonymy. In D. Geeraerts & H. Cuyckens (Eds.), *The Oxford Handbook of Cognitive Linguistics*, 236-263. Oxford: Oxford University Press.

Peirce, C. S. 1940. *The Philosophy of Peirce: Selected Writings, Justus*. In Buchler (Ed.). New York: Dover.

Peirsman, Y. & D. Geeraerts. 2006. Metonymy as a prototypical category. *Cognitive Linguistics* 17(3): 269-316.

Peña, M. S. 2003. *Topology and Cognition: What Image-schemas Reveal about the Metaphorical Language of Emotions*. Münich: Lincom Europa.

Peña, M. S. & Ruiz de Mendoza, F. J. 2009. The metonymic and metaphoric grounding of two image-schema transformations. In K. Panther, L. Thornburg, & A. Barcelona (Eds.), *Metonymy and Metaphor in Grammar*, 339-361. Amsterdam/Philadelphia: John Benjamins.

Pennanen, E. V. 1971. *Conversion and Zero-derivation in English*. Tampere: Tampereen Yliopisto.

Pérez-Hernández, L. 2001. *Illocution and Cognition: A Constructional Approach*. Logroño: University of La Rioja Press.

Pérez-Hernández, L. 2013. Illocutionary constructions: (multiple source)-in-target metonymies, illocutionary ICMs, and specification links. *Language & Communication* 33(2): 128-149.

Pérez-Hernández, L. & F. J. Ruiz de Mendoza. 2002. Grounding, semantic motivation, and conceptual interaction in indirective speech acts. *Journal of Pragmatics* 34: 259-284.

Pérez-Hernández, L. & F. J. Ruiz de Mendoza. 2011. A lexical-constructional model account of illocution. *Vigo International Journal of Applied Linguistics* 8: 99-138.

Pfaff, K., R. W. Gibbs, & M. D. Johnson. 1997. Metaphor in using and understanding euphemism and dysphemism. *Applied Psycholinguistics* 18(1): 59-83.

Pustejovsky, J. 1995. *The Generative Lexicon*. Cambridge, MA: MIT Press.

Quirk, R., S. Greenbaum, G. Leech, & J. Svartvik. 1985. *A Comprehensive Grammar of the English Language*. London: Longman.

Radden, G. 2003. How metonymic are metaphors? In R. Dirven & R. Pörings (Eds.), *Metaphor and Metonymy in Comparison and Contrast*, 407-433. Berlin/New York: Mouton de Gruyter.

Radden, G. 2005. The Ubiquity of metonymy. In J. Otal Campo. S. Luis, I. Navarro i Ferrando, & B. Bellés Fortuña (Eds.), *Cognitive and Discourse Approaches to Metaphor and Metonymy*, 11-28. Castello de la Plana: Universitat Jaume I.

Radden, G. & R. Dirven. 2007. *Cognitive English Grammar*. Amsterdam/Philadelphia: John Benjamins Publishing Company.

Radden, G. & Z. Kövecses. 1999. Towards a theory of metonymy. In K-U. Panther & G. Radden (Eds.), *Metonymy in Language and Thought*, 17-59. Amsterdam/Philadelphia: John Benjamins Publishing Company.

Ruiz de Mendoza, F. J. 1997. Metaphor, metonymy and conceptual interaction. *Atlantis* 19(1): 281-295.

Ruiz de Mendoza, F. J. 1998. On the nature of blending as a cognitive phenomenon. *Journal of Pragmatics* 30: 259-274.

Ruiz de Mendoza, F. J. 2000. The role of mappings and domains in understanding metonymy. In A. Barcelona (Ed.), *Metaphor and Metonymy at the Crossroads*, 109-132. Berlin/New York: Mouton de Gruyter.

Ruiz de Mendoza, F. J. 2005. Linguistic interpretation and cognition. In E. Croitoru, D. Tuchel, & M. Praisler (Eds.), *Cultural Matrix Reloaded: Romanian Society for English and American Studies. Seventh International Conference*, 36-64. Bucarest: Didactica Si Pedagogica.

Ruiz de Mendoza, F. J. 2007. High-level cognitive models: In search of a unified framework for inferential and grammatical behavior. In K. Kosecki (Ed.), *Perspectives on Metonymy: Proceedings of the International Conference 'Perspectives on Metonymy', Held in Łódź, Poland, May 6-7, 2005*, 11-30. Frankfurt am Main: Peter Lang.

Ruiz de Mendoza, F. J. & L. Pérez-Hernández. 2001. Metonymy and the grammar: motivation, constraints and interaction, *Language & Communication*. 21(4): 321-357.

Ruiz de Mendoza, F. J. & L. Pérez-Hernández. 2003. Cognitive operations and pragmatic implication. In K-U. Panther & L. Thornburg (Eds.), *Metonymy in Pragmatic Inferencing*, 23-49. Amsterdam/Philadelphia: John Benjamins Publishing Company.

Ruiz de Mendoza, F. J. & O. I. Díez. 2002. Patterns of conceptual interaction. In R. Dirven & R. Pörings (Eds.), *Metaphor and Metonymy in Comparison and Contrast*, 489-532. Berlin/New York: Mouton de Gruyter.

Ruiz de Mendoza, F. J. & J. L. Otal Campo. 2002. *Metonymy, Grammar, and Communication*. Granada: Editorial Comares.

Ruiz de Mendoza, F. J. & O. I. Díez. 2004. Metonymic motivation in anaphoric reference. In G. Radden & K-U. Panther (Eds.), *Studies in Linguistic Motivation*, 293-320. Berlin/New York: Mouton de Gruyter.

Ruiz de Mendoza, F. J. & M. S. Peña. (Eds.). 2005. *Cognitive Linguistics: Internal Dynamics and Interdisciplinary Interaction*. Berlin/New York: Mouton de Gruyter.

Ruiz de Mendoza, F. J. & F. S. Sáenz. 2003. Content and formal cognitive operations in construing meaning, *Italian Journal of Linguistics* 15: 293-320.

Schönefeld, D. 2005. Zero-derivation－functional change－metonymy. In L. Bauer & S. Valera (Eds.), *Approaches to Conversion/ zero-derivation*, 131-159. Münster: Waxmann.

Searle, J. R. 1969. *Speech Acts: An Essay in the Philosophy of Language*. Cambridge: Cambridge University Press.

Searle, J. R. 1975. Indirect speech acts. In P. Cole & J. L. Morgan (Eds.), *Syntax and Semantics*, 59-82. Vol. 3: *Speech Acts*. New York: Academic Press.

Searle, J. R. 1979. *Expression and Meaning*. Cambridge: Cambridge University Press.

Seto, K. 1999. Distinguishing metonymy from synecdoche. In K-U. Panther & G. Radden (Eds.), *Metonymy in Language and Thought*, 91-120. Amsterdam/Philadelphia: John Benjamins Publishing Company.

Silvestre-López, A-J. (2007). Metonymy and anaphoric reference: Anaphoric reference to a metonymic antecedent in *Dude, Where's My Country, Stupid White Men, The Da Vinci Code and Deception Point*. Culture, Language and Representation. Vol. 5: 75-91.

Sperber, D. & D. Wilson. 1995. *Relevance: Communication and Cognition*. 2nd ed. Oxford: Blackwell.

Štekauer, P. 1996. *A Theory of Conversion in English*. Frankfurt am Main: Peter Lang.

Stirling, L. F. 1996. Metonymy and Anaphora. *Belgian Journal of Linguistics* 10: 69-88.

Taylor, J. R. 2002. *Cognitive Grammar*. Oxford: Oxford University Press.

Taylor, J. R. 2003. *Linguistic Categorization. Prototypes in Linguistic Theory*. Oxford: Clarendon Press.

Thornburg, L. & K-U. Panther. 1997. Speech act metonymies. In W-A. Liebert, G. Redeker, & L. R. Waugh (Eds.), *Discourse and Persepectives in Cognitive Linguistics*, 205-219. Amsterdam/Philadelphia: John Benjamins Publishing Company.

Turner, M. 1996. *The Literary Mind: The Origins of Language and Thought*. Oxford: Oxford University Press.

Turner, M. 2001. *Cognitive Dimensions of Social Science*. Oxford: Oxford University Press.

Turner, M. & G. Fauconnier. 1995. Conceptual integration and formal expression. *Journal of Metaphor and Symbolic Activity* 10(3): 183-203.

Turner, M. & G. Fauconnier. 1998. Conceptual integration in counterfactuals. In J-P. Koenig (Ed.), *Discourse and Cognition: Bridging the Gap*. Stanford, CA: CSLI Publications.

Tyler, A. & V. Evans. 2003. *The Semantics of English Prepositions: Spatial Scenes, Embodied Meaning and Cognition*. Cambridge: Cambridge University Press.

Van Hoek, K. 1997. *Anaphora and Conceptual Structure*. Chicago: University of Chicago Press.

Ungerer, F. & H-J. Schmid. 2006. *An Introduction to Cognitive Linguistics*. London: Longman.

Veale, T. 1996. Pastiche: A metaphor-centred computational model of conceptual Blending: With special reference to cinematic borrowing. Unpublished Manuscript.

Warren, B. 1999. Laws of thought, knowledge and lexical change. In A. Blank

& P. Koch (Eds.), *Historical Semantics and Cognition*, 215-229. Berlin/New York: Mouton de Gruyter.

Warren, B. 2003. An alternative account of the interpretation of referential metonymy and metaphor. In R. Dirven & R. Porings (Eds.), *Metaphor and Metonymy in Comparison and Contrast*. Berlin and New York: Mouton de Gruyter, 113-130.

Wachowski, W. 2016. A Few Remarks on the Distinction between Metaphor, Metonymy, and Synecdoche. In M. Fabiszak, K. Karolina, & K. Rokoszewska (Eds.), *Categorization in Discourse and Grammar*, 43-64. Frankfurt am Main: Peter Lang.

Wojciechowska, S. 2012. *Conceptual Metonymy and Lexicographic Representation*. Frankfurt am Main: Peter Lang.

Zandvoort, R. W. 1961. *A Handbook of English Grammar*. Groningen: Wolters.

Zbikowski, L. 2002. *Conceptualizing Music: Cognitive Structure, Theory, and Analysis*. Oxford: Oxford University Press. Zhang, Weiwei. 2016. *Variation in Metonymy: Cross-linguistic, Historical and Lectal Perspectives*. Berlin/New York: Mouton de Gruyter.

찾아보기

ㄱ

가산명사__263
가상 이동__192
간접성__6
간접화행__9, 39
개념적 거리__96
개념적 게슈탈트__32
개념적 결속__96
개념적 구상화__225
개념적 매체__110
개념적 사상__95
개념적 은유 이론__128, 145
개념적 인접성__3, 114
개념적 재범주화__260
개념적 통합 연결망__175
개념적 투사__95
개념적 현저성__110
개념적 혼성 이론__145, 169
개념적 확산__96
개념적 환유__4
개념화자__97
개체의 환유 모형__79
거울 연결망__178
게슈탈트 구조__125
결합가 확장__133
경험적 상관성__77
계열적 파생__259
고유한 한정성__265
고차적 환유__10

공간적 환유__22
공간횡단 사상__171
공감각적 은유__77
과장법__88
관계형성 기능__6
구별소__197
구상화__287
구성 원리__171
구조 불변식__148
국면__89
근원 속 목표 환유__67, 106, 130, 301
근원 의미__110
근원공간__180
근원영역__95
근접성__115
기본 영역__100
기본치 경로__52
기증자 영역__95
기질 공간__196

ㄴ

내부공간 관계__181
내심적 합성어__206
내적 동질성__265
네-공간 모형__175

ㄷ

다대응 은유__66
다중범위 연결망__178

단순 연결망__178
단일 환유__69, 304
단일방향성 가설__66
단일범위 연결망__178
대응__171
대치 관계__111
도구 사건__253
도식화__226
동물화__286, 288
동일성 원리__296
두-영역 모형__175
두-영역 사상__95
두문자어__46
뒷무대 인지__145

ㅁ ──────

머리어__205
명사화__224
명사화 형태소__225
명제적 환유__30, 134
명칭론적 재범주화__261
모체영역__131, 301
모호한 언어__8
목표 속 근원 환유__57, 105, 130, 301
목표 의미__110
목표공간__180
목표영역__95
문법적 환유__133
문자 언어__157
문자적 개념작용__157
문자적 합성어__207
문화적 선호도__48
물질__264

물질 범주화__267

ㅂ ──────

바탕__99
바탕 영역__100
반복성__265
발췌화__127
발현구조__174
발화수반적 환유__39
방사 구조__128
방사 범주__113
방사 범주 모형__113
방향적 은유__62
백과사전적 지식__109
범주 관련 전이__80
범주의 환유 모형__79
복합 사물__89
부분 관계__81
부분-부분 환유__11, 17
부분-전체 관계__79
분류법__81
분리성__265
불가산명사__263
불변성 원리__103, 129
불일치__29
비기본 영역__100
비언어적 표상__153
비원형적__115
비원형적 환유__119
비유 언어__157
비유적 개념작용__157
비유적 합성어__207

ㅅ

사건__156
사물__264
사물 범주화__267
사상__103
사소한 전환__262
사용 잠재력__152
사태 시나리오__32
삽화적 개체__154
삽화적 상황__154-5
상관성 원리__129
상위 영역__95
상이적 지시 추정 원리__292
상징 단위__148
상태격 도식__275
상호작용적 유도__125
상황적 환유__134
상황적인 명제적 모형__32
선개념적 체험__124
선택 경향__152
선택적 투사__175
선행사__291
성 연구__8
세상사 모형__154
세상사 지식__109
소유격 구문__97
속성__148
수동자 사건__254
수령자 영역__95
수식어__206
술어 전이__293
시간적 환유__24
시뮬레이션__153

식물화__286, 289
신체적 경험__124
신체화된 경험__123
실체 관련 전이__80

ㅇ

앞무대 인지__145
액어법__29
약성어__46
양자 구조__151
어휘개념__145, 147, 149
어휘개념 단위__148
어휘개념 선택__148
어휘개념 통합__148
어휘개념과 인지모형 이론__145
어휘적 명사화__225
어휘적 윤곽__152
어휘적 중의성__105
어휘적 표상__148
언어적 매체__109
언어적 환유__4
에너지 근원__228
에너지 목표__228
에너지 연쇄__258
연속 환유__281
연쇄 환유__69, 281
연어__152
영상__155
영상 공간__196
영상도식__123
영상도식 변형__128
영역__99
영역 간 사상__64

영역 결합성 원리__71, 299, 304
영역 내 사상__65, 95
영역 내적 사상__65
영역 부각__104, 300
영역 사상__104
영역 선행 원리__299, 304
영역 외적 사상__64, 128
영역 유효성 원리__70, 299, 304
영역 축소__68, 105, 300
영역 확장__68, 105, 300
영역모체__73, 99, 100
영향권__97
완곡어법__6
완성__174
완전한 전환__271
외심적 합성어__206
외축__28
우측 머리어 규칙__206
원근화법화__89
원인제공자 사건__252
원형 이론적 범주화 모형__112
원형 접근법__113
원형 효과__80
원형적 의미__226
원형적 타동 시나리오__241
원형적 환유__53, 119
위악어법__7
유-종 관계__79
유머__29
윤곽__99
융합__148
은유 속 환유__72, 74, 288
은유적 사상__103, 126

은유적 연결__172
은유적 합성어__207
은환유__72, 284
음운 매체__148
의미 전이__295
의미구성__145
의미적 기여__149
의미적 정교화__111
의미적 합성__148
의사소통적 원리__48
의인화__129, 285, 288
의존적 서술__104
이동 도식__273
이상적 인지모형__3, 98, 276
이중 영역 축소__106
이중 영역 확장__106
이중 환유__69, 281, 304
이중 환유적 전이__106
이중범위 연결망__178
이차적 인지모형__159
이차적 인지모형 윤곽__157, 158
인간 경험__48
인간중심적 세계관__50
인접성__107
인지모형__123, 147, 153
인지모형 윤곽__148
인지문법__262
인지어휘의미론__147
인지의미론__292
인지적 원리__43
인지적 현저성__47
일대응 은유__66
일차적 인지모형__159

일차적 인지모형 윤곽__157
입력공간__171, 183
입력공간 구축__176

ㅈ ───
자립적 서술__104
전체-부분 환유__11, 13
전환__259
접근 위치__151
접근성 원리__292
접촉의 강도__116
정교화__174
정렬__162
정보적 특징화__148
정신공간__183
정신공간 이론__146
정신적 경로__97
정신적 주사__141
제로파생__259
제유__14, 78
조응__291
조응소__291
조직화 활동의 연속적 구조__125
존재론적 현저성__48
존재론적 현저성 원리__48
주관적 이동__192
주요한 전환__262, 271
중간공간__175
지각적 선택성__48
지시적 기능__5
지시적 환유__27
지연된 지표적 지시__293
지표적 관계__110

진정한 수동자__251

ㅊ ───
참조점 관계__96
참조점 능력__135
체계기능문법__224
초점 입력공간__181
초점 지역__82
총칭공간__173
총칭적 상황__154-5
총칭적 유형__154
추상적 영역__100
추상적 이동__192
추상적 환유__26

ㅋ ───
캡슐화 기능__151

ㅌ ───
탈한정화__127
통사적 명사화__225
틀부여 입력공간__181

ㅍ ───
평가의 기능__7
프레임__109

ㅎ ───
하위 영역__95
한-영역 사상__95
한정성__117
함축__28
합성__174

합성어__205
항진명제__8
해석__148, 262, 267
행동 도식__273
행동 연쇄__233
형식적 환유__45
형태 층위의 환유__45
혼성공간__173
화용적 추론__9
확장__226
확장된 불변성 원리__129
환유__41
환유 속 은유__72, 76, 288
환유 유형__10
환유로부터의 은유__72, 288

환유생산 관계__10
환유의 기호학적 접근법__108
환유적 긴축__170
환유적 사상__104
환유적 연결__183
환유적 연결의 강도__4
환유적 조응__292
환유적 조응 제약__304
환유적 합성어__207
활성역__82, 98
활성역/윤곽 불일치__14, 135

L
LCCM 이론__145

한국문화사 인지언어학 시리즈

환유와 인지
인지언어학적 접근법

1판 1쇄 발행 2019년 6월 25일
1판 2쇄 발행 2021년 2월 25일

지 은 이 | 김동환
펴 낸 이 | 김진수
펴 낸 곳 | 한국문화사
등   록 | 제1994-9호
주   소 | 서울시 성동구 아차산로49, 404호(성수동1가, 서울숲코오롱디지털타워3차)
전   화 | 02-464-7708
팩   스 | 02-499-0846
이 메 일 | hkm7708@hanmail.net
홈페이지 | http://hph.co.kr

ISBN 978-89-6817-779-8 93700

・이 책의 내용은 저작권법에 따라 보호받고 있습니다.
・잘못된 책은 구매처에서 바꾸어 드립니다.
・책값은 뒤표지에 있습니다.

・이 도서의 국립중앙도서관 출판예정도서목록(CIP)은 서지정보유통지원시스템 홈페이지
 (http://seoji.nl.go.kr)와 국가자료종합목록 구축시스템(http://kolis-net.nl.go.kr)에서
 이용하실 수 있습니다. (CIP제어번호 : CIP2019023186)